海外中国研究丛书

——

到中国之外发现中国

［英］史怀梅 著 曹流 译

Naomi Standen

忠贞不贰？

辽代的越境之举

Unbounded Loyalty

Frontier Crossings in Liao China

江苏人民出版社

图书在版编目(CIP)数据

忠贞不贰？：辽代的越境之举 / (英) 史怀梅著；
曹流译. —— 南京：江苏人民出版社，2023.4
（海外中国研究丛书 / 刘东主编）
书名原文：Unbounded Loyalty：Frontier
Crossings in Liao China
ISBN 978 - 7 - 214 - 26995 - 9

Ⅰ. ①忠… Ⅱ. ①史… ②曹… Ⅲ. ①中国历史—研
究—辽代 Ⅳ. ①K246. 107

中国国家版本馆 CIP 数据核字(2023)第 040517 号

Unbounded Loyalty：Frontier Crossings in Liao China by Naomi Standen
Copyright © 1998 by University of Hawai'i Press
Simplified Chinese translation copyright © 2015 by Jiangsu People's Publishing ，Ltd.
ALL RIGHTS RESERVED
江苏省版权局著作权合同登记：图字 10 - 2015 - 093

书　　　　名	忠贞不贰？——辽代的越境之举
著　　　者	[英]史怀梅
译　　　者	曹　流
责 任 编 辑	张　欣
装 帧 设 计	周伟伟
责 任 监 制	王　娟
出 版 发 行	江苏人民出版社
地　　　址	南京市湖南路 1 号 A 楼，邮编：210009
照　　　排	江苏凤凰制版有限公司
印　　　刷	苏州市越洋印刷有限公司
开　　　本	652 毫米×960 毫米　1/16
印　　　张	22.25　插页 4
字　　　数	260 千字
版　　　次	2023 年 4 月第 2 版
印　　　次	2023 年 4 月第 1 次印刷
标 准 书 号	ISBN 978 - 7 - 214 - 26995 - 9
定　　　价	98.00 元

（江苏人民出版社图书凡印装错误可向承印厂调换）

序"海外中国研究丛书"

　　中国曾经遗忘过世界,但世界却并未因此而遗忘中国。令人嗟讶的是,20 世纪 60 年代以后,就在中国越来越闭锁的同时,世界各国的中国研究却得到了越来越富于成果的发展。而到了中国门户重开的今天,这种发展就把国内学界逼到了如此的窘境:我们不仅必须放眼海外去认识世界,还必须放眼海外来重新认识中国;不仅必须向国内读者迻译海外的西学,还必须向他们系统地介绍海外的中学。

　　这个系列不可避免地会加深我们 150 年以来一直怀有的危机感和失落感,因为单是它的学术水准也足以提醒我们,中国文明在现时代所面对的绝不再是某个粗蛮不文的、很快就将被自己同化的、马背上的战胜者,而是一个高度发展了的、必将对自己的根本价值取向大大触动的文明。可正因为这样,借别人的眼光去获得自知之明,又正是摆在我们面前的紧迫历史使命,因为只要不跳出自家的文化圈子去透过强烈的反差反观自身,中华文明就找不到进入其现代形态的入口。

当然,既是本着这样的目的,我们就不能只从各家学说中筛选那些我们可以或者乐于接受的东西,否则我们的"筛子"本身就可能使读者失去选择、挑剔和批判的广阔天地。我们的译介毕竟还只是初步的尝试,而我们所努力去做的,毕竟也只是和读者一起去反复思索这些奉献给大家的东西。

刘　东

目　录

1

前 言

本书致力于重新描绘一个部分是因距离,但主要是被历史涂抹得面目全非的世界。全书主要讨论的是选择:对忠的选择、对认同的选择、对解释的选择,以及人们面对纷繁变乱的时代所做的选择。本书试图为一系列特殊人群所做的特殊选择确立一个参照物,并且力图考察是什么影响了他们的选择,反过来又是什么影响了参照物的变化。同时,本书还探寻了文献中对于这些选择的解释的变化过程,并将之作为从后世文献中获取 10 世纪真实情形的一种主要手段。

这里呈现出来的研究结果,一开始并非如此。我的博士论文从最初以越境者(frontier crosser)为主题发展到现在以边界(border)为主题,这使我必须重新思考现代某些重要的概念在过去是什么样的。在这一似乎永无止境的重新思考过程中,我的一些新的假定贯穿了本书始末。因此,作品的成形实际上是这一探索历程的结束,虽然这无法解释我为何会到那儿,但这使我以另一个视角和另一种语言,开启了一段领略不同风景的旅程。

　　同样,也是一次旅行激发了我对边疆(frontier)这一主题的兴趣。20 世纪 80 年代初,我骑行穿越仍笼罩在冷战阴影下的东欧,近距离观察到诸多在边疆与边界自相矛盾的情形。我不仅注意到东德人被围于柏林墙内,而且发现奥匈边界虽壁垒森严,却日常往来自由。在乡间路上,只有通过边检站时才能感知边界的存在,四目所及根本没有栅栏将边界两边分隔开来,反倒是景移境迁成为进入另一个国家的标识,比如在捷克和斯洛伐克是肤寸狭田、草垛蠹立,而到了匈牙利则是沃野千里、阡陌交通。同样,在波兰,簇新闪亮的教堂铜顶展示了人们对天主教的虔诚。那次旅行使我开始实际关注现在的边疆:边疆是什么,边疆是如何确立的,又是如何被打破的,或者说当地民众是如何忽略它的存在的? 果真这样的话,中央政府在其中扮演一个什么样的角色? 为什么不同形式的越境(frontier crossing)成了政府与当地人斗争的舞台?

　　中国历史上也有与之相似的问题,这就使我们能以一种同样的方式重新理解边疆问题(frontier issues)。在我开始这项研究的很多年里,汉化(sinicization)的概念从广遭质疑到被普遍接受,从 1990 年柯娇燕(Pamela Crossley)具有深远意义的论文《思考现代早期中国的族群性》("Thinking about Ethnicity in Early Modern China"),到 2002 年宿迪塔·森(Sudipta Sen)在《亚洲研究》(Asian Studies)上宣布同化模式(assimilationist model)已死亡。彼时,族性(ethnicity)成为除汉化(sinicization)以外的一种主要叙述方式,然而现在族性本身作为一种分析框架已遭到质疑——至少对于前现代来说是这样的——在此,我试图提供另一种分析模式,以便能够更好地分析并非是由族性建构起来的世界。

　　当然,在此要感谢的人太多,原谅我无法一一胪举,只能铭记于心。吉尼提·纳尔逊(Jinty Nelson)不仅让我领略到编年史是如此令人着迷,而且教会了我阅读它们的方法。安妮·达根(Anne Duggan)不遗余力地打磨我的文稿。傅海波(Herbert Franke)积极鼓励我阅读古代文献。与其他人一样,杜希德(Denis Twitchett)的耐心和一直以来的支持,使我获益良多。他慷慨的鼓励,我将永生不忘。柯娇燕不断给予我灵感、支持、批判,以及学术良知。感谢威斯康星大学苏必利尔分校与纽卡斯尔的同事们以及那些志同道合的学生们,是他们给予了我温馨的工作环境和切实的帮助。

本书能够完成,得益于蒋经国国际学术交流基金会(Chiang Ching-kuo Foundation for International Scholarly Exchange)博士论文奖学金的资助。随后的工作、奖学金以及参会邀请在很大程度上给予了我从不同角度探索相关问题的机会,这些是埋头写作此书无法获得的。虽然由此延缓了写作进度,但我受益匪浅。在此,同样要感谢鲁文·阿米塔伊(Reuven Amitai)与彭晓燕(Michal Biran),特别要感谢狄宇宙(Nicola Di Cosmo)的宽容。我希望本书的出版能给他们带来哪怕一丝半点的安慰。另外要感谢的是,英国大学中国委员会(Universities' China Committee in London)提供的出版津贴,减轻了出版的负担。

狄宇宙和柯娇燕通读了样稿(柯娇燕校读了两遍)。我力图全面采纳他们的建设性意见,可惜的是我却辜负了他们的期许,未能全部吸收他们的真知灼见。尤锐(Yuri Pines)和戚安道(Andrew Chittick)对于"忠"(loyalty)在某些重要历史时期的讨论拓宽了我的视野。凯文·格林(Kevin Greene)、格雷姆·米尔恩(Graeme Milne)、鲍勃·穆尔(Bob Moore)与萨姆·特纳(Sam Turner)阅读了未成形的导言和第 1 章。艾利森·哈迪(Alison

Hardie)仔细审订了书中的翻译,蒂姆·柯克(Tim Kirk)为书名提供了建议,龙沛(Peter Lorge)在最后时刻给出了至关重要的批评意见。迈克(Mike)仔细审读了每一稿,值得欣慰的是现在他有新的东西可以读了。夏威夷大学出版社的帕特·克罗斯比(Pat Crosby)做了大量超出编辑本职的工作,在此惟道一声谢谢。与玛格丽特·布莱克(Margaret Black)一起工作也是一件令人愉快的事情。以上所有人对于精进本书提供了诸多帮助,但我仍要文责自负。

我的家人为此付出太多,这本小册子是无以为报的。如果不是家人坚持让我周末休息,待在家里与他们共享晚餐,我想我会早点完成这本书,但是如果没有家人的坚持——更别说没有他们的爱、他们的耐心,以及他们的纷扰——我想我是根本不可能完成此书的。

于泰晤士河畔纽卡斯尔

2006 年 3 月

导 言

今日之中国作为一个统一的整体是无可辩驳的,但这不应使我们认为中国及其边界从古至今都必然如此。当安禄山于 755 年起兵反唐时,中华帝国就曾分崩离析。[1] 要知道,直至 200 多年以后,另一个中华帝国才最终重新建立起来。现在对这段历史的回顾,都是事后的认知,这不仅恰好符合现代民族主义叙事的模式,而且驱使我们去探寻作为一个不可分割整体的"中国"所谓"重新统一"的根源。[2] 但事实上,在安史之乱后的 200 年甚或 250 年间,没人会知道中华帝国将再次成为主导东亚的力量。本

---

[1] 蒲立本(Pulleyblank),《安禄山之乱及唐后期长期存在的尚武精神的根源》("An Lu-shan and militarism");彼得森(Peterson),《中唐和晚唐的宫廷和地方》("Court and province");杜希德,《唐代藩镇势力的各种类型》("Varied patterns of provincial autonomy")。

[2] 历史学家经常面对目的论这一问题。在柯文(Cohen)《历史三调:作为事件、经历和神话的义和团》(*History in three keys*)一书序言 1 中对此作了清楚的说明;杜赞奇(Duara)在《从民族国家拯救历史:民族主义话语与中国现代史研究》(*Rescuing history from the nation*)一书中也做了理论上的阐述。虽然大部分研究前现代中国的欧洲学者并不是刻意为现代中国对国家认同的诉求寻找历史依据,但这些人仍倾向于认为中国虽然多元,但最终将不可避免成为一个整体。例如,厄-奎因(Ng-Quinn)《前现代中国的民族认同:形成和作用实施》("National identity in premodern China")与王雷《民族定义与汉民族的形成》("Definition of 'nation'")。例如在汉代以后,确实存在一些寻求整合帝国的自觉努力,当然后来的发展是时人无法预料的。参见丘慧芬(Chiu-Duke)《重建帝国:陆贽——一个走向中唐衰落的儒家实用主义者》(*To rebuild the empire*)和何肯(Holcombe)《想象中的中国:南朝初年的中国认同危机》("Re-imagining China")。

1

书则致力于对这一时段后期的研究，那时"中国"的走向，就像我们看到的，当东亚像欧洲一样陷入列国纷争时，就没有什么形成统一国家的必然性可言了。①

　　相反，在东亚的边疆地区（borderland），出现了一条边界线（borderline）。从唐（618—907）亡到澶渊之盟（1005）的一个世纪里，在辽（907—1125）与北宋（960—1126）两国之间，逐渐形成了一条清晰的边界线。② 从这一形成过程的末期可以看出，此时新的帝国秩序开始成型，某些基本方面更是影响深远，甚至一直延续至中华帝国晚期。但这一进程产生的历史环境与以往迥异，因为晚唐五代（907—960）群雄逐鹿，虽然还在同样的空间上演，却开始以不同的方式相互角力。该时期这样的变化值得记录，因为由此可以看出，远在民族国家（nation-state）和民族主义（nationalism）的概念产生前，现实中的"边界"和观念中的"分界线"（boundary）就已经开始发挥作用了。在那种情况下，当时的人梳理生活经验和做出选择所使用的概念范畴（category），与现代读者所熟知的完全不同，这一点我希望能描述清楚。因此，不能仅将边疆地区看作某一庞大整体的一部分，更重要的是，要将其作为一个独立的研究对象。③

①　"国家"一词用于中世纪欧洲历史是有问题的，但用于前现代中华帝国则还算恰当。被广泛地应用于前现代中华帝国的"国家"一词，是指具有一定中央集权和官僚体制的政府机构。这样的政府机构至晚到公元前3世纪就已普遍出现。

②　宋朝以女真入侵为界分为北宋与南宋（1127—1276）。有关这一历史分期的重要意义，参见韦栋（Wyatt）《创造"北"宋》（"Invention of the *Northern* Song"）。

③　提到边疆（frontiers），通常人们的理解方式，就是把它看作更大的一个社会或政治体（通常指的是现代民族国家）的一部分。巴腾（Batten）《日落之前：日本前现代的边疆、边界与互动》（*To the ends of Japan*）便是以这种视角来看待前现代东亚的。该书的第1章就运用了这种方法讨论了一些问题。鲍德（Baud）与范·申德尔（Van Schendel）《边疆比较史学初探》（"Toward a comparative history of Borderlands"）试图将边疆本身当作一个实体来看待，在构建理论模式上也思虑颇广，但他们的视角明显还是现代式的，最终还是落入了以国家为中心的分析模式之中，虽然并不认为存在分裂的两个边疆地区，但实际上又往往将该地区一分为二。参较萨林斯（Sahlins）《边界：以比利牛斯山为界的法国与西班牙的形成》（*Boundaries*）。

　　附录中 200 多个案例为深入研究这些问题提供了一条途径。这些人起初生活在长城一线以南的政权之下,但后来成为北方辽政权的属民。这些人大多是先为南朝统治者效力,后又转投北朝统治者的官员和士兵。10 世纪伊始,中央政权土崩瓦解,取而代之的是出现大量将领、割据势力和各种各样的统治者。这一情形自安史之乱(755—763)就不时出现,黄巢起义(875—884)之后更是在地方上蔓延。甚至,连皇帝和皇室都无法划定疆界、协定类似于榷场的边境机构(frontier institution),更无法对集军权与财权于一身的边将(frontier leader)发号施令。在此情形下,无论是通过强迫还是说服,将领和统治者吸引并且赢得追随者效忠的能力决定了他们手中权力的大小。当然,与政权稳固时期不同,他们不得不给予这些追随者更多便宜行事的权力。①

　　因此,追随者们享有真正的选择权。就他们自身而言,无法保证自始至终效忠于同一个统治者,官员和士兵常常面临的是忠于旧君主还是转投新主子的抉择。在 10 世纪上半叶,这些个人的当机立断是影响边界与分界线位置与发挥作用的首要甚至是唯一因素。但到了 11 世纪初,作为长期的军事对手,分别是契丹人和汉人的辽、宋二帝,在各自政权内充分行使了划定两国边界线的权力,双方均对各自官员恪守疆界充满信心。边疆属性的这一变化,从那些皇帝以下之人的人生历程便可以看到,他们的一

① 在中世纪早期的西欧,统治者与贵族之间的讨价还价也是他们之间关系的特点之一,在 10 世纪可能尤为明显。例如雷瑟(Leyser),《中世纪社会早期的统治与冲突》(*Rule and conflict*);麦克莱恩(Maclean),《9 世纪晚期的王权与政治:胖子查理与卡洛林王朝的灭亡》(*Kingship and politics*)和雷诺兹(Reynolds),《封地与封臣:中世纪史实重释》(*Fiefs and vassals*)。与本书一样,这些著作重新解释现有的证据,重新考察各种概念和词语,并且重视从对一些问题如"忠"的看法。目前,对 10 世纪的政治进行横跨欧亚的比较,正大行其道,参见穆尔(Moore)《第一次欧洲革命,约 970—1215 年》(*First European revolution*)提出的一些想法。

生始于创立边界，却终于恪守边界。本书的主题便是，从人们在效忠对象的选择上，看人们与边疆之间的多元关系。

不同时代对这些选择做出了不同的评价。欧阳修（1007—1072）攻击五代时期易主行为的激烈言辞，以及司马光（1019—1086）对他们的进一步抨击，使得在这一时期他们普遍被视为叛徒、变节者，甚至是叛国者。① 这一观点主要是将 11 世纪才有的道德标准强加到 10 世纪的人物身上。对此种行为的容忍逐渐被中华帝国晚期甚至现代愈发严苛的道德要求所替代。这些后来的标准认为政治边界（political borderline）是明确的，而且毫无疑问，政治边界、身份认同（identity）以及忠（loyalty）的界线三者是重合的，因此越境行为被认为是偏离正统的。② 用后来的标准去判断过去，10 世纪的越境者就被剥夺了选择权，他们要么被直接否定，要么被认为情有可原。即便对他们的行为做最积极的辩护，也只是尽量将其置于可令其罪责减轻的情境中，这样的话，虽说是为越境行为辩护，但仍然暗含了对他们道德的质疑。③ 这样的看法，

① 参见《新五代史》54：611—612；《资治通鉴》291：9511—9513；以及本书第 2 章的讨论。戴仁柱（Richard Davis）认为这是欧阳修在《新五代史》中的主要观点，参见《新五代史》（英译本）（*Historical records*）一书导言。

② 明朝文人对越境行为尤为反感。参见傅因彻（Fincher）《中国的种族、文化与民族：方孝孺的朝代正统论》（"China as a race, culture, and nation"）。目前，有关越境的讨论，参见克利福德（Clifford）《越境之地：20 世纪末边界与迁徙的文化表现》（"Sites of crossing"）。

③ 现代学者已明确肯定了汉臣对辽所取得成就的贡献，他们对契丹开化弥补了他们的不忠行为；例如岑家梧，《辽代契丹和汉族及其他民族的经济文化联系》；王明荪，《略论辽代的汉人集团》；阎玉启，《略论辽朝的汉族官吏和士人》；王成国，《论辽朝的二韩》；孟广耀，《试论辽代汉族儒士的"华夷之辨"观念》。有关汉文化的优越性以及它在文化交流中的必然优势，参见任崇岳《论辽代契丹对汉族文化的吸收和继承》、李锡厚《试论辽代玉田韩氏家族的历史地位》、梁叔琴《从出土文物看辽代契丹族对汉族文化的吸收和继承》；参较林荣贵、陈连开《五代十国时期契丹、沙陀、汉族的政治、经济和文化交流》、姚从吾《契丹汉化的分析》。

并未将越境者的抉择与行为视作正常的举动；越境者的所作所为，也许需要谅解，但并未得到正名。

有关唐宋变革研究路径的问题

第 1 章将讨论，用 10 世纪以后对政治单位（political unit）、身份认同以及忠诚（allegiance）的理解来看待 10 世纪出现的诸多问题，但这些后来判定 10 世纪越境者行为的标准，不仅恰始于对唐宋变革大背景的误解，而且忽略了辽在 10 世纪历史中所扮演的角色以及起到的作用。

10 世纪

10 世纪是唐宋变革的一个重要组成部分，有时被认为是中华帝国历史上最重要的转折点。① 唐宋变革通常被认为始于公元 8 世纪中期的安史之乱。此后的两三百年里，这一文化包容、幅员辽阔、立足西北、贵族当政，即便在其衰落之时，依然掌控东亚的唐帝国持续转变。到 11 世纪中叶，代之的是一个文化单一、疆域狭小、立足南方、社会各阶层相互流动的宋代，但它被迫接受了一个与他国共存的系统，而且在此系统中没有任何一方能够成为主导力量。② 然而，这样对长时段概念化的描

---

① 宫川尚志（Hiyazuki Miyakawa）的"内藤假说"略述了内藤湖南（Naitō Torajiro）（1866—1934）的著名理论。最近的"宋元明过渡"论就对这一重要理论提出了挑战，参见史乐民（Paul Smith）和万志英（Richard von Glahn）等编辑的同名论文集。
② 内藤将唐宋变革的结束定于五代末。然而，支撑其假说的几个重要变革在 960 年才初露端倪，而且内藤几乎没有关注思想界的变化，即现在被认为很重要的理学的兴起。虽然理学的发展贯穿了整个 12 世纪，但现在的学者通常仍将唐宋变革的结束定于 11 世纪的某一时间。参见刘子健（James T. C. Liu）《中国转向内在：两宋之际的文化转向》（*China turning inward*）。

述不足以很好地解释 10 世纪和越境行为。现在最需要关心的是如何解释"我们是怎样到达宋的",而不是"我们是怎样走出唐的"。也就是说,以前学者主要探寻的是宋源于唐(及以前朝代)的现象,而较少关注唐的特征在之后王朝的变化。因此,虽然此后 10 世纪的辽被认为与宋势均力敌,但它在 10 世纪的政治优势以及它在塑造唐代以后的世界所起的作用,在研究中没有得到太多关注。

3

在 10 世纪的大部分时间里,唐帝国分裂为淮河以北的前后五个短命王朝(见表 1)和在西部、南部地区先后更迭的十国。除在山西(时称河东)的北汉(951—979)外,我们的讨论较少涉及十国。① 在这一时期的大多数时间里,主导东北亚的力量并非是这些政权,而是起源于现今东北地区的游牧民族契丹于 907 年建立的辽。10 世纪 50 年代,五代最后两位统治者开始征伐十国,宋初的两位皇帝赵匡胤(太祖,960—976)和赵匡义(太宗,976—997)最终完成了统一。在征伐中,辽宋少有战事,但从 10 世纪 80 年代以降,辽宋冲突加剧,相互攻伐,持续 20 余年,直至 1005 年澶渊之盟签订才停止战事。澶渊之盟促使双方百余年未动干戈。

---

① 十国(902—979)(以今天的省份划分)是在江苏和安徽的吴(902—937);取代吴的南唐(937—975)将疆域扩展至江西、湖南和福建;在四川的前蜀(907—925)和后蜀(934—965);在浙江和江苏的吴越(907—978);在福建的闽(909—945);在广东和广西的南汉(917—971);在湖南的楚(927—951)和在湖北的南平或荆南(924—963)。

表1 辽、五代十国、宋年表

辽		时间	南方政权		十国	
皇帝名	庙号		皇帝名	庙号	政权	时间
			唐			
		888		昭宗		
		904		哀帝	吴	902—937
			后梁			
阿保机	太祖	907	朱温	太祖	前蜀	907—925
		913	朱友珪		吴越	907—978
		913	朱友贞	末帝	闽	909—945
					南汉	917—971
			后唐			
		923	李存勖	庄宗	南平/荆南	924—963
德光	太宗	926	李嗣源	明宗	楚	927—951
		933	李从厚	愍帝		
		934	李从珂	末帝		
			后晋			
		936	石敬瑭	高祖	后蜀	934—965
		942	石重贵	出帝	南唐	937—975
			后汉			
兀欲	世宗	947	刘知远	高祖		
		948	刘承祐	隐帝		

辽		时间	南方政权		十国	
			后周			
耶律璟	穆宗	951	郭威	太祖	北汉	951—979
		954	郭荣	世宗		
		959	郭宗训	恭帝		
			北宋			
		960	赵匡胤	太祖		
耶律贤	景宗	969				
		976	赵匡义	太宗		
耶律隆绪	圣宗	982				
		997	赵德昌	真宗		
		1022	赵祯	仁宗		
耶律宗真	兴宗	1031				

　　10 世纪是唐宋变革的中心,而对它的研究并不充分。虽然缺乏社会和经济方面的系统材料,但研究唐宋变革的学者仍对这些方面的问题投入了最多的关注,而且他们讨论的多是 9 世纪中叶的唐和 11 世纪初的宋,却未对 10 世纪本身加以细致分析。[1]

---

[1] 周藤吉之(Sudō Yoshiyuki),《唐宋社会经济史研究》;青山定雄(Aoyama Sadao),《唐宋時代の交通と地誌地圖の研究》;伊懋可(Elvin),《中国历史之范式》(*Pattern of the Chinese past*);郝若贝(Hartwell),《中国的人口、政治和社会变迁,750—1550》("Demographic, political, and social transformations");杜希德,《唐末藩镇与中央财政》("Provincial autonomy and central finance")与《晚唐的商人、贸易与政府》("Merchant, trade and government");姜士彬(Johnson),《中古中国的寡头政治》(*Medieval Chinese oligarchy*)一书和《望族的最后岁月》("Last years of a great clan")一文;伊佩霞(Ebrey),《早期中华帝国的贵族家庭——博陵崔氏个案研究》(*Aristocratic families*);陈弱水(Chen Jo-shui),《唐宋变革之际的文化认同:以清河崔氏与博陵崔氏为中心》("Culture as identity");刘子健,《马球与文化的变迁:从唐到宋》("Polo and cultural change")。此外还有,韩国磐,《隋唐五代史论集》;大泽正昭(ōsawa Masaaki),《唐宋變革期農業社会史研究》;参较林立平《唐宋时期商人社会地位的演变》。

思想史的材料会多一些,但也因为年代不清,很难开展研究。①
即便如此,我们也可以看到对宗室史和军事史研究兴趣的复苏,
这些研究有时也会处理宋初甚至是后周的问题。②

那些关注 10 世纪本身的学者通常不将其作为一个整体进行
研究。10 世纪常被分为两段,分割点要么是 947 年,要么是 950
或 960 年,终点则至少选在宋统一北方与淮河以南之时。虽然在
10 世纪的记载中战争和政治占据了主要篇幅,但现代史家几乎
不在这些问题上花时间。③ 与此同时,12 世纪初(南宋,1127—
1276),宋廷及文化精英的南迁,则意味着淮河以南的文献材料能
够得到更好的保存。因而,与对南方(特别是福建)不绝如缕的研
究相比,从总体上来说,对北方的研究相对缺乏。④ 而且保存下

---

① 例如,包弼德(Bol)《斯文:唐宋思想的转型》("This culture of ours")、姚瀛艇《论唐
宋之际的"天命"与"反天命"思想》一文,以及包弼德《天子的出路?——宋徽宗、新
政与唐宋转型》("Whither the emperor?")一文。

② 例如,贾志扬(Chaffee),《天潢贵胄:宋代宗室史》(*Branches of heaven*)与《刘后及
其对宋代政治文化的影响》("Empress Liu");柳立言(Lau),《以战求和?——1005
年宋辽之间的和议》("Waging war for peace");龙沛,《战争与北宋的建立》("War
and the creation of the Northern Song")。

③ 中国学者已在这些方面做了很多工作,特别是吕思勉,《隋唐五代史》;陶懋炳,《五代
史略》;毛汉光,《唐宋五代政治社会之研究——魏博二百年史论》。相关英文著述有
牟复礼(Frederick Mote),《中华帝国,900—1800》(*Imperial China,900 - 1800*)和龙
沛,《战争与北宋的建立》,但有关所有地区和整个世纪的叙述,还有待《剑桥中国五代
宋史》(*Five Dynasties and Sung* volume of the *Cambridge history of China*)的出版。
译者按,《剑桥中国五代宋史》在作者该书出版两年后,已于 2009 年出版。

④ 例如,日野開三郎(Hino Kaizaburō),《五代閩國の對中原朝貢と貿易》;青山定雄,
《五代—宋时期福建的新兴官僚研究:以宗族为中心》("Newly risen
bureaucrats");沃西(Worthy)在莫里斯·罗沙比(Morris Rossabi)所编的关于 10
世纪早期的论文集《中国棋逢对手:10—14 世纪中国与邻国的关系》(*China among
equals on the early tenth century*)中的一篇文章《以外交求生存:吴越的对内对外关
系,907—978》("Diplomacy for survival");佐竹靖彦(Satake Yasuhiko),《唐宋變革
の地域的研究》;柯胡(Clark),《社会、贸易及组织:3—13 世纪的闽南》
(*Community,trade,and networks*);愛宕元(Otagi Hajime),《唐末五代期におけ
る城郭の大規模化:華中、華南の場合》;萧婷(Schottenhammer),《10 世纪泉州地
区的政治经济状况》("Politico economic particulars")。

来的 10 世纪的北方材料也多被用于政治制度的研究。①

5　　这些对于 10 世纪的零星研究为 10 世纪上半叶南北方的发展提供了有价值的分析，而对 10 世纪中叶以后的研究，则以南方为主。贯穿 10 世纪甚至以后的重要线索是辽，但现在的研究通常忽视它对南北双方全盘的影响。

辽

　　以上简要的考察在某种程度上说明：对唐宋变革中期的认识，几乎完全是从宋，或者更宽泛点来说，是从汉人的角度出发的。虽然辽在政治上、不久又在宗教上在这一地区占据主导，但直至 10 世纪末，辽宋对抗时，它才得到应有的重视和研究。② 在此之前，他们一般被称为契丹，这是一个不言自喻的包含强烈寓意的民族称谓。③ 在 10 世纪的文献里，大部分时间"契丹"一词，都

---

① 这些材料为这一时期的研究者提供了重要的时代背景。关于制度史的研究有日野開三郎，《五代鎮將考》；周藤吉之，《五代節度使の支配极制》；宮崎市定（Miyazaki Ichisada），《五代軍閥の系統》；王赓武（Wang Gungwu），《五代时期北方中国的权力结构》（*Structure of power*）；沃西，《宋代立国：军事与政治制度的变化（950—1000）》（"Founding of Sung China"）。

② 有关这一时期最好的论著仍是于 1949 年出版的魏特夫（Wittfogel）和冯家昇（Feng）的《中国社会史：辽（907—1125）》（*History of Chinese society：Liao*（907—1125））。近期通论性的研究有舒焚，《辽史稿》；杨树森，《辽史简编》；杜希德和克劳斯-彼得 · 蒂兹（Tietze），《剑桥中国辽西夏金元史：辽》（"Liao"）。专著有杨若薇，《契丹王朝政治军事制度研究》；夏南悉（Steinhardt），《辽朝的建筑》（*Liao architecture*）；彭晓燕（Biran），《中国、游牧者与伊斯兰：西辽王朝（1124—1218）》（"China，nomads and Islam"）；当然还有陈述的著作《契丹社会经济史稿》与《契丹政治史稿》，以及岛田正郎（Shimada Masao）的《辽代社会研究》与《辽朝北面官的特色与世官制的意义》（"Characteristic of Northern Region Liao bureaucracy"）。

③ 无疑，辽朝直至 936 年都被称作"契丹"，并于 983—1006 年复称"契丹"（《中国社会史：辽（907—1125）》，38）这一时期对应的是五代中期至北宋中期。但辽的名称从"契丹"变为"辽"，再由"辽"改回"契丹"，与五代到宋的朝代更替没有直接关系。

被用于指称一个民族而非一个政权,这就意味着契丹人从未建立过国家,从而就否定了他们确实拥有的政治地位。1005 年澶渊之盟签订后,宋朝有些人仍试图将"契丹"作为辽的正式称号,用以代替体现与宋对等的新称号"北朝",因为后者表达出来的平等含义,使他们颇感不快。[①] 谈及"契丹",就将其与奚、室韦、敌烈以及一大批其他部族相提并论。但这些部族没有一个建立起被普遍承认的国家,最多也就是建立了突厥汗国和回鹘汗国。但就是这两个汗国也没有一个被普遍认可的王朝名称,不称其名,即是视之为化外,甚至是与汉文化相悖的化外。[②]

当然,辽通常被视为第一个"征服王朝",之后是征服辽的女真金(1115—1234),再之后是由征服金的蒙古建立的元(1260—1368)。这三个王朝依次与宋对峙,学界通常将它们与宋作为一个整体进行研究,不管是将它们作为宋的敌人、对手,还是将他们作为与宋文化交流的伙伴。将这三个王朝归为一类,是假设他们共有某些特质。因此在讨论辽时,通常将它与金或(不常与)元放在一起讨论,所以,比如近期几项最好的内亚史的研究也均按惯例将辽与金作为中原王朝的征服者。[③] 辽与金、元一同扮演了非中国的

---

① 赖大卫(David Wright),《公元 1004—1005 年宋辽战争与澶渊之盟》("Sung-Kitan war"),32;《长编》58:1299。

② 元(1260—1368)通常被叫作"蒙古",当然有关这个征服整个中国本部的群体的研究很多。然而,非常有趣的是,有关蒙古统治下汉人的研究要远多于对中国疆域内的蒙古的研究。

③ 傅海波(Franke),《东北地区的森林民族:契丹与女真》("Forest peoples of Manchuria");戴维·克里斯蒂安(Christian),《俄罗斯、中亚和蒙古的历史》(*History of Russia, Central Asia and Mongolia*),354;牟复礼,《中华帝国,900—1800》;苏塞克(Soucek),《内亚史》(*History of Inner Asia*),82。巴菲尔德(Thomas Barfield)对此有更多详细的论述,他将辽金作为征服东北地区的一个整体,直到他注意到"像以前的外族征服者一样,女真人最终也未能将宋朝赶出中国南方",才对两者加以区分[《危险的边疆:游牧帝国与中国》(*Perilous frontier*),179]。"以前的外族征服者"只能是指辽,在巴菲尔德的模型中,指的是裘(转下页)

"野蛮"征服者的角色，这一角色对于宋而言起到了一种衬托作用。[①]

虽然公认这三个征服王朝相互之间存在着显著的差异，但我们仍需对此做一些论证。[②] 显而易见的是，金创立于两宋之交，而辽的建立比宋早了半个世纪。然而，在排列朝代顺序的时候，辽却被置于宋之后，以便它能与"其他征服王朝"列在一起。欧洲学者并未注意到这一点，因为他们已由对契丹早期历史的研究转到对辽宋关系的研究上来，主要是对澶渊之盟以后双方关系的研究。[③]

6

（接上页）击边疆外部攫取岁贡（subsidy）的开创者。丹尼斯·塞诺（Denis Sinor）并未将辽金连在一起，但他将宋称为"契丹向南扩张的屏障"[《契丹与哈喇契丹》（"Kitan and Kara Khitay"），230]。即使韩森（Valerie Hansen）这样一位与其他学者相比能够给辽金一个正面评价和更多空间的人，在论及"契丹"时，也被标准的史评所困，她认为契丹像女真一样渴望征服。女真继承了契丹征服和统治失败的中国北方地区；参见《开放的帝国：1600 年前的中国历史》（*The open empire*），306－307、314。

① 与之相反的观点，参见马思中（Fiskesjö）《中华帝国的"生"番与"熟"番》（"On the 'raw' and 'cooked' barbarians"）。

② 除傅海波《征服王朝统治下的妇女》（"Women under the dynasties of conquest"，译者按，参考文献中没有此篇文章）与《中国的外来统治及其影响（10—14 世纪）》（"Fremdherrschaften in China"）外，几乎没有这一方面的研究。但也有一些新的研究，参见宋德金《辽金文化比较研究》、关亚新《辽金文化比较研究》。在札奇斯钦（Jagchid）和凡杰·西蒙斯（Symons）《长城沿边的和平、战争与贸易：两千年来游牧人群与中国之互动》（*Peace，war，and trade*）一书中，中原王朝的内亚邻国被简单地划归同一类。

③ 大量最新的有关辽的英文研究主要集中在誓约本身以及随后的重新谈判上，许多重新讨论这一题目的中文和日文论著提供了新的解释。克里斯蒂安·施瓦茨-席林（Christian Schwarz-Schilling）在 1959 年出版的《澶渊之盟》（*Der Friede von Shan Yüan*）一书中强调了这一誓约的重要性；梅尔文·斯里克-兰·安（Melvin Thlick-Len Ang）发表于 1983 年的《11—12 世纪中国的宋辽外交：决定对外政策的社会与政治因素研究》（"Sung-Liao diplomacy"）一文，首次对维护和平的外交进行了研究。最近我们有龙沛，《战争与北宋的建立》和《中国的壕沟与宋辽边界》（"Great ditch"）；赖大卫，《平等、血缘与和平：宋辽交聘》（"Parity, pedigree, and peace"）和《从战争到平等外交：11 世纪中国宋朝与辽契丹之间的外交关系》（*From war to diplomatic parity*）；蓝克利（Lamouroux），《政治与地理论辩：1074—1075 年的宋辽边界谈判》（"Geography and politics"）；柳立言，《以战求和？——1005 年宋辽之间的和议》。参较赖大卫《公元1004—1005 年宋辽战争与澶渊之盟》（"Sung-Kitan war"）。相关的还有聂崇岐，《宋辽交聘考》；程光裕，《澶渊之盟与天书》；林荣贵，《北宋与辽的边疆经略》。也可参见姚从吾《辽宋间的"澶渊盟约"》、苗泼和曹显征《从高梁河之战到澶渊之盟——辽宋战和试析》。有关澶渊之盟前契丹的研究有金毓黻，《宋前之契丹》；王成国，《论唐代契丹》。

虽然有关辽代历史的中文著述越来越丰富,但就数量而言仍旧
较少。①

因此,辽统治的前 100 年,及其与五代的关系,很少被注意
到。② 虽然在 20 世纪 80 年代出现过一批辽初与五代关系的中
文论著,但一向把辽置于征服者的位置,这很容易将宋辽、宋金或
宋元关系视作五代与辽关系的延续,即中原王朝与化外强敌之间
的关系。③ 那么,此类对辽的研究经常会陷入循环论证之中:将
辽置于征服者的位置则强化了双方之间征服与被征服的关系,
而双方的这种关系又反过来强化了将辽作为一个征服王朝的
倾向。

将辽归为征服王朝是一个未经检验的假说,即假定征服中
国是辽政权的目标。但获得长城一线以内的土地既不是辽的
一个既定策略,也不会让辽因此展开任何军事行动。十六州
(或称燕云地区)于 936 年被允诺给辽(938 年割于辽),这是一
种明显类似征服的行为,但实际上是当时篡权者对辽助其篡位
的回报。燕云十六州是辽乘机占据的,还是作为强大的辽干预
内政所预支的回报,相关材料反映的情况大相径庭。无论怎
样,在此之前辽从未真正想过染指该地,除最长包围该地四天

---

① 例如,任爱君,《契丹四楼源流说》;李桂芝,《契丹贵族大会钩沉》;张国庆,《辽代燕
云地区佛教文化探论》;王善军,《辽朝横帐新考》。对辽代考古的研究则另当别论,
20 世纪 90 年代以降有关研究大量涌现。

② 2005 年 10 月,一场主题为"辽代统治的前 100 年"的研讨会在纽卡斯尔大学召开。
通过此会可以看出这一主题引起了越来越多的关注。

③ 例如,杨树森,《辽史简编》;陶晋生,《宋辽关系史研究》,后经修订并翻译为《天有二
日:宋辽关系研究》(Two sons of heaven);陶懋炳,《五代史略》;何天明,《试论辽代
接管燕云地区》;参较王义康《后唐建国过程中抵御契丹南进政策探微》。早期的观
点更加温和,例如邢义田,《契丹与五代政权更迭之关系》,参较金毓黻《宋与辽之关
系》、杨志玖《十世纪契丹社会发展的一个轮廓(并附论胡适派考据学对历史研究的
危害性)》。

之外,辽从未为之而战。① 辽在做出伐晋决定的九个月之后,于947年攻克后晋,但征服时间非常短,只持续了不到五个月。

辽作为一个征服王朝却少有征服之举,这通常被解释为它欲意征服,但未获成功。然而,这个观点依赖于两个前提条件:其一,所有见于记载的契丹对五代与宋的劫掠均是辽蚕食领土大战略的一部分;其二,汉人团结一致对抗947年的征服,并将异族占领者驱赶出去。事实上,边界劫掠的因素众多,有时由五代和宋主动北伐,有时由江南牧,但并非均来自朝堂授意。劫掠通常是正常边境互动的一部分,未必就是王朝之间的正式战争。同时,从辽晋战争和947年的占领中可以看出,辽的统治者德光(太宗,926—947)从未打算待在南朝。当地民众开始反抗辽军占领之前,他已经开始回撤军队,这是他对自己的将领提出要求的明确回应。② 近来对10世纪下半叶至1005年的重新解读,同样认为辽并不打算征服后周或宋,它仅是为保卫已占据了数十年的富庶的土地而战。③

而且,辽与金、元在对待向长城以南扩张这个中心问题上很不同,当然他们之间仍具有一定的相似性。举两个重要的例子,在辽

① 将《旧五代史》75:984、989,76:995 和《辽史》3:38、40—41 的记载,与《资治通鉴》280:9146—9147 的记载比较,实际上,虽然这个问题值得仔细研究,但辽前期对燕云的劫掠与后来对晋的征服存在着明显的不同。虽然阿保机在926年趁机提出了对河北的要求,但辽在同年只是征服了渤海。如果征服渤海可以将辽算作一个真正的征服王朝,那么它的前提就是承认渤海是中华帝国的一部分。有关辽征服渤海的细节,阿达米(Adami)《渤海国论著目录:一个中古时期的远东古国》(*Bibliography on Parhae*)和雷克尔(Reckel)《渤海:一个唐代东北及朝鲜半岛地方政权的历史与文化》(*Bohai*)提供了基本的材料,但是这个问题尚待进一步研究。

② 史怀梅,《五代时期的劫掠与边疆社会》("Raiding and frontier society")和《游牧者的需求:劫掠、入侵与947年辽的征服行动》("What nomads want")。

③ 这一观点已为使用欧洲语言写作的专家普遍接受;例如,蓝克利,《政治与地理论辩:1074—1075年的宋辽边界谈判》;柳立言,《以战求和? ——1005年宋辽之间的和议》;龙沛,《中国的壕沟与宋辽边界》。

统治的人口中，不论是十六州的民众，还是 907 年以前在阿保机大肆劫掠中被俘的人口，抑或是唐末五代变乱之际的流民，相当一部分是从唐与五代的辖域获得的，并且为了管理好农牧混合的帝国，辽建立了二元政治体制模式（models of dual administration）。这一模式被后来永久占据长城以南地区的王朝所沿用。但辽建立这一模式的背景，与后来的金和蒙古全然不同，因此影响也不同。

辽的崛起是唐王朝崩溃的产物，它的首任统治者阿保机（太祖，907—926）于 907 年"即皇帝位"。与此同时，在长城一线以内，其他人也一同称帝。[①] 学者们已经有些怀疑这一时间点过于巧合，但他们依然将其看作这一伟大王朝崩溃后的自然结果。唐王朝的权威，曾辐射至其腹地以西与以北地区，在那里，依然能够感受到它的影响，比如在礼仪和议政的模式上。如果我们将辽视为许多继唐而起的国家中继承唐朝政治制度最成功的一个，那么将辽的开始作为唐的结束极有道理。[②] 辽与五代一样是晚唐的一个产物，与它之后的征服王朝有本质不同。

在辽政权建立的前半个世纪里，虽然它并没有与其他主要政权展开博弈，但至少在内亚东部的人群中，拥有至高无上的权力。同时，直至后周郭荣（世宗，954—959）对外扩张前，辽以南的政权都希望与其和平共处，为此甚至承认与辽的君臣关系。辽几乎是建立在政治真空当中，它在实力上获得明显优势的过程中，基本没有遇到阻碍。辽早期的统治者在没有外部干扰的情况下扩大自己的权力，对内建立一套新的行之有效的管理体制。辽能够与相邻政权并存，是因为相邻政权对其无法构成威胁。辽在边疆地

8

---

① 同样，907 年王建在蜀（四川）称帝，同时李茂贞在凤翔（陕西中南部）已行皇帝之实，只是未称帝而已；参见史怀梅《剑桥中国五代宋史：五代》（"Five Dynasties"）。

② 苗泼《论辽袭唐制》举此例证明辽借鉴与继承了唐的制度，但这种借鉴和继承也带有明显的辽代特色。参较第 4 页注③所列论著。

区(包括五代政权在内)的优势地位,意味着它必定在促成 10 世纪变革和决定唐以后世界的特点上扮演一个重要的角色。

相反,金与蒙古一开始就野心勃勃地想挤进国与国之间业已形成的相对稳定的关系中。无论是 1005 年之后的辽与宋,还是 1142 年之后的金与宋,或是 1004 年之后党项人的西夏与宋,这些国家间均保持着一种平衡。金与蒙古的崛起直接挑战了在稳固的国际关系体系中生存的强国。金与蒙古想要与之共存,也只能由武力来重新决定权威以及与之相对应的疆域的大小。金和蒙古要生存,获得与邻国对等的政治地位,就要为此而战。然而,与 10 世纪的辽有所不同,它们已经无法重塑这一体系,小的调整是可以的,但新的基本模式已为它们设立好,而辽便是创造这一模式的主要贡献者。

所以辽与 10 世纪在历史叙述中均没有得到应有的重视。五代与辽特别被强调为对抗关系,并假定这种对抗关系最终导致了 11 世纪及其以后的历史走向。虽然五代之中三个王朝是沙陀人建立的,但五代被分配扮演“汉人”的角色,抵御无法避免的“夷狄”契丹的侵袭。[①] 但如果先撇开不当预期导致的成见,我们会发现很难用征服王朝的模式来套用这一时期的情况。这就意味着,如果将辽与五代作为一个整体来思考,用柯娇燕的话来说,也就是将华北视为“内亚统一体的一个部分”,或许会更有收获。为此,我们也必须把 10 世纪作为一个实体来看待,不能简单将其作为唐的暗淡退场,或是宋的纷乱开端,而要将之视为一个特别的时期来研究。后来出现的概念范畴,有些被时代强加了不当的想法,我们要避免由此产生的混乱,从中追索事物变化的来龙去脉。

---

① 事实上,所有有关辽与其南方邻国之间的关系以及汉人对辽贡献的中文论著都将这些现象作为民族碰撞的例子,在汉文中将此称为胡—汉关系。

如果我们对此预先设定了答案,那么想充分理解这一变革时期是不可能的。

为了理解 10 世纪边疆民众的选择,我们首先需要重新认识边界、族性、忠诚的概念,它们构成了现代对越境的解释。因此,第 1 章一开始就明确限定了适用于解释该时期越境者选择和行为的词汇,不将疆域概念与忠诚联系起来,也不将族性视作忠诚选择的主要因素。最后一项法宝便是史料比较法,这一方法将可疑的史料变成有益的理解工具。

对忠的概念的辨析对于我们的分析很关键,但对于其在 10 世纪的含义,我们知之甚少。因此,第 2 章考查了忠的概念的发展过程,从它的源头一直考查到 11 世纪史家对它的彻底重新定义。10 世纪初,人们在变乱时期的选择,即对"忠"的看法,有很多种解释。但一个世纪后,产生了一种新的政治形态,已不存在一个强权的国家,取而代之的是势均力敌的两个国家,人们的选择开始明显受到限制。第 3 章将通过研究 900 年左右至 1005 年澶渊之盟间忠与边界的关系来探讨,人们是如何来实践"忠"这一行为的。因此,我们所要研究的是一系列现实中的边界与观念中的分界线,而它们未必是重合的。

那么,我们的任务就是试着展示现实中的边界和观念中的分界线随着时间推移是如何相互交织、相互影响的,以及它们之间的关系是如何被个人选择所影响和塑造的。我们必须时刻警惕,史家经常会影响到我们对 10 世纪真实场景的理解。我们将在构成第 4 至第 6 章的五个个案研究中,从个人选择层面去探讨这一问题。

我们的五个研究对象中有四个同时为辽效力。韩延徽(882—959)是最早一批入辽的,而张砺(卒于 947)和赵延寿(卒于 948 年 9 月)一同于 936 年入辽。947 年,以上三人与李瀚(卒于962)相遇在德光率军北归的途中。之后,直至韩延徽致仕,李瀚与韩延徽都一同为辽效力。这四人年龄不同,张砺似乎比韩延徽小10岁,赵延寿很可能又比张砺小10岁。李瀚可能与赵延寿同岁,但这已无从考证。最后一个王继忠(卒于1022)与他们完全不是一代人,因为他在1003年被辽俘房时,才20多岁。

10世纪初,在辽政权初创时期便已入辽的韩延徽,为辽建立汉式制度立下汗马功劳。他似乎完全没有文化认同(cultural identity)的障碍。在第4章中,他的选择被用来与张砺的进行比较,因为张砺也同样游走于两个初生的政权之间,只是他投向了南朝。韩延徽寻求仕途稳定,因此他遵循了对忠的一种解释模式,而张砺的孝道似乎遵循了对忠的另一种解释模式。他们均多次易主,但他们的行为在那时被认为稀松平常。

因为张砺与赵延寿同在10世纪30年代越境入辽,所以随后将张砺的故事与第5章中赵延寿的故事放在一起讨论。张砺曾经试图从辽逃回南朝,而赵延寿则领着辽军进攻后晋(936—947)。他们的故事极其细致地勾勒出了一幅那些多少有些政治权力的人为辽效力所面对的压力和诱惑的画面。正是他们的选择导致了政治格局的变化,这也使得他们的忠诚遭到质疑。因此,与韩延徽和年轻的张砺相比,他们的选择备受质疑。

在第6章中,我们能看到势均力敌的两个国家是如何重新定义"忠"的概念的。947年辽征服后晋,李瀚被带到北方。与比他早来的那些人不同,李瀚排斥辽,似乎是因为他仍与南朝的家保持着联系,但更可能是他的某种投机心理在作祟。但他的行为也许暗示了一种变化,这在宋将王继忠的例子上能完整地被看到。王继忠被辽俘房后,代表辽参与澶渊之盟的谈判,但这仍不能满足他内心深处返回宋朝的渴望。一个世纪前的统治者为赢得官员的效忠而相互竞争,但现在的皇帝为了更重要的目标可以牺牲个人的忠诚,这个更为重要的目标就是维护双方的和平条约正常运转。我们知道,李瀚做出的选择,王继忠是想都不会去想的。

最后的结论部分,梳理了"忠"的概念在 10 世纪以及记载 10 世纪的史书中的变化,并且探讨了这些变化对我们理解 11 世纪前疆域、身份、道德及它们之间的关系所具有的含义。反过来,这些使得我们能够更为深入地反思我们的分析框架,特别是民族主义叙事模式对我们的影响:比如对于略呈现代化特征的清代,我们常以这样的视角去理解它;但对于确凿无疑无此特征的前现代,该话语体系也经常误导我们去这么看它。对于这些时代,需要做很多工作去仔细辨析这些词语的概念范畴,看看哪些对当时人是有意义的,哪些对现代人是有意义的。只有这般比较,才能精进我们的理解。

本书从一系列明显不同于过往的假设出发,引入了另一种解读 10 世纪的方式。如今的我们,对 21 世纪初当代世界及其运作的想象,与前人是大不相同的。因此,在提出这些假设而未付诸实证检验前,我已考虑过发生在研究对象身上的各种可能性。所¹¹以这就是我通过所能掌握的资料提供的研究新路径:通过解读这些事件、个人选择和发展进程,我们能够以不同的方式看待宋以前的中华帝国的历史。假如我的假设或结论得不到认可,那么对此有异议的人依然值得去考虑,怎样的出发点是可取的。¹²

第一部分

边界、分界线与越境者——概念与背景

第1章　你不可由此及彼——概念反思

现代社会对历史的认知已经不可抗拒地被民族国家的概念框住。

——杜赞奇,《从民族国家拯救历史》

统治者、将领、僧侣和政治家恐怕并不认为现今重要的问题在当时也同样重要。

——邓如萍(Ruth Dunnell),《白高大夏国》(*The Great State of White and High*)

10 世纪的很多事物,用后来才有的词汇去理解,会妨碍我们对它们的认识;这种情况不在少数,在此只取与本研究相关的概念,它们可以被概括为三个词。第一,边界:本文开始逐渐关心宋为何未能成为像唐那样扩张性的帝国。五代和宋与周边邻国的关系是强还是弱? 具体地说,五代和宋是如何将辽以降的北方征服者抵御在外的? 第二,族性:学者们已经注意到宋在澶渊之盟以后兴起了一股强劲的民族中心主义和民族统一意识,这样一股趋势则被假定为指导那些 10 世纪先辈的行为准则。那么,我们的问题就变为了:五代时期的族群意识(ethnic consciousness)发展到了什么程度?[1]　第三,忠:北宋

---

[1]《从边疆地带到边疆区域:10 世纪中国北部的族群认同在政治上的应用》("From region of frontiers")是一篇我早先试图解决这一问题的文章。

后期与南宋后期皆以其忠臣义士而著称，为何五代那么多人频繁易主？五代人是道德沦丧、民族败类（ethnic turncoat），还是想去开化那些夷狄？他们的行为到底该对任由异族挑战宋朝负有多大的责任呢？

　　这些问题，都被用澶渊之盟以后才有的标准来解释，或许更确切地说，是用可以在宋代找到根源的现代标准来理解这些问题。正如德里克（Arif Dirlik）所言，"指引重写过去的最重要的问题是［原文如此］现代认同（identity）的需要"①。田浩（Hoyt Tillman）将这些 12 世纪和现代的标准陈述为诸如"华夷大防、效忠朝廷和强国驱虏的实际方案"②。正如田浩注意到的，族性、忠和边界的概念虽然源自民族主义，但是民族主义概念本身成了理解像 10 世纪那样处于过渡和动荡时期的一个主要障碍，因而越来越遭到诟病。③

民族主义的概念范畴

　　发端于 19 世纪的民族主义基本理论，通常认为边界是界定一个主权国家与其他相似政权之间疆域范围的标志。而这些政

① 德里克，《后现代主义和中国历史》（"Postmodernism and Chinese history"），43。当然，在历史编纂中总带有一系列的目的性。参见施耐德（Schneider）《调和历史与民族？——历史性、民族个别性以及普遍性问题》（"Reconciling history with the nation?"）。

② 田浩，《陈亮与中国的爱国主义：兼谈朱熹的普遍哲学》（"Proto-nationalism?"），404。田浩的文章试图树立一种哲学标准。

③ 杜赞奇的《从民族国家拯救历史》和帕特里克·盖里（Geary）的《国家神话：欧洲的中世纪来源》（The myth of nations），通过将现实的例子同过去与现在进行纵向与横向的比较，对将民族主义视作一种组织原则的看法，分别提出了批评。

权所辖，至少有一个不管是通过血缘还是人为构建的"族性统一"（*ethnically coherent*），文化占主流，并且对这个政权的忠诚高于对任何个人，随时肯为之誓死效忠的核心人群。现代学者为了彰显民族主义在理解宋代中国时所起的重要作用，他们将陈亮坚定的宋朝疆域观、中国永为夷狄所犯的民族中心主义观，以及对官员爱国与叛国的评判，都作为民族主义在宋代出现萌芽的标志。[1]

虽然大多数的分析并没有直接使用民族主义的概念，但分裂与统一的叙述模式在这些分析中占据主导，为这些分析奠定了基础。这种叙述模式假定"中国"本质上是一个持续存在的国家，它不仅存在于意识和文化范畴内，而且存在于一块永恒的疆域内［即"中国本部"（China Proper）］。这种叙述将整个"中国"的历史囊括在内，这表现在我们经常使用的术语中。秦始皇被描述为"第一位统一中国的帝王"，这意味着统一是"中国"的常态，那些前帝国时期的国家一直等待他来完成统一。汉的扩张获得了人们的赞许，但3—6世纪则被贬低为"分裂"时期，这意味着它偏离了人们对统一的期待。隋唐得到肯定是因为重新统一了汉人坚守的土地，而安史之乱造成的藩镇割据自然伴随着哀叹。宋代"重新"统一了"中国"，而这个"中国"再度分裂。颇具讽刺意味的是，蒙古人再次统一了"中国"，直至中华人民共和国时期这种统一的状态都"未曾改变"。将这种叙述与用来构建这种叙述的术语以及相应的分析整合在一起的重要意义就在于，它虚构了这样一个世界：在这个世界里，"中国"是存在于时间与空间、有思想和行动的实体，在一系

16

----

① 参见陶德文（Trauzettel）《宋代爱国主义：迈向中国民族主义的第一步》（"Sung patriotism"）和田浩《陈亮与中国的爱国主义：兼谈朱熹的普遍哲学》。

列概念与实践上与"非中国"是相对立的。①

因此，现代学者倾向将 10 世纪视为"中国"首次内部分裂的时期，可悲的是此时不再将忠作为道德标准，这为异族侵犯铺平了道路。② 在英文中，道德要求通常更容易被隐含在一些常见的词语中，如"变节者""叛国者"和"不忠"。所以一俟宋重新统一，正式结束了内部纷争（尽管仍有内乱），那么"中国"很快就要被迫保卫它的边界，抵御被认为再次来自异族的外部威胁。大量的汉文文献认为，整个 10 世纪，大多数汉人是被迫入辽效力的。一旦有机会，他们便会继续扩大自己的汉化实践。③

由于受到问题意识的制约，对 10 世纪特点的相关解释并不让人满意。如果辽一味地四处征伐，可当他们有机可乘时，为何没那么做？947 年辽攻克后晋，之后辽的撤退如果是因为汉人英勇反抗异族入侵的话，那么为何辽不在 936 年所向披靡之际征服中原？④ 如果说抵御外侮是当务之急，那为何五代在内乱不断之际，那些反抗朝廷的人却乐意获得辽的援助呢？ 如果道德标准不再起作用，那为何文献中记载了那么多在各方面都是楷模，却在易

---

① 最近对此观点的分析与批评见杜磊(Dru Gladney)《脱位中国》(*Dislocating China*)的现代部分。在边疆研究中，观点与本文上述所指牧区与农区之间对立有所不同，经常被引用的是拉铁摩尔(Lattimore)的《中国的亚洲内陆边疆》(*Inner Asian frontiers of China*)一书，该书为"过渡地带"的互动进行了大量综合的分析，并且拉氏在《边疆史研究：1928—1958 年论文选集》(*Studies in frontier history*)一书中进一步深化和改进了自己的分析。

② 例如，谷霁光在《泛论唐末五代的私兵和亲军、义儿》、孟古托力在《辽朝汉族儒士群体的形成及历史地位辨析》、林瑞翰在《五代君臣之义淡而政风多贪黩（五代政治、社会、经济、文化研究之二）》和《五代豪侈、暴虐、义养之风气（五代政治、社会、经济、文化研究之三）》中提出了这样一个尖锐的观点。

③ 例如，王明荪，《略论辽代的汉人集团》；尹克明，《契丹汉化略考》；韩光辉，《辽代中国北方人口的迁移及其社会影响》孟广耀，《试论辽代汉族儒士的"华夷之辨"观念》；以及第 4 页注③。

④ 参见史怀梅《游牧者的需求：劫掠、入侵与 947 年辽的征服行动》。

主问题上留有瑕疵之人？如果汉人为辽效力是迫不得已的，为何有那么多的人选择入辽，兢兢业业为辽效力，而且最终给自己的孩子取了一个契丹名？

这些问题都不是民族主义理论框架所能解释的。因为，现代的民族主义理论和个案研究，将边界和族性作为人们决定忠诚归属的依据。在经典的民族主义理想模型里，边界和族性是一致的，但实际上两者经常相互冲突。一个主体民族（a particular ethnic group）占据主导且疆域确定的国家，很可能要求在它境内的所有少数民族（minority ethnic groups）对其效忠。相反，这些少数民族及其首领，无论是在一个国家，还是分散在不同国家，他们可能同样有成立自己国家的要求，要求族人效忠，并在此基础上建立自己的政权。但是无论在理论还是在实践上，忠都被视为边界和族性关系的必然产物。是忠于国家还是忠于民族，或者较为理想地是同时忠于两者，则要看是选择政治认同还是选择民族认同，或是同时选择两者。 *17*

然而，如果忠不是其他事物的必然产物，而它本身就是一个决定性的因素，那将会怎样？如果在某些情况下既无须考虑国家、边界，也不用考虑族群等因素，仅将"忠"的概念本身视为行动的框架和主导理念，那又会怎样？我相信这是观察 10 世纪以及更早一些时期较为有效的方式，但这样一种诠释 10 世纪的方式需要我们放弃惯用的民族主义的概念。

因此，我需要再解释一下，重新考察边界、族性、忠这三个词语的概念是必要的，因为这有助于我们更好地理解 10 世纪的边疆地区。在我们通常称为"大宋"的时期，有很多问题值得重新探讨，其中有些问题甚至可以追溯至 10 世纪。我认为，首先，在处理边界问题时，学者首先想到的就是地缘政治，他们忽视了还有其他构建政治空间的方式。其实,10世纪的重点应该放在忠和权力对政治空间的塑造上,而非仅以领土划分来解释10世纪。其次,从族性角度展开的探讨,假定这个适用于现代的概念也同样可以用来解释过去,因而它可以左右当时人们的行为。我建议可以不用这个词,思路反而会开阔一些。最后,以往讨论有关"忠"的问题时,常假定该时期的观念与中华帝国晚期是一致的,即要求人们必须对所效力的王朝忠贞不贰,在这样的理念模式中,要么忠诚,要么背叛,要么只能以情有可原来为背叛行为开脱。这被证明并不符合10世纪的情况。以上所述,说明要建立新的分析模式,需要重新审视历史编纂,不仅要对研究著作,而且更要对原始史料加以审视。因此,基于对一系列特定史料的理解,我把这些问题和机遇列出来,作为这一章的总结。

一些定义

到目前为止,我没有详细说明边疆和越境的确切含义,但现在明确两者的概念对研究来说是十分有益的。边界、边疆、分界线正逐渐成为我们的研究对象,但每个词的含义仍不明确,需对其加以详细说明。虽然这些词可以相互替换,但在这里,为了方便,这三个词分别用来指称线状、片状和观念上的分界。

边界或边界线通常被用以指现代所理解的一条能在地图上画出来的分界线。边界是在和平谈判中主要通过协商确定的、基本精确的并可供商榷的分界线。它们也是行政区的边界或是这些行政区的分界线,标志着某个政权法理上而并非现实中的权力范围。两个分别被不同权力机关控制的行政区相互接壤,两者接壤的地方便形成了两个权力机关之间的边界线。因为10世纪的行政区已集中在特定的区域,所以这个用法具有空间的含义,但这里所说的"边界",首先指的是政治控制范围,而较少直接指涉地域范围。① 本书主要就是对这样特定的一条辽与其南边邻国的边界线进行研究。当然,在同时期也出现了许多其他的边界线,同样值得研究。

边疆或边疆地区被用于指边疆地带,意思是横跨边界线两边的界限模糊的地理区域。那么既然如此,在本书中"边疆"特指大致在黄河和渭河南岸与北纬 41°(即呼和浩特以北和黄河几字形拐弯的最北点)之间,以及鄂尔多斯东界与渤海湾之间(参见第 3 章地图)的这样一块区域。这一边疆地区所包含的区域通常被称为中原或华北平原,即今天的陕西、辽宁北部和长城一线两边的地区,包括内蒙古最南端的一些地方。这一用法可以让我们不用去讨论一个在当时颇受质疑的以实体形式存在的"中国",也让我们不至于总是由此来区分"中国"与"非中国"。

在讨论以文化、忠或心态区分的不同群体之间观念的区别时,分界线这一概念将被用到。② 分界线在这种用法中没有空间的含义,它完全存在于特定一群人的脑海中,这群人撰写历史、评论事件、过着自己的生活。当然,这并不能阻止人们给它一个空间上的想象。因为一条特定的分界线是一个纯粹精神上,有时也是情感上的概念,所以它没有固定的标准。同样,对一个人来说是恐

---

① 参见史怀梅《10 世纪中国北部边疆的重构》("(Re)constructing the frontiers")。通猜·威尼差恭(Thongchai Winichakul)持有不同观点,参见其在《国绘暹罗:一部国家地缘机体的历史》(*Siam mapped*)中的讨论。对这一关系在 10 世纪是如何变化的存在另一种观点,参见马瑞诗(Mostern)《"分土而治":唐宋变革之际的空间架构与国家权力》("Dividing the realm")。
② 弗雷德里克·巴斯(Fredrik Barth)的《族群与边界:文化差异下的社会组织》(*Ethnic groups and boundaries*)论述了分界线、边界和边疆地区三个概念的区别。参见海约翰(Hay)《中国的边界》(*Boundaries in China*)。

怖分子,对另一个人来说则是自由斗士,所以比方说一位史家可能将一个特定的历史人物置于文化分界线的一侧,而另一位学者或是相关的人可能将这一个体放在另一侧。分界线总在不断移动。

当我谈及越境行为的时候,我认为这种行为指的是在边疆地区内人们至少是从边界或分界线的一侧移动到另一侧。此外,我们将看到这样的例子,一个人跨越了政治忠诚的分界线,却没有越过地理上的疆界(在这种情况下,个体的影响力若是足够大,就足以造成边界线在空间上的移动)。相反,个体跨越疆界进入新的政权,却仍保有对原政权的政治忠诚(这在新政权下就成了卧底)。就像上面提到的,在此讨论的所有越境行为均发生在边疆地区。使用这些定义,我们将能够确定边界、族性和忠这三个悬而未决的概念在 10 世纪初和 10 世纪末发生了怎样的变化。

边界:领土与权力

在现代,权力的分配主要是以领土为基础的,但也并非总是如此。我们不将领土从权力中分离出来,并且不去调查而只是假定两者关系的属性,是无法理解 10 世纪的。我们所面临的问题在通猜《图绘暹罗:一部国家地缘机体的历史》一书中已得到较好的阐释:"现代地理学、地图和一个民族国家地缘体的霸权比我们想象的要强大得多。它复制自己,将我们囊括在它的统治之下。"我们经常以国家为单位来考虑问题,而国家没有自己的边界线是无法想象的。① 目前,我们构建世界的主要方法就是用边界将地

---

① 通猜《图绘暹罗:一部国家地缘机体的历史》,x,56。参较本尼迪克特·安德森(Anderson)《想象的共同体:民族主义的起源与散布》(*Imagined communities*)。

球表面分割成独立的领土,每一块领土都造就一个经过严格界定
(不一定无可争议)的政治空间。现代的边界线标志着一个特定
国家或地方政权的界限和范围。边界线在空间上和政治上划分
了彼此的国家主权,正是依靠对这一基本概念的普遍接受才使得
今天民族国家的国际体系得以存在。我们绘制地图,过于强调政
治区划,以至于就我个人经验而言,很难找到地形图。这就意味
着地形图需求量小,所以生产量也少。在国家层面以下,我们生
活在这条线的哪一侧决定了许多的事情,比如在哪里交税、在哪
个地区投票以及孩子在哪里上学。

在现代,这样那样的边界线无所不在,当然这并不是说它们
作为一条构建世界的原则就不会受到挑战。个别政府可能在适
当的时候违背这一国家领土主权原则。例如,它们通过经济杠杆
像贸易禁运、操纵援助费用,或者政治手段如军事行动、撤回大
使,努力将自己的权力伸向边界以外。这些行动挑战了那些遵守
原则的国家的主权,但与此同时增加了强势一方的国家利益;因
而它们甘愿为打破这一国际体系而受到不一定有效的谴责。因
此,对国家主权的挑战通常起到了从各个不同方面巩固这一普遍
原则的效果。

当面临下列不确定因素时,边界对于一国政府来说则更成为
问题,例如,流亡人口、大规模移民和其他跨国或跨境现象。这些
跨国或跨境现象包括,慈善团体和其他非政府组织、宗教团体、有
组织犯罪和恐怖活动。政府必须亲自研究这些问题,比如处理不
同种族间的关系、管理人口迁徙、为救援者提供通道与帮助、解决
国家法律与国际宗教权威之间的冲突(如祭祀牺牲)、参与国际警
务合作和建立国内安全机构抵御跨国恐怖袭击。那么多不在国
境线内发生的事情,即便他们只是一股善良或温和的力量,也给

政府制造了许多困难,而且引起了国内民众的焦虑和紧张(例如担心外来移民或先发制人的战争),这意味着占据优势的体系已在社会各阶层中深深扎根。边界已经成为我们赖以生活的标准范式,我们还会注意到,学者和政府都在花大力气,试图理解、控制或处理很多与这一范式冲突或不太契合的问题。

现代的边界线作为构建世界的主要原则而被赋予的权力甚至都面临着挑战,这可以通过香港回归中华人民共和国的例子看出来。英国同意中国调整它的地理边界,并以领土为基础,拥有对英国属土公民香港人的政治权力,这些人将失去他们的英国国籍,成为中国公民。从1986年开始,香港人可以申请,但并非自动成为英国海外国民,因而他们在1997年之后仍可拥有英国国籍,但他们不享有不列颠群岛的居住权,在这些领土上居住的特权只给予英国本土公民(full citizen)。在1989年中国政治风波后,面对香港大量的人才外流,英国不得不将英国公民身份给了被认为对殖民地将来很重要的5万个家庭,而且授予了他们不列颠群岛的居住权。英国做出痛苦的有限让步预示着,英国与中国同样不愿否定以地理边界来确定居住人群公民权这样的现代基本理念。① 再举一个例子,任何一个犹太人都可以成为以色列的公民,但为了获得这个身份,他们必须生活在以色列的领土上。相反,以色列完全以边界为依据,以有限的方式将公民身份给那

---

① 朱莉·斯皮德(Speed),《国籍法》("Nationality law")。这条原则对香港的非中国少数族裔做了一定调整,这些少数族裔大部分为南亚裔。基于他们的民族背景,中国拒绝承认这一少数群体的公民身份,但允许他们居住,然而英国承认他们的海外公民身份,却不赋予他们不列颠群岛的居住权。没人希望这些人居住在香港之外,但领土原则与民族原则之间的冲突直到1997年才解决。当时英国最终放弃了领土原则,允许这些英国海外公民注册为正式的英国公民。民族原则在这个案例中胜出,但它只被用于极少数人(至2003年有4 520人注册),很明显这是不符合一般规则的例外情况。

些在 1948 年选择留在以色列的巴勒斯坦人。在任何复杂的情形里,几乎都能发现最终决定政治权力范围的,首选的仍是领土边界线。

要宣示对边界的权力,最好的方式是通过现实的区隔(demarcation),在地图或观念上将分界线具体化。例如,柏林墙和以色列的"隔离墙"(或称为"种族隔离墙"),前者构筑了一条公认的政治边界,后者创造出一条存在较大争议的边界线,这条边界线来自对以色列人和恐怖分子之间的概念划分。① 在历史语境中,中国的长城是这一具体化努力的典型例证,这一例证阐明了分界线的多重用途。虽然我们认为一个真实的长城不可能完整地延续至今②,但它确实存在于某一特定时期,特别是汉(前 202—220)和明(1368—1644),这一时期真实的长城是划分敌友的分界线。③

然而,比起实体长城,影响更深远的是长城的概念,这一概念贯穿整个中国历史。长城依旧是东北亚地区公认的农牧概念的分界线,它是自南宋以来一系列历史地图上唯一不变的特征,长城甚至出现在了传说中的舜禹时期,这比我们通常所知道的秦始皇于前 221 年首次修建长城要早 2 000 年。④

虽然这一系列历史图册为我们提供了一些现存最早的中国

---

① 虽然在此无须重申如此划分产生的后果,但我们注意到这样的隔离墙并不是现代的产物,它们只是现在讨论的问题的表象,而不是问题的根源。

② 林蔚(Waldron),《长城:从历史到迷思》(*Great Wall of China*)。

③ 随着研究的深入,我们认识到修建这些隔离墙的原因远比想象的复杂。参见狄宇宙《古代中国与其强邻:东亚历史上游牧力量的兴起》(*Ancient China and its enemies*)、林蔚《长城:从历史到迷思》;参较拉铁摩尔《中国长城的起源:边疆观念的理论与实践》("Origins of the Great Wall")。

④ 税安礼《历代地理指掌图》。林蔚讨论了秦始皇建造的长城及其前身,参见《长城:从历史到迷思》,13‐21。

地图①，但 12 世纪绘制的前代地图，很明显不能被当作 10 世纪就有边疆、边界和分界线概念的证据。然而值得注意的是，在五代各个政权以及宋初二帝对外扩张的地图上，都出现了与国家有关的边界。② 每张图上都出现了一个相同的区域"中国本部"，这是有其依据的：其他势力统治长城以内地区，在地图上会被明确地标记出来。因此，虽然长城在那里，但它似乎所起的作用更多的是一个参照物而并非一条需要坚守的战线。它反映的是宋代绘图者所希望的帝国范围，并非帝国真实的疆界。这种疆域观念（territorial conception）在 10 世纪未必是主流。

22　　地图本身的特性就决定了它总是受到制约，它们必须严格地描绘出周边的情形，特别是疆域的边界。因此，虽然南宋的地图集为五代的每个政权都提供了一幅地图，但完全没有展示出各朝代间疆域变化的过程。现代由地图出版社出版的《历史地图集》落入了同样的窠臼。唐代地图是依据新旧唐书中《地理志》的记述绘制的，因此它所反映的是 741 年唐帝国疆域的面貌。另两幅唐代的全图也不足以反映近三个世纪疆界发生的变化。③ 此类参考资料要想编得易用明白，难免都得画成这样，但它确实意在将边界画得比实际情况更加固定。

　　处在 10 世纪这样一个剧变的时代里，这是一个尤为突出的问题。在这一时期，边疆地区的各方势力（包括辽）相互博弈，该地区的行政管辖权在他们之间频繁易手。边界不再是地图上看

---

① 12 世纪前的地图几乎没有保存下来。余定国（Yee），《传统中国地理地图的重新解释》（"Reinterpreting traditional Chinese geographical maps"）。参较李约瑟（Needham）《中国科学技术史》（*Science and civilisation in China*）第 3 卷，547—550。

②《太宗皇帝一统之图》反映了宋太宗的功绩，《历代地理指掌图》，90—91。

③ 谭其骧主编，《中国历史地图集》第 5 册，32—37。

似静止的实体，而是在不断移动的。但是，当时的人们比我们更容易理解这一点。10 世纪的人们似乎对边界线一词没有多少概念，他们是依据行政中心和效忠的对象结成群体，这也是前现代欧亚大陆的普遍现象。[1]

一个典型的行政区由众多居住在该辖域内的家庭组成，并由在特定治所办公的地方长官或其他官员统领。治所名通常与县名、州名或省名一致。自汉以降，最基层的县或者甚至是田界，已被绘制成图（有时是被标在地界上），因而我们理解起来较为容易。[2] 州界由所辖县界的外缘组成，与此相同，省界划分则是依据所辖州界的外缘。

然而，县以上的边界线被置于何处已不重要（虽然这些边界线也总是被记录在案，并且官方也屡有越界侵袭的报道），当地官员将忠诚置于何处才是最为关键的。如果县、州、省的官员决定改投他人，也就是说向侵犯者举城投降，那么他的这一行为会通过税赋以及辖区政府的行政机构，影响到整个辖区。[3] 如果一个官员这么做了，那么上一级行政区的边界线不得不随之移动，把已变节的地区移到另一侧。

---

① 前现代边疆制度、设置、定义的变化巨大，在以下研究中有所阐释：罗伯特·巴特利特（Bartlett）与麦凯（MacKay）编，《中世纪的边疆社会》（*Medieval frontier societies*）；鲍威（Power）与史怀梅编，《8—18 世纪欧亚边疆问题》（*Frontiers in question*）；波尔（Pohl）等编，《边疆的变迁：以加洛林王朝后期的历史遗物为中心》（*Transformation of frontiers*）；阿卜拉菲亚（Abulafia）与贝兰德（Berend）编，《中世纪的边疆：观念与实践》（*Medieval frontiers*）。

② 余定国，《政治文化中的中国地图》（"Chinese maps in political culture"），75；马瑞诗，《宋代边疆地图的绘制：宋夏战争中地图的绘制与使用——以〈长编〉与〈宋会要〉为中心》（"Cartography on the Song frontier"）。

③ 就安史之乱和 780 年两税法之后的税收记录而言，改投他主带来的影响在恶化。参见杜希德有关唐代经济的著作《唐代财政》（*Financial administration under the T'ang*）和《唐末藩镇与中央财政》（"Provincial autonomy and central finance in late Tang"）。

但是此类边界线的移动是政治立场改变的结果，而不是现代
所认为的是政治立场改变的原因。改变的关键是官员效忠于别
处了，通常他们依然会在新主人手下谋得一个合适的职位。虽然
这一过程会产生大量的流民，但这种现象似乎只是短暂的。这些
人为自身的利益也必须使他们的属民留在自己的辖域内，因为没
有赋税的土地是毫无价值的。

当我们发现边界线不那么重要时，可能会感到不安，但对于
普通民众而言，这恰好让他们对彼此之间以及与身家性命所系的
官员之间的关系有一个清晰的认识。因为对于普通民众来说官
员改变忠诚并不直接给他们的日常生活带来变化。他们可能会
遭遇战乱，这些战乱通常会促使他们变节，但如果他们侥幸逃脱
而幸存下来，那就继续向原来的政府或个人纳税或逃税。① 如果
我们知道个人选择在这一变化中的重要性，我们就能够通过个人
做出的不同选择来确定边界线的位置。因此，用我们的标准来衡
量，可以说跨越了边界线的那些人已经自觉承认了边界线的
存在。

对边界的反思凸显了中华帝国晚期与中华帝国早期世界的
差异。在帝国晚期，虽然政府通常无法控制中国本部内所有的人
口和土地，但"中国"基本上被认为是一个统一的实体；而在帝国
早期，并没人认为统一是理所当然的，如果有"中国"或"天朝上
国"概念的话，那通常只是一种理想。从唐到元（1260—1368）的
中古时期纷繁复杂，我们如何判定中华帝国是统一的还是分裂
的，取决于我们是以领土还是以权力作为判断的标准。在唐代，

---

① 与现代的情形不同，现代的这样一个改变往往牵涉一个拥有不同政治体系、法律体
系和语言的主权国家。例如，我们立即能够想到的包括，英国在南亚的殖民地印
度、法国的维希以及阿拉伯国家中的犹太人。

皇室统御了整个中国本部地区,但755年安禄山叛乱后皇室的权力在一定程度上遭到了侵夺。在两宋,虽然三个"征服王朝"的侵入一再分割了中国本部地区,但979年宋灭十国后,它的权力明显是统御在皇室之手的。当然,这个以民族统一主义著称的朝代,长期以来面临的最大威胁来自帝国的边界以外。

此前,尤其在汉以后的魏晋南北朝时期(220—589),发生在我们在此所讨论的边疆区域内的冲突,常常将权力和领土分割开来。虽然我们承认在10世纪出现的一些因素,有助于促进帝国晚期团结一致抵御外敌模式的形成,但10世纪冲突的根源仍在上述边疆区域内。甚至,当宋的创立者不满足于只是控制自己境内的合法臣民,而是致力于征服北部敌人时,辽宋之间的战争也仅局限在边疆地区,双方都想在战略上或政治上控制这块地区。① 澶渊之盟确立了相邻的两个拥有平等关系的帝国。在明确划分两者关系之前,争夺疆界的两个政权,可以视作属于同一个以争夺领土为目标的政治体系,但如今,澶渊之盟则标志着,双方已经将对方视作外部的"他者"了。

在澶渊之盟开创的世界秩序之中,就像今天一样,边界线成为划分相邻政权之间权力的主要依据。两国誓书如下:

- 每岁以绢二十万匹、银一十万两,更不差使臣专往北朝,只令三司差人搬送至雄州交割。
- 沿边州、军,各守疆界,两地人户,不得交侵。
- 或有盗贼逋逃,彼此无令停匿。
- 至于垅亩稼穑,南北勿纵骚扰。

---

① 龙沛,《中国的壕沟与宋辽边界》;赖大卫,《公元1004—1005年宋辽战争与澶渊之盟》。

• 所有两朝城池,并可依旧存守,淘濠完葺,一切如常,即不得创筑城隍,开掘河道。①

上述五项条款中有四项直接涉及领土问题:划分边界线,细化军事、商贸活动的范围等等。甚至这四项条款以外的另一项,也指定了岁贡在边界的交割地点。双方共同确定的边界线限定了双方权力的同时,也赋予了双方权力,最具代表性的就是要求归还逃人的条例。个体应当遵守其所在辖区内的管辖权,他们所在的辖区就限定了管辖权的范围。他们已别想指望通过简单的越境方式来寻求庇护了。实际上,澶渊之盟使得两国君主要求所有生活在各自地界的人对其永远效忠,这一要求巩固了双方朝廷的权力,但这是以牺牲边疆地区的民众以及其他可能更愿效忠于某个人、某个群体或某种意识形态之人为代价的。权力与严格划定的疆界绑定,与以往相比是个显著的变化。

与族性相关的问题

在民族国家观念占统治地位的现代世界里,国家的边界观念与族性观念(也就是民族)密切相关。虽然对边界观念重新进行细致的考察有助于对前现代问题的研究,但是族性观念才是我试图理解 10 世纪边疆问题遇到的最大障碍。这些边疆活动的参与者通常被贴上契丹人和汉人的标签,虽然并非有意为之,但这些标签表明在遥远的过去有族群存在,因此现代民族被认为是由这

① 《契丹国志》20:189—190;《长编》58:1299。赖大卫在《从战争到平等外交:11 世纪中国宋朝与辽契丹之间的外交关系》(*From war to diplomatic parity*)一书第 2 章中首次将两国誓书翻译为英文。

些族群发展而来的。持民族主义观点的人想当然地认为，在任何历史阶段，族群认同对于人们所做的决定都起了重要作用，但这很难给前现代那些违背这一原则的选择和行为提供一个令人满意的解释。总之，我认为需要采用其他的概念范畴对此进行重新分析，但我们首先必须解释为何族性观念给解决前现代社会的问题带来了更多的麻烦。

族性观念就像疆域观念一样根植于现代人的思维中。虽然明确的地理疆界是构建当今社会的首要原则，但族性观念一直是其最重要的挑战者。目前，无论对于单个政府还是作为一个整体的国际社会而言，所面临的一些最头痛的问题是族群要求自治或独立。这些族群或是被一条或多条国境线分隔，例如在伊朗、伊拉克和土耳其的库尔德人；或是在一个国家内的某一群体，例如法裔加拿大人。当然，颇具讽刺意味的是，在疆域内所具有的权力和族群分别是以国家和民族的名义出现的，它们是民族主义概念里两个起决定性作用的原则。理想状态是两者保持一致，但在现实中从未或是几乎从未出现过这种理想状态。考察两者之间的关系，对于理解现代世界至关重要，但对于考察民族主义产生前的时代则毫无裨益。正如柯娇燕早前注意到的，将族性与民族联系起来对于19世纪民族主义产生前的时代来说是一个时代错误，它歪曲了真实的历史。①

基于此，我更愿意简单地将族性概念扔在一边，因为它对于此处所要研究的那一时段的问题没有什么用。但可惜族性与文化都是有紧密关联的，要将它抛在一边，则先需要做些解释。当

---

① 柯娇燕，《思考近代早期中国的族群性》（"Thinking about ethnicity"）。厄内斯特·盖尔纳（Ernest Gellner）在其经典的《民族与民族主义》（*Nations and Nationalism*）一书中做了全面论证。

然，并非在前现代就不存在文化差异，或者说这些差异就完全不重要，而是不管你认不认可，在我们生活的高度族群化或民族化的世界里，这些差异未必有我们想象的那么重要。虽然讨论前现代的文化特征与文化认同是如何随环境而改变的固然重要，但若能跳脱那些背着民族主义包袱的族性思维，也许更为重要。

厘清族性问题并非易事，因为首先给它下一个明确的定义就很难①，尤其是在族性与文化之间建立起一种天然的联系以后就更为困难了。传统看法是，文化认同包括语言、服饰、饮食、信仰、态度、风俗和对特定事务的偏好等因素，它们绝大部分是由 19 世纪的民族主义理论家首先确立的，随后为 20 世纪民族志学者所采用。之后，政治学家或其他学者，几无历史学家，将这种文化认同上升到族群认同，大谈"神话——象征主义"，在这种思潮中，特殊的民族文化是认同的唯一要素。在安东尼·史密斯（Anthony Smith）最具影响力的精确表述中，"神话—象征主义"包括如下理念，例如一个共有的名称、一段共同的祖先神话、一段共享的历史记忆、一块共同联系的特定地域、一种团结一致的信念。② 对于这些理念细致的表述构成了族群概念的基础，如果这些理念能够获得认可，或者即使在数百乃至数千年里当这些理念受到挑战

---

① 参见雷克斯（Rex）与梅森（Mason）编《种族与族群关系理论》（*Theories of race and ethnic relations*），阿兹里尔·巴考尔（Bacal）《社会科学的族性：族性研究文献回顾与述评》（*Ethnicity in the social sciences*）。

② 史密斯，《民族的族群起源》（*Ethnic origins of nations*），22—30。还有阿姆斯壮（Armstrong），《民族主义以前的民族》（*Nations before nationalism*）。史密斯和阿姆斯壮都是政治学家。在 2004 年盖伯纳（Guibernau）与哈钦森（Hutchinson）编辑的《民族与民族主义》（*Nations and nationalism*）专刊中研讨了史密斯的思想，其中 14 位撰稿人中仅有 3 位历史学家。参较汤金（Tonkin）等人编《历史与族性》（*History and ethnicity*）中在研究族性的过程中所讨论的历史学与社会人类学之间的关系。

时,仍有足够多的人忠于这些理念并自愿将自己视为这一群体中的一员,那么便产生了族群,并且这一族群会一直延续下去。虽然这一思路使持有该想法的人认定在前现代社会一直存在许多族群,并且坚称这些族群就是现代民族建立的基础,但这也很难解释现代民族国家与之不同之处在哪里。①

特别是为了研究现代中国,已经出现了一套更为明确的力图解释在现代早期究竟是如何产生族群认同的研究方法。族群话语已成为现代中国民族主义和民族构建的一个至关重要且复杂的部分,而目前也可以看到在构建和使用民族主义话语的过程中产生了一些新的问题。② 现代族群思想的兴起可能被追述至中华帝国晚期,近年来我们接触到了对于族群思想源于何处及其影响的一些极为精细的分析,其中对清代(1644—1911)的研究尤为突出。③

征服,在这里是个重要话题,它意味着征服者总是异族、外来者、非汉人。满人统治汉人,是一个征服者群体统治另一个被征服者群体。实际上,满人驻防之地是与汉人相隔离的。虽然在空间上和法律上明文规定满汉分离,但满人逐渐接受越来越多的汉

---

① 即《民族与民族主义》专刊。犹太人是史密斯特别喜欢举的一个例子,当然他们如何具有典型性则是另外一个问题。

② 例如,郝瑞(Harrell),《中国种族边裔地区的文化遭遇》(*Cultural encounters on China's ethnic frontiers*);鲍梅立(Brown),《中国大陆与台湾有关族性的讨论》(*Negotiating ethnicities in China and Taiwan*);杜磊,《脱位中国》。

③ 柯娇燕,《孤军:满人一家三代与清帝国的终结》(*Orphan warriors*)和《昧暗之鉴:清帝国理念中的历史与认同》(*Translucent mirror*);罗友枝(Rawski),《最后的皇族:清代宫廷社会史》(*The last emperors*);欧立德,《满洲之道:八旗制度与清代的民族认同》(*Manchu way*);路康乐(Rhoads),《满与汉:清末民初的族群关系与政治权力,1861—1928》(*Manchus and Han*)。还有盖博坚(Guy),《谁是满人?》("Who were the Manchus?");宿迪塔·森(Sen),《研究综述:满洲统治下的中国的新边疆和关于亚洲王朝的历史研究》("New frontiers of Manchu China")。

27　人习俗（practices），尤其是语言。① 虽然满人一直强调自己作为少数征服者群体的身份，但文化习俗的融合迫使他们加强对满汉文化差异的宣传和监管，以此鼓励保持满人的文化特征，如满语、骑射等，但收效甚微。19 世纪现代化伊始，便可见到日益高涨的反满情绪。在大众层面上，满汉文化的相似性已不被认可，所以先前无关紧要的细节变成了区分满汉的标志（ethnic markers）。因此，留胡子的便是满洲男人，未缠足的就是满洲女人，这些都为太平天国（1853　1864）滥杀无辜提供了充足的理由。这些挑战促使满人建立起现代意义上的民族，例如他们用一个新词"满族"代表自己民族的产生。正如柯娇燕以及后来欧立德所言，满洲公开发展其民族内聚力（ethnic coherence），恰是在其文化内聚力衰竭之时。②

　　为了对 10 世纪的边疆进行研究，本文有关清的研究揭示了族性与文化认同的区别：前者本质上是一种政治认同，而后者只是对一系列特有的信仰和习俗的描述而已。③ 虽然个体或群体是文化认同的感受者或归属者，但直至为争夺政权，文化差异被赋予政治含义时，文化认同才能成为族群认同。这已体现在 19 世纪的满人身上，实际上也同样体现在分离主义者的分离运动上。只有当文化认同成为主张或要求获得（社会上的、经济上的，当然首先是在政治上的）利益的基础时，它才会变成族性。文化

---

① 语言不再被认为一定与某种认同相联系，但对于某些文化综合体来说，它仍然扮演着界标（boundary marker）的角色，例如汉语。

② 柯娇燕，《孤军：满人一家三代与清帝国的终结》，特别是第 1 章和第 5 章；欧立德，《满洲之道：八旗制度与清代的民族认同》，275—304。

③ 不同观点主要集中于柯娇燕《孤军：满人一家三代与清帝国的终结》一书中，此后其他几位学者也承袭了她的观点，包括梁肇庭（Leong），《中国历史上的移民与族群性：客家人、棚民及其邻居》(*Migration and ethnicity*)；欧立德，《满洲之道：八旗制度与清代的民族认同》。

差异本身并不重要,而是附着在它身上的东西意义重大。因为据此定义,宣扬族性只是在政治体(或渴望参与的政治体)内部或之间分配利益,它的特征就是"讲关系""可协商"以及"内部交易"。[①] 这一表述与民族主义者所看到的永恒存在的前现代族性是对立的。在这种观念中,某一特定族群之族性,生长的天然土壤是文化本身(自然也包含特定的"神话—象征主义"),与邻近族群的交往与否无关,与在交往中族群认同会不会消亡也无关。

在相关的概念中,文化认同是个体或群体的内在属性,无须与外界群体进行任何互动以证明它的存在。相反,族群认同的存在似乎依赖于两点:第一,出现一个较为强大的政权,在制度、法律、政策上有意无意强调族群差异;第二,形成存在另一个族群"他者"(这个"他者"可以在同一个政权内部)的观念,而这个族群"他者"的作用,是为得势族群提供反面形象,扮演被得势集团长期压榨的角色。换言之,族性是不可能单独存在的,只有当创造出相对于其他族群的优势的时候才会出现。认识到这一点,研究帝国晚期的学者们就能看到两个阶段的确切转折点:在前一个阶段,文化认同可以被感知或强调,但并没影响到人的选择,也没导致特权的出现;但在后一个阶段,文化认同转为有政治含义的族性认同(ethnic identification,这与兴起中的民族国家是合拍的),更关键的是,它拥有左右人们选择的能力。

---

① 分别是:杜磊,《中国的族群认同:一个穆斯林少数民族的缔造》(*Ethnic identity in China*),47—48;及其《脱位中国》一书各处;欧立德,《满洲之道:八旗制度与清代的民族认同》,17。柯娇燕《孤军:满人一家三代与清帝国的终结》较早地描绘了这一过程,只是没有为此创造一个专门的术语。这些解释突出了分界过程的重要性,这一著名理论是巴斯在其《族群与边界:文化差异下的社会组织》一书中首先提出来的。此后这一理论又在许多社科论著中得到了长足的发展。参见沃尔曼(Wallman)《语境中的族性与分界过程》("Ethnicity and the boundary process in context")。

不过族性若定义如此,那么问题就来了:假如族性乃是攸关利益分配与选择标准的政治运作过程,而且至少牵涉两个族群(至少其中一个须有较强的自我意识)和一个政权,那么假如在前现代有如是的过程,也就意味着该时期存在所谓的"族性",甚至是民族。而且实际上,无论是清还是更早些的征服王朝,对族群意识的运用已成为统治集团的特征之一。然而,正如导言所述,在此面临的首要问题便是,许多关于征服王朝的论著至少已将它们与宋以及其他南方邻国的关系隐晦地表达为民族碰撞(ethnic encounter),即汉文中的胡—汉关系。① 如果人们假设族群意识是这些互动的基础,那么毫不意外你会发现族群意识一直都在。

"胡—汉"两分的思路,虽然总体上不至于被全盘否定,但我们并不确定这种以族性为基础的分析模式(the dialogic formulation of ethnicity)是否适用于辽。虽然金元的军事占领可能明显少于清,但女真人和蒙古人以征服者的身份来施行统治,并通过使用最著名的划分族群类别与等级的制度(ethnic category and quotas)来保持他们自己与被征服者之间的区别。但是就中原民众(the peoples of the Central Plains)而言(其他内亚民族另当别论),契丹从未成为征服者,所以他们无须将整个契丹人群体置于被征服者之上。辽朝统治者在边疆地区投入的兵力虽不少,但并没有其他10世纪政权投入得多。辽朝的统治集团由世代通婚的部落组成,并不包括全体能征善战的战士及其家人。辽朝治下施行的是南北面官制,北面官系统是以各部落首领的效忠为基础的草原部落联盟,南面官系统则是南方官员管理纳

---

① 详细论述参见刘浦江《说"汉人"——辽金时代民族融合的一个侧面》。

税农户的州县制。① 族群概念似乎在契丹帝国构成上并未起到重要的作用,正如所看到的那样,在以方位来命名的契丹官僚体系中,管理属民所依据的是他们的生活方式而不是他们的居住地,更不是他们的族属。

从另一个侧面来说,那些研究 11—13 世纪宋朝与三个征服王朝之间关系的学者,他们有时候力图将"爱国主义者"(protonationalist)或是最初的民族主义思潮(nascent ethnic feeling)的出现追溯到这一时期。辽朝的疆域、游牧的渊源以及契丹统治者持续的文化导向,似乎很自然地使北宋人将他们主要的敌人视为域外夷狄。② 有着"非汉人"自觉的统治者们,指挥着金与蒙古/元政权不断征服,这种征服强化了这样一种倾向,即将宋与北方邻国之间的关系视作一道横亘在农耕与游牧之间不可磨灭的文化鸿沟。因而现代学者已将这些假设等同于宋朝正在出现的族性意识,但这一结论过于武断,缺乏证据。然而这样的假设一直存在,因为宋朝的族性意识有待于被全面考察,并且当族性被考察时,使用什么样的概念范畴往往决定了对族性考察的结果。③ 若谨记杜赞奇在《从民族中拯救历史》一书中发出的警

---

① 参见《中国社会史:辽(907—1125)》第 14 章,428—504;参较杨若薇《契丹王朝政治军事制度研究》,85—159。

② 参见王赓武《小帝国的辞令:宋初与邻邦的关系》("Rhetoric of a lesser empire")、陶晋生《蛮人或北人:北宋人心目中的契丹人》("Barbarians or northerners")。参较贾永吉(Cartier)《中国人眼中的蛮夷:对种族差异的人类学研究的出现》("Barbarians through Chinese eyes")。

③ 虽然陶德文的《宋代爱国主义:迈向中国民族主义的第一步》和田浩的《陈亮与中国的爱国主义:兼谈朱熹的普遍哲学》在谈到与民族主义联系时涉及了族性,但是即便第 40 页注②中王赓武与陶晋生的文章常被引作宋对夷夏态度的例证,但以上两篇文章本身并没有用到族性概念。在《求同:女真统治下的汉族文人》("Seeking common ground")一文中,包弼德明确避免以这些方式来进行分析。关于族性的不同效果与假设方式,参见汤姆森(Richard Thompson)《族性理论:一个批判性的评鉴》(*Theories of Ethnicity*)。

告,我们既不应当仓促做出结论,接受"族性"这样暗示现代中国民族国家出现必然性的术语范畴,也不应当假定中国必定朝着民族国家的方向发展。

然而,我们毫不怀疑许多 10 世纪的人确实对特定的一个文化网络(cultural nexus)具有一种强烈的归属感,当然他们有时将这个特定的文化网络与一个或多个文化网络相互对比。个体也会做出对身份认同的表述,如"臣本汉人",并且也会对文化差异发表评论。一个明显的例子就是称契丹人为"毡幕之众"! 这样的词虽然很容易看起来像是对族性的表述,但随之而来的问题是个体的行为与他们对身份认同的表述是否一致呢。

基于这一理由,不管你是否相信在前现代存在族性观念,人们都一致认为族性观念在前现代至少部分上已有所规范,并且假定它在决定人们行为时起了重要作用,决定了包括从文化标准到政治效忠领域内人们的行为,注意到这一点是极为重要的。[1] 这样的限制就意味着无论对族性如何定义,它总是在不断地进行自我强化。一旦有人认为文化特征应当影响自己的行为,那么他们新的族群认同便开始对他们有了新的要求。因此,个体对原先无法接受的行为或牺牲,现在基于更伟大的族群利益,就不得不重新考虑了。每当个体服从了这样一个为族群做出贡献和牺牲的安排时,他们就更加被认定为是这个族群的一分子。

个体是否愿意以自我牺牲的方式来践行族群认同的理念,可以检验出有关族群的宣言或政策表达的是真正的族群理念,或者仅仅是文化观念的反映。因此,我们就能理解晚清政府为何坚决

30

---

① 例如,盖尔纳,《民族与民族主义》,1。

要求在籍的满人说满语、支持清政府①，还能理解汉人不与非汉人的敌人合作是现代的一个普遍要求，当然这一要求也适用于各个历史时期，不管是民国时期的日本人，还是 13—14 世纪的蒙古人，抑或是 10 世纪的契丹人。虽然这些非难使许多生活在日据时期上海的中国人陷入了困境，并且明显影响了蒙古统治下一些汉人的决定（两方均受影响，详情参见下一部分），但相反我们观察到的是旗人的满语能力并未得到显著提高，并且 10 世纪对族群认同的要求似乎只是表面上与人们的行为偶有关联。那些将契丹视为腥膻之众者宁死也不向辽军投降，那些自诩"汉人"者却在辽太宗一朝官居高位。族群认同在现代意义重大，在宋代或许有些意义，但并不意味着它对居住在 10 世纪边疆地区的个体和群体的行为具有同样的影响力。②

那么，在此值得关注的一点就是，至少对于我们来说，语言表述与行为是不一致的。正是这种不一致颠覆了许多现代学者对五代/宋与三个典型的征服王朝之间是相互对立关系的认识。但也许恰恰是在语言表述与行为的不一致中，我们才能够找出有关 10 世纪世界的不同之处，这也正是本书所要探寻的。因而有必要考察文化认同或文化因素是否随着环境的变化而表现得越来越重要，但假如一直被以各种面貌出现的族性观念所左右，研究就不会有任何进展。

因此，从实际操作层面来看，要想排除族性或是文化认同的干扰去理解这个时代，那么就需要使用另一些没有族群和文化含

---

① 柯娇燕，《孤军：满人一家三代与清帝国的终结》，特别是第 1 章；稍后有欧立德，《满洲之道：八旗制度与清代的民族认同》，特别是第 7 章。
② 最近与此相关的研究有裴士凯（Pearce）的《谁为侯景与何为侯景》（"Who, and what, was Hou Jing?"）。

义的术语。经过讨论，我们已经将前面涉及的这个区域简单地定

31　义为"边疆"。为了避免提到"中国"，我做了个预先的设定，在边
疆区域内只称北朝与南朝。无论怎样，我都会涉及具体的政权和
领袖，所以我将忽略北朝名称的变化，通称其为辽。为了讨论与
政治相对应的文化问题，我试着保留了"汉人"和"契丹"两个词。

　　更深层次的一个问题是，边疆区域是多文化交融的产物，特
别是，具有沙陀血统和文化的将领在 10 世纪的军事与政治上扮
演了极为重要的角色，五代中三个政权的皇帝和统治阶层都是沙
陀人。虽然他们保留了某些独特的文化习俗，但那一时期的文献
与唐代文献的做法一致，从文化的角度承认他们是汉人。在此，
我不想讨论这一复杂而又很少被研究的问题。① 无论那些被贴
上沙陀标签的人他们真实的文化认同是什么，事实是文献将他们
看作南人而非北人是这里的一个重要特征，尤其要注意的是被一
同视作南人的，是那些被认为有着汉人姓氏和籍贯之人。因此，
所有那些从南边越境入辽的人都被称为"辽南人（Liao
southerner）"②。

　　虽然与本研究关系不大，但还是要说明一下，辽政权统辖下
的无数首领及其追随者，他们文化背景的多样性足以让 10 世纪

---

① 目前对此关注越来越多，例如，斯加夫（Skaff），《草原与田园之间：唐代中国与内亚
　游牧民族的关系（640—756）》（"Straddling steppe and sown"）与《御戎于外？——
　唐代边疆的军队与安禄山之乱》（"Barbarians at the gates?"）；刘一（Lewis），《飞禽
　与权力的攫取：9—10 世纪河西走廊的鸟类生灵所反映的政治地理学》（"Birds and
　the hand of power"）。参较苏基朗（Billy So）在《五代史论述中的华夷之辨：由〈旧
　五代史〉至〈新五代史〉》（"Negotiating Chinese identity"）中提出的一些有趣的
　观点。
② 在以前的文章中，我将这些人称为"辽汉人"（带有一种对在这种语境下"汉人"含义
　的限定），但是现在我用了一个新词来定义它，虽然是以牺牲语言精炼为代价，但似
　乎能更精准地表达它的含义。

民族志的研究者琢磨一辈子。虽然辽政权内的各个群体有时会有自己的名称,但我们可以肯定的是,在文献记载中仍将那些有着不同文化导向的子群体和个体通称为"契丹"。除非他们的文化认同需要特别关注之时,所有这些人都被称为北人。当然,可以假定辽南人在某一时间点变为北人,但这一确切的时间点不是我们所关心的。更为确切地说,由南越境至北的群体才是我们的兴趣所在,所以以上这些名称的用法能够让我们追踪他们的去向,并且也让我们可以思考,是否确实经历过这么一个过程:从相对单纯的文化认同,到开始期待文化对行为和政治忠诚的决定影响上来。这一过程乃是渐行渐远的南北两个实体关系发生变化的一方面。

忠的问题

如果族性不适合作为此时社会的构建原则,那么现在来讨论一个对 10 世纪的人来说有重要意义的概念——忠诚或忠,也许更为有用。11 世纪的史家提出了忠的概念,他们坚定地要求忠贞不贰,主张宁死守节。这一概念一直被时至今日的史家用来谴责五代时期违背儒家道义的那些易主之人。① 因为忠是一种《论 *32* 语》使其神圣化的道德概念,所以用它来讨论那些易主之人就已经暗示了越境者的道德沦丧。在民族主义的影响下,无数现代学者进一步将对主人承担的义务等同于对中国效忠。虽然这些在

---

① 违背儒家思想中对君主的责任也是一种背叛[陈保罗(Paul H. Ch'en),《中华帝国晚期的叛国》("Disloyalty to the state")],这很难与简单的匪盗行为区别开来[海格(Haeger),《北南之间:洞庭湖钟钟相、杨么起义(1130—1135)》("Between north and south")]。译者按,作者误将 Haeger 作 Haegar。

中华帝国晚期和 20 世纪的中国出现的观点超越了本文的讨论范围,但这种观点对忠的概念的修正,赋予了上述并不严格的族性(假如其存在的话)以道德意义,这致使主人的文化身份也成了问题。在这种观念框架下,为一个非汉人的主人效力不再是一个简单的选择某个主人的问题,而是一个是与非的问题。这种观点给许多研究辽南人的学者带来了同样的困惑。

无论我们是否接受族群界限(ethnic line)这一概念,只要我们愿意,我们尽可以和欧阳修一样,全盘否定整个这一时期的官员,因为几乎所有这些官员都多次易主。然而如果我们这么做,就无法解释这些人为何会这样选择,或者说这样的选择对于他们有什么样的意义。对于忠贞不贰的要求就像反对谋杀一样不受道义的制约,这在世界历史范围内都司空见惯。① 相反,忠诚在旁观者的眼中也各不相同:同样的行为在一个语境下被判定为忠,但在另一个语境下则为不忠,并且结论也会随着时间的推移而被推翻。② 简而言之,忠是一个相对的概念,我们需要分清它对不同人的不同意义。为此,我们需要将这个概念与族性分离开来,也要尽量避免与地域观念过多联系,而这些都是现在有关忠的概念研究中出现的问题。

在汉学研究中,主要是通过在金、元、清以及后来的日本入侵和日据时期知识分子的选择,来完成对于忠的考察的。他们的行

---

① 实际上,对这样一种普遍的犯罪行为的惩罚也并不总是完全一致。虽然处以死刑从旧约时代起时至今日已司空见惯,但是像盎格鲁-撒克逊时代赎罪金制度以及 17 世纪亚尔冈京语族群(Algonquian groups)中的赎罪奴役制也都表明可以用其他方式替代死刑。

② 参见格罗津斯(Grodzins)《忠诚与背叛:爱国与叛国的社会边界》(*The loyal and the disloyal*),16—17。虽然格罗津斯主要关注的是冷战大背景下的“国家忠诚”,但他对忠的功能与本质的分析,以及对如何变成“不忠”的过程的分析具有普遍的适用性。

为涉及通敌（collaboration）、隐逸（withdrawal）、忠义（loyalism）三种类型。通敌意味着在一定程度上自愿为新政权效力，隐逸则是指在一定时期内拒绝为新政权效力，有时也称为归隐，这是一种脱离政治生活的追求。① 忠义则是指在军事、智力、文化各方面英勇抵抗直到杀身成仁。有关这一题材的著作很多，但书中指代以上三种类型的词语不尽相同，比如魏斐德（Frederic Wakeman）的《17世纪的浪漫派、节义派与殉道派》和傅葆石（Poshek Fu）的《消极、抗日与通敌：沦陷时期上海的思想抉择，1937—1945》。② 这三种类型与德军占领下法国维希政权时期的划分是非常相似的，这也就意味着这三种类型具有普遍适用性。③

① 源于牟复礼在对元代隐逸的讨论中首次划分了节义者、消极者、隐逸者三种类型，并且认为在中华帝国晚期这三种类型是与忠义联系在一起的。牟复礼，《元代儒家的隐逸》（"Confucian eremitism in the Yuan"）；鲍吾刚（Bauer），《隐匿的英雄——隐逸理想之创造与瓦解》（"Hidden hero"）。

② 另参见何冠彪（Ho Koon-piu）《为明殉道？——明清之际士人的殉道精神》（"'Should we die as martyrs?'"）、韩素珊（Marsh）《周佛海：一个通敌者的形成》（"Chou Fo-hai"）、米特（Mitter）《东北神话：现代中国的民族主义、抵抗与通敌》（Manchurian myth）、司徒琳（Struve）《康熙时期几位郁郁不得志的学者：其矛盾心理与所作所为》（"Ambivalence and action"）、魏斐德《地方主义与清征服江南时期的效忠思想：江阴的悲剧》（"Localism and loyalism"）、卫德明（Wilhelm）《从神话到神话：以岳飞传为例》（"From myth to myth"）。

③ 布林（Burrin），《军事占领时期的历史书写》（"Writing the history of military occupations"）。关于法国维希政权的论著一直在坚持几乎全民抗德的神话，直至罗伯特·帕克斯顿（Robert Paxton）在他的《维希法国：老卫队和新秩序，1940—1944》（Vichy France）一书中注意到实际上在某种程度上法国人与纳粹是积极合作的。以下著作展现了一幅更为微妙的画卷，在这幅画卷中归顺（accommodation）的思想开始发挥重要作用。参见斯威茨（Sweets）《维希政府的选择：纳粹占领下的法国》（Choices in Vichy France）、凯德沃（Kedward）《沦陷时期的法国：通敌与抵抗，1940—1944》（Occupied France）、布林《战败阴影之下的生活：纳粹德国占领时期的法国，1940—1944》（Living with defeat）。对于中国的史家而言，"归顺"不是一个新的思想，参见费席尔（Fisher）《顺从与效忠：吕留良的生平（1629—1683）》（"Accommodation and loyalism"）。

　　虽然与此相关的对于中华帝国晚期的研究已取得较高的成就,但是这些学者承认他们划分的三种类型并不适用于宋代以前。因为这样一系列的行为是出现在被外敌军事占领的特殊情况下的。反过来,假定一群人的文化认同、政治认同与一块特殊的地域联系在了一起,那么这就是一种民族意识。我认为 10 世纪的边疆地区根本就不存在这种民族意识。虽然占领与征服是 10 世纪的主旋律,但它们涉及的主要是一个南方政权对另一个南方政权的扩张,或是辽廷对其他北方首领的征服。唯一涉及南北之间长时期的军事征服就是后周(951—960)于 959 年从辽手中夺取瀛、莫二州。在所有的这些例子中,虽然都涉及军事占领,但征服者并未被视为异族。①

　　在这样的情况下,不存在军事占领的条件。然而,在现代观念中,疆域分界与(即便只是人为构建的)族群认同决定了政治忠诚的归属,因此辽南人应当为自己的通敌行为感到愧疚。在这种思路下,现代的学者经常直接假定这些辽南人是汉人,并且认为他们必须效忠于同是汉人居住和控制的国家才对。早在 11 世纪就有类似对忠的认识,到了 12 世纪,已被广泛接受和应用。中华帝国晚期汉人政权被非汉民族颠覆的诸多事件,常常被以"忠义"为主题夸张地演绎,对"忠"一词的如此阐释也达到了极致,但是在 10 世纪,对"忠"不是这么理解的。② 因此,也没有所谓"通敌"这样的概念。

---

① 他们作为"敌人"的身份可能产生某些相似的影响(参见史怀梅《五代时期的劫掠与边疆社会》),但这属于另外一个问题。

② 例如,宋代的忠义之士在他们那个时代声誉显赫。对此的批判性分析包括谢慧贤(Jennifer Jay),《王朝之变:13 世纪中国的忠义问题》(*Change in dynasties*);戴仁柱,《山下有风:13 世纪中国政治与文化危机》(*Wind against the mountain*)。

　　然而,宋以前对政治秩序的构建、挑战和重构,都离不开早期忠的理念的运作。大部分早期忠的思想未被研究,本章便致力于此,希望通过对它的初步研究为 10 世纪的人提供一系列可供选择的范围。① 如上所述,虽然效忠于谁对于 10 世纪的政治史至关重要,但最初在众多的首领中选择为谁效忠,完全是从政治和实用主义角度出发的,与道德无关。10 世纪初,认同和忠诚是两码事:一个人可以在文化上认同自己为汉人,但在他选择效忠于谁时并不会去考虑自己的认同或是主人的认同。10 世纪末,政治进入由多方角力变为两方对抗的稳定期,这就日益要求人们要忠贞不贰,同时文化差异也日益与政治立场的对立联系起来。

　　11 世纪以降的文人,生活在变革基本完成、道德标准日益严苛的社会中,因此一些人试图用他们自己的高标准去衡量身处变革时期的前人。北宋的史家要求无论主人认同何种文化,都要对其忠贞不贰,但现在更多强调的是文化认同。虽然非汉人首领可以以一种文明的行为方式获得他人的效忠,但成为"汉人"有更高的标准。因此,文明的行为方式也不能自动等同于汉人的礼仪。② 就目前的材料而言,在 13—14 世纪这个等式是否完全成立还未可知。但我们知道在那时将某些历史人物有意识归为汉人,为何越来越具有重要意义。因为只有将他们归为汉人,才能说文明的行为总是汉人所为,野蛮的行为总是夷狄所为。

① 刘一《飞禽与权力的攫取:9—10 世纪河西走廊的鸟类生灵所反映的政治地理学》一文为人际关系的运行提供了另一种研究范式。戚安道也完成了一部有关魏晋南北朝这一主题的专著。
② 另参见苏基朗《五代史论述中的华夷之辨:由〈旧五代史〉至〈新五代史〉》。梁爱菱(Irene Leung) 在《12 世纪中国有关忠的冲突:以蔡文姬的多重叙述为例》("Conflicts of loyalty")一文中注意到了 12 世纪忠的复杂性。

史书编纂中的边界与10世纪的文献

当我们尝试探究10世纪对边疆和越境者的看法时，由于10世纪的文献相互承袭，史源错综复杂（参见图1），因而给我们带来了许多难题。这些难题表明我们的研究必须要面对这样一个问题——什么是"史书编纂中的边界(historiographical boundary)"。

《旧五代史》是记载10世纪上半叶边疆区域的主要并且也是最早的文献。它成书于北宋，纂修不足两年(973—974)，主要来自一套近乎完整的五代官修实录，但各朝实录体量不一、良莠不齐。11世纪中期，欧阳修对其重修，称之为《新五代史》，该书备受垂青，以致《旧五代史》于1207年被禁行。[①]虽然《旧五代史》在15世纪初便亡佚，但是该书的大部分内容在那时已被分门别类地收入《永乐大典》。从《永乐大典》和其他同时代的文献中，清代学者辑出了《旧五代史》80%—90%的内容。纪和传几乎完整无缺，虽然在辑佚过程中也存在问题，但该书依然值得称道。《旧五代史》与五代《实录》太近似在当时遭人诟病。[②]虽然我们并不知道两者到底有多相似，但我们或许感谢这一点。

《新五代史》是对《旧五代史》的重新编纂，增加了一些新材料。[③]欧阳修批评《旧五代史》"繁猥失实"、缺少"褒贬义例"，他所作的《新五代史》便有意识地去纠正这一点。但他本人也被批

---

① 戴仁柱在他《新五代史》（英译本）的引言中注意到欧阳修于1036—1039年间草成是书，但直至1077年才付样本。参见欧阳修《新五代史》（英译本），xlvii - xlviii。

② 王赓武，《旧五代史》（"The Chiu Wu-tai shih"）。

③ 包括已亡佚的三种文献《五代通鉴》《唐余录》与《九国志》，以及《五代会要》《北梦琐言》《五代史补》《五代史全文》。柴德赓，《史籍举要》，118。

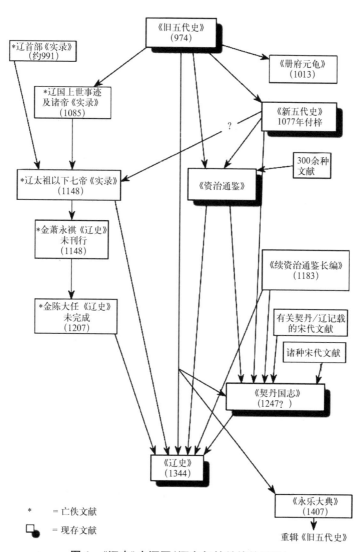

图 1 《辽史》史源图(源自与杜希德的讨论)

评矫枉过正；他用悉心筛选的材料去阐发他所主张的某些道德准则，并辅以苛刻的评论。①

《资治通鉴》(以下简称《通鉴》)是记述这一时期的主要文献，由司马光领衔纂修，该书的明确目标就是让统治者以史为鉴。该书编纂于1067—1085年间，以编年体的形式记载了上起公元前403年下讫五代的史事，无列传及其他部分。众所周知，该书引用322种文献，从断代史(包括《旧五代史》)到各种稗官野史，许多并不为人所知。虽然司马光遵守史学编纂的原则受到高度评价，但同欧阳修一样，他仍是以北宋的政治立场编纂该书的，这自然会影响他对五代人物的评判，最著名的便是在他笔下声名狼藉的"不倒翁"宰相冯道。据说《通鉴》在五代部分存在许多失实之处②，但由于它的质量及其历史跨度，该书仍然十分重要，并且它作为一个信息传递者的角色也非常重要。提及《契丹国志》和《辽史》，它们的史源的确为《旧五代史》，然而《旧五代史》一书在《契丹国志》和《辽史》修撰之前已被禁行。即便如此，同样的记述也总能在《通鉴》中找到，这就说明若没有《通鉴》承袭《旧五代史》的相关记述，《契丹国志》和《辽史》可采用的材料将更加匮乏。

作为《通鉴》续修的稿本，李涛的《续资治通鉴长编》(简称《长编》)与《通鉴》编纂精神如出一辙，一定程度上源于对南宋党争以致干涉史学的不满。在1183年最终完稿以前，该书分几次进呈，但早在南宋末年已部分亡佚。与《旧五代史》一样，剩下的部分被

---

① 参见欧阳修《新五代史》(英译本)，xlv - lv；刘子健，《欧阳修》(*Ou-yang Hsiu*)，105-110；以及砺波护(Tonami Mamoru)撰写的《五代史记》解题，见吴德明(Hervouet)《宋代书录》(*Sung Bibliography*)，63。

② 参见陈明銶(Ming K. Chan)《〈资治通鉴〉的史学》("Historiography of the *Tzu-chih T'ung-chien*")；莱温(G. Lewin)撰写的《资治通鉴》解题，见吴德明《宋代书录》，69—70。

收录于《永乐大典》，并由乾隆时期（1735—1796）的四库馆臣辑出。①

现存的特别是涉及辽的文献出现的时间较晚。叶隆礼很可能是在1247年将《契丹国志》进呈给南宋朝廷的，此时南宋正在躲避蒙古的进攻。② 该书完全来自宋朝的材料，取材最多的是《通鉴》和《长编》。因而以《通鉴》为桥梁，《契丹国志》与《旧五代史》之间产生了间接的联系。据说两者之间也存在直接联系，但此时《旧五代史》已备受冷落，遭弃用已40年，并且该书中表达的对越境者宽容的观点也已过时。虽然《旧五代史》的副本一定存在，并且理论上可能被用于《契丹国志》的某些部分，但《契丹国志》直接承袭《旧五代史》的部分并不明显。

《辽史》被看作上述文献的终结者，因为正史意味着对这一朝代盖棺定论。《辽史》是在一个非常困难的环境下编纂的，直至1344年才完成，从讨论此事直至完成历经了350年。③ 辽对唐代的修史制度吸收有限④，因此纂修《辽史》的主要材料并不是来自辽的公府案牍，而是流传于14世纪的一批文献，其中仅有少部分与辽朝的史馆有关。这些文献，直接地或是间接地包含了几乎所

---

① 斯波义信（Shiba Yoshinobu）撰写的《续资治通鉴长编》解题，见吴德明《宋代书录》，72—75。

② 关于《契丹国志》的成书年代，参见余嘉锡《四库提要辨证》1：270—274。

③ 有关《辽史》纂修的论著较多，包括陈学霖（Chan Hok-lam），《元代官修史学：辽、金、宋三史的修撰》（"Official historiography"）；傅海波，《蒙古统治下的中国史学：民族涵化中史学的作用》（"Historiography under Mongol rule"）；戴仁柱，《杨维桢"正统论"中——以政治为导向的历史编纂》（"Historiography as politics"），33 - 72；冯家昇，《辽史源流考与辽史初校》（译者按，作者误作 chuxiao）；邱树森，《脱脱和辽金宋三史》；爱宕松男，《辽金宋三史の编纂と北族王朝の立场》。

④ 如果我们考虑到杜希德在其《唐代的官修史书》（*Writing of official history under the T'ang*）一书中的主要观点——由于受到政治事件的干扰，唐代史书编纂仍未开始制度化，那么这一点也就不足为奇了。

有上述南方系统的文献。撰修《辽史》所依据的文献主要有三种。第一种为1085年进呈的太祖以下七帝《实录》，并最终流传至女真金朝。第二种为1207年陈大任进呈金廷的未完成的《辽史》。该书部分基于辽《实录》，并且采撷了一些金早期的文献，这些文献本身也基于辽《实录》。第三种为《契丹国志》。《通鉴》也被引用，但有证据表明取材于《通鉴》的部分有限。《旧五代史》也是《辽史》史源之一，因为它本身就被直接或间接用于《实录》、陈大任《辽史》和《契丹国志》的编纂之中。每次修《辽史》，均会遇到政治问题，几乎都涉及辽朝的正统性问题，并且涉及一旦认同辽之正统，又如何看待与辽并立的其他政权的正统性问题。①

《宋史》与《辽史》同时纂修，于1345年进呈。编纂工作相对独立，但均由脱脱、欧阳玄和其他人领衔纂修。②《辽史》的4位编修者与23位《宋史》的纂修者似乎并未互通有无。两书之间互相抵牾，似乎均未广泛使用对方的编纂材料。③《宋史》大量采用保存完好的宋代官方文献，对二手材料依赖甚少。除两书《论》《赞》部分由受到时代局限的元朝史官统一纂修外，《辽史》和《宋史》被认为是各自独立完成的。

正史均不是当朝写就的，《辽史》正是这样一个典型的例子。然而，人们通常认为正史机械地照抄了大量的原始记录，因此将正史等同于当时的文献记录。这一观点经不起推敲。中华帝国的史家有"秉笔直书"的责任，但历史也具有说教和证明王朝合法性的功能，并且我们的史书通常都有这一倾向。虽然纂修者直接

---

① 陈学霖，《帝制中国的合法性：以女真金朝为讨论的中心（1115—1234）》（*Legitimation in imperial China*）。另参见第57页注③。

② 《金史》也同时被纂修。

③ 细节参见陈学霖《元代官修史学：辽、金、宋三史的修撰》，尤其是64—68,75—79。

从文献中大量取材,但他们仍按自己的方式对材料进行加工,并且当他们认为有必要的时候,甚至对其重写。各种不同文献中文章段落的内容可能写得都很接近,而且有些表达可能会在一系列文本中留存下来,但后来的史家不仅仅是文献的收集者和誊抄者,还是一个积极的编纂者。①

这些材料构成了我们所拥有的 10 世纪历史文献的绝大部分,因而我们必须特别认真地对待它们,好在我们在两个方面非常幸运。第一,有多种官方文献可供使用。第二,正如我们所见,《辽史》采撷的相关文献之间存在着紧密的联系。这就使我们有机会对这些文献相互比勘,允许我们有时能够更仔细地推敲它们之间微小的变化和脱漏,从而揭示它们的关注点是怎样变化的,并且由此引发对其他可能被忽略问题的思考。而且,追踪后来文献中态度变化的轨迹能够揭示最早的文献作者所关注的内容,因而可以使我们更近距离地体验 10 世纪的世界。用这样一种方法也减少了无意中将经典文献中传达的观点内化于心的危险。

因此,我采用了文本比较法来研究文献,但比较的数量不多:主要集中于上述文献的"纪"与"传",也用到了《册府元龟》和《辽史拾遗》(一种宋元文献的汇编),以及现存的一些诗集和个人文集来对其进行适当补充。在此选取的例子均来自传记资料,这样做是便于运用文本比较法。本书考察的五个人构成了第一代辽南人,他们在《辽史》中或者至少在一种南方的文献中有传。② 虽

---

① 这些改动大部分较为细小,与明代史家重写宋史时较为明显的改动形成鲜明对照。参见范凌思(Ferenczy)《"中国史家"眼中的华夷关系(14—16 世纪)》("Chinese historiographers")。

② 为便于研究,我的博士论文《由中原北部到辽的越境之举,约 900—1005》("Frontier crossings from North China to Liao)"以表格的形式呈现出了对五人各自不同的记载。

然实际上《辽史》中"纪"的史源相对于这一时期的"传"更为独立，以至于很难用文本比较法来处理，但采用这种方法是为了尽可能地看到对同一史事或同一人物的不同评价。更多的材料取自《通鉴》和《长编》，也还有其他似乎被用于《辽史》和《宋史》编纂的文献，如《隆平集》和《东都事略》。

用这种方法，我们将能够更为细致地讨论政治（边界）、文化（围绕着身份认同的边界）和道德（围绕着忠的边界）三者之间的关系。在每个例子中，10世纪的分界线都在不断变动，并且随着史家对历史事件和人们选择的不断重写而被不断重划。在政治、文化和道德这三个范畴中，"忠"是共同的要素，也是我们以下要讨论的。

第 2 章　生与死——忠的概念和运用

人际关系的复杂性。

——马克·布洛赫(Marc Bloch),《封建社会》(*Feudal society*)

如果现代所用的概念不足以解释 10 世纪的越境者所做的决定,那么我们必须尝试建立一套他们在做选择时能够用得到的概念。其中的核心概念就是汉语里的"忠"。中华帝国早期对忠的理解与后来朝代有所不同,这一点是清楚的。虽然目前有一些对于前帝国时期忠的观念的研究,但忠在宋代以前的确切含义在很大程度上仍是一个未被学界涉及的主题。① 当目前的研究对宋

---

① 几个对于中华帝国早期的个案研究在一定程度上注意到了忠的概念,包括梅兆赞(Mirsky),《唐书段秀实传(718—783)》("Life of Tuan Hsiu-shih");彼得森,《仆固怀恩与唐廷:忠的边界》("P'u-ku Huai-en");杜德桥(Dudbridge),《尉迟迥在安阳:一个 8 世纪的宗教仪式及其神话传说》("Yü-ch'ih Chiung");葛德威(Graff),《有功的食人者:张巡死守睢阳(757)与叛乱时期的尚忠精神》("Meritorious cannibal");斯加夫,《边疆地区的生存:隋唐之际中国内亚边疆地区的认同与政治忠诚比较》("Survival in the frontier zone");当然还有王庚武,《冯道——论儒家的忠君思想》("Feng Tao")。仅有少数研究关注前现代忠的概念与行为的变化,例如,陈荣开(Charles Wing-hoi Chan),《孔子与政治忠诚:进退维谷》("Confucius and political loyalism");尤锐,《忠奸之间:先秦君臣关系及忠君观念的演变》("Friends or foes");宁可与蒋福亚,《中国历史上的皇权和忠君观念》。大多数研究没有关注随着时代改变忠的变化。

代以前忠的观念无法形成一个正确认识时，对战国至 11 世纪忠的观念的变迁做一个初步探索，将为我们提供更多的机会来了解 10 世纪的人对忠的认识，并且能够更好地理解他们的行为及其意义。在此，关键的问题是他们是否还可以有其他的选择呢？本章主要阐释的是，随着政治环境的变化，可供人们选择的范围是如何变化的。

正如第 1 章所言，与中华帝国晚期标志性的词语忠义、隐逸和通敌相关的问题，是建立在征服概念基础之上的。它是以在征服者与被征服者之间划一条清晰的政治、地理和文化的分界线为先决条件的，这种划分使得留在分界线原来一侧成为一种道德责任，而任何越界者都会遭到谴责。对于中华帝国晚期的人来说，随之而来的后果是他们缺少在道德上可以接受的其他政治（文化、地理）选择。他们只能效忠于一个且唯一一个政治文化实体，并且要忠贞不贰。当这一实体被摧毁或被替代时，忠于该实体的个体则面临着痛苦的选择。他们要么被迫履行政治上的忠，典型的是积极抵抗；要么被迫履行文化上的忠，典型的是从政治生活中隐退；要么被迫成为一个蝇营狗苟者，典型的是作为"通敌者"为新的统治者效力。

然而，宋代以前对这些分界线的划分有所不同。在中华帝国晚期，政治分界线与文化分界线是一致的，这就使得疆界肩负了政治分界线与文化分界线的双重责任。分裂这一概念的前提是对统一理念的认同，只有当你认为"中国"是统一的，那么它才可能会有所谓的"分裂"。这与帝国早期的情况形成鲜明对比，在帝国早期各政权内部以及各政权之间，政治分裂、文化差异显著，这些都司空见惯，所以很难看到在那时有"分裂"或者"失去统一"这样的概念，至少在现实中没有。

那些"分裂"时期的特征就是承认在同一时期并存两个或多个公认的权力中心。① 可以是称帝建国的政权,如前蜀(907—925)、后梁(907—923)与辽(907—1125),吐蕃与唐,以及最为著名的三国两晋南北朝时期(220—589)并立的多个政权;也可以是表面遵奉皇权,实际上由节度使专权的割据藩镇,如安史之乱后的河北藩镇。同一时期多个政权并立,为官员提供了更多的选择,减轻和解除了他们的痛苦。

虽然 11 世纪的统治阶级认为他们的王朝是唯一理所应当被效忠的王朝,但是 10 世纪的人并不这么认为。因为政权更迭频繁,与后来的朝代相比,10 世纪的官员被迫做出的选择更多,但这也使得主动选择(voluntary option)给了特别是官员在最高层面上影响政治事件的机会。虽然对忠诚的评价很高并且回报丰厚,但是易主行为也被认为是合乎情理的,尤其是鉴于这一情况相当普遍,所以也很少遭到谴责。在这样一种环境下,忠的含义与在严苛的环境下忠的含义是不同的。接下来我们做个归纳,虽不求完整详尽,但至少也说明了从那时直至 11 世纪,忠的含义较为宽泛。

通过对中国历史上忠的含义的研究,我们将忠假定为两种完全不同的类型。这两种类型的忠通常与帝国晚期联系在一起,即"绝对的忠"与"相对的"(或"理性的")忠,两者是相对立的。② 虽 *42*

---

① 我没有用"正统"一词,是因为该词如果用在汉代以后就特别有问题。在三国时期(220—280),该词通常指唯一理应为之效力的国度。戚安道,2005 年 5 月 31 日私人信件。

② 例如,鲍吾刚,《隐匿的英雄——隐逸理想之创造与瓦解》;牟复礼,《元代儒家的隐逸》,其中"隐逸"同样被作为对忠的要求;麦穆伦(McMorran),《明清鼎革之际忠君考》("Loyalty in the Ming-Qing transition");陈永明(Wing-ming Chan),《清初有关忠诚的讨论》("Early-Qing discourse on loyalty");葛荃,《政德志》。

然对帝国早期忠的研究不够充分，但在此帝国早期的忠也同样被分为两种类型。当然，众所周知宋代以前与宋代以后两种类型的忠在内容与含义上是完全不同的。但是两者之间也存在某些连续性。

第一种类型的忠强调臣僚对君主和王朝的责任，通常要求官员时刻为此献身。我将其称为关系型的忠（relational loyalty），因为它体现了臣僚与君主相互依存的关系以及臣僚依附君主的关系。在帝国早期，关系型的忠是君臣关系的基础。第二种类型的忠，我称之为理想主义型的忠（idealistic loyalty），强调的是臣僚应当有更高的追求，例如道德使命、文化传承，特别是对于道的追求。这种解释允许君臣之间可以有各自的立场，使得官员能够从更高的道德层面表达他们的个人意愿。

这两种类型的忠分别对应帝国晚期出现的忠义和隐逸，但帝国晚期的第三种选择模式"通敌"的源头则要上溯至最早的君臣关系概念，这一概念是以忠的名义建立起来的。本章意在勾勒忠的概念在8—11世纪大体的发展脉络，参见图2的研究计划。不同类型的忠与不同的政治形态相对应，统一与分裂是主要的政治形态。当疆界划定、边界确立下来时，对忠的解释发生了巨大的变化，君臣间建立关系型的忠则需要具备先前所没有的道德品质。

一个新概念：公元前1000年忠的概念

从强调服从君主是臣僚责任的思想，跨越到强调在君臣之间构建平等关系的思想，关系型忠的概念跨度极大。这一概念的一端是以君臣间等级差异为基础的，另一端则是以君臣间彼此互惠为基础的。显然,君主倾向第一种解释,臣僚则倾向第二种解释,当然也会有臣僚无视君主而越级争取权力的时候。尤锐发现这种观念最早出现在春秋(前 722—前 453)和战国时期(前 453—前 221)。接下来的一章很大程度上在引述他的观点,但是是在本书提出的大体框架内叙述他的观点,因为他的分析有助于塑造这个框架。①

关系型的忠所包含的范围,一端是等级差异,另一端则是平等互惠,两者分别由一个词来体现,即"社稷"和"信"。春秋初年,各国卿大夫将为"社稷"(也就是国家)效力视为他们的主要责任。相对于为国家效力这个似乎更高的目标而言,为诸侯效力则次之,这使得常见的违抗诸侯之命也被认为是合理的。因为臣僚野心勃勃的行为到了一定程度后,必然危及政治稳定,所以诸侯推崇"信"的观念,因为它要求臣僚将执行君命、不与君主的敌人为伍作为义不容辞的责任。

果然,臣僚对这种带有等级差异的要求十分愤怒。一直到春秋末年,忠都是作为臣僚反抗君主的依据,并将违抗君命作为一种美德。② 因为忠要求臣僚以国家的长远利益行事,而非以君主的利益行事;因为忠要求他们以国家的利益为重,而非以个人的

43

---

① 尤锐,《忠奸之间:先秦君臣关系及忠君观念的演变》;另参见宁可与蒋福亚《中国历史上的皇权和忠君观念》,79—86。尤锐考察了这些观念的实际应用,宁可与蒋福亚叙述了随着政治与经济的发展导致忠的思想的变化。

② 甲骨文和金文不见"忠"字,商和西周的典籍中也未见"忠"字(宁可与蒋福亚,《中国历史上的皇权和忠君观念》,79)。现存最早的忠字出现在战国晚期的一只青铜鼎的铭文中,该鼎出土于公元前 316—前 315 年的中山王厝的墓中(尤锐,私人信件),指的是"忠其君"[《正中形音义综合大字典》,474,转引自陈启云(Chen Chi-yun),《以正统为治国之道:古代诚的概念》("Orthodoxy as a mode of statecraft"),30]。这一简明的定义告诉我们该词在实际应用中没有什么其他的含义,并且似乎它所代表的观念已被广泛使用。

利益为重。通过这些要求，忠解除了君臣之间原有的关系。因而忠迅速成为"臣僚的重要美德"[1]，尽管努力强调"忠"与"信"之间的互补性，但两者之间仍然产生了许多冲突，不过在"忠"与"信"的较量中，"忠"多为获胜的一方。"忠"成为官员新的行为准则，这迫使君主遵守并约束自己的行为，因此君臣之间结成君臣关系需要满足更高的条件。[2]

春秋时期的卿大夫发现忠在处理自己与诸侯的关系时用处很大。而这些卿大夫本身便是自己封地内的领主，他们的仆从便是士。士创造出一套截然不同的忠的观念：他们只效忠于自己的主人，而不对国家效忠。这是必然的，因为士所处的契约地位，与卿大夫所处的世袭地位完全不同。士没有封地只能靠俸禄，他们的生活完全依靠主人的赏赐。因此，在他们忠的观念里只有主人一人，他们是不会将主人的个人品德作为对主人效忠的依据的，这没什么值得奇怪。他们的原则就是"无论对错，永为吾主"，即使主人背叛他们的君主，也要对其效忠。

在此，经济依附加强了等级差异关系。这助长了现实和机遇的残酷性，这种残酷性的程度反映在一位士所说的话中。公元前479 年，他在追随主人叛乱被捕后说："此事克则为卿，不克则烹，固其所也，何害？"[3]春秋时期的士都期望自己可以誓死效忠。

但世殊事异，对具有更高权威的道的追求必然会超越君臣关系。公元前6 世纪以降，士开始取代世袭的贵族作为诸侯的主要臣僚。到战国中期，地位最低的士实现了位极人臣的目标。这些新进的信心满满的士有意识地借鉴了早期卿大夫阶层的思想，但

---

① 尤锐，《忠奸之间：先秦君臣关系及忠君观念的演变》，44。
② 尤锐，《忠奸之间：先秦君臣关系及忠君观念的演变》，42—49。
③ 杨伯峻编著，《春秋左传注》，《左传》哀公 16 年，1704。多谢尤锐对此注的贡献。

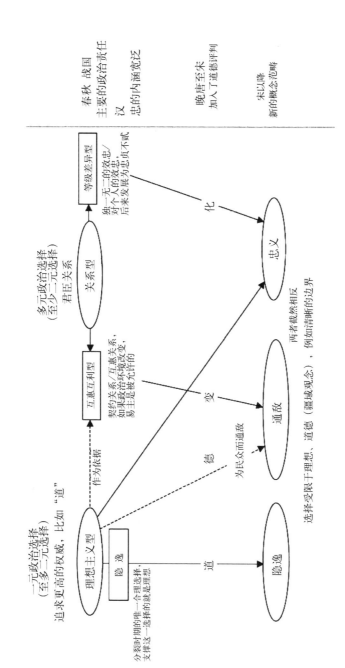

图 2 中国历史上忠的类型及其变化

也对其做了大幅度的调整。

与春秋时期不同，战国时期的卿大夫失去了世袭的地位和职位的保障，他们为了获得更多的利益频繁易主，孔子和孟子便是典型例证。为国家社稷效忠的行为实在要求过高，但是《论语》仍在传播这一思想："大臣"以道事君，不可则止。孔子在其多次易主时，使用的便是这一原则。孟子对此进行了详细阐述，将忠划分了等级，主张忠于道为贵，社稷次之，君为轻。墨子（或其弟子）与道家也将事于道作为忠的最高等级。① 这些忠的概念的发展冲破了君臣关系的束缚，动摇了臣忠于君的基础，并为理想主义型忠的概念提供了源泉。

不幸的是，无私地奉献于道通常是一种最不切实际的行为，孔子与孟子两人的一生便是最好的写照，他们从未找到能实践他们最高理想的君主。因此，互惠互利主义便涌现出来。

孔子用著名的"君使臣以礼，臣事君以忠"展示了君臣互惠互利的模式。② 这也只是缩小了横亘在君臣之间的等级差异。即使在这种互惠互利的模式中，臣僚所肩负的责任仍然要比君主大得多③，因为君主可以不顾礼的约束惩罚臣僚（例如，暴君商纣王拘箕子为奴、剖比干观其心），而臣僚最终只能诉之于辞官。然而，在战国政治分裂的格局下，辞官成为一种强有力的行为，因为一旦臣僚辞官，便会为其他政治势力所用，因而会对前任君主产生严重的威胁。因此，尤锐认为《论语》表述的更多的是君臣关系中互惠互利的部分，这个部分剧烈地动摇了君臣关系中等级差异

---

① 尤锐，《忠奸之间：先秦君臣关系及忠君观念的演变》，53—56。
② 《论语》3：19，引自理雅各（Legge），《中国经典》（*Chinese classics*）1：161。另见《论语》2：20，"临之以庄，则敬；孝慈，则忠"。理雅各，《中国经典》1：161。
③ 参见宁可与蒋福亚《中国历史上的皇权和忠君观念》，79—80。

那个部分的根基。①

在这种互惠互利的模式下，君主必须去赢得臣僚的效忠，因为效忠不再是臣僚的一种义务。君主希望臣僚对其效忠，必须对待他们像对待老师一样，至少要殷切谦和。因而，尤锐在此将礼解读为要"待臣以礼"，将忠视为与君主相互尊重的一种交换。② 出土于湖北的公元前 4 世纪晚期的郭店楚简对君臣间的相互责任和等级差异的消失做了总结："君臣，朋友；其择者也。"③

虽然臣僚想让自己作为忠臣被尊重与铭记④，但很显然他们真正的目标是世俗的财富而不是对道的追求，并且各种事例也说明财富和权力在这一时期是获取尊重的唯一源泉，是激发臣僚献出忠诚的唯一东西。⑤ 这些思想的根源能够在春秋时期卿大夫与士之间契约关系的本质中找到，因为在这种关系中士为了个人利益而易主被认为是合理的。⑥ 但是只有士/臣受到重视以及政治分裂加剧为他们的服务创造了一个买方市场时，这样的行为才会变得普遍。

臣僚辞官的行为不仅导致君主与所谓的臣僚之间失去了互信，而且对君主构成了威胁。君主开始逐渐厌恶儒家，因为儒家思想为臣僚的摇摆不定提供了依据。就在战国末，荀子创立了一

---

① 宁可与蒋福亚《中国历史上的皇权和忠君观念》，81—82）认为，孟子将君臣间互惠关系的原则发挥到了极致，但未能成为主流思想。
② 尤锐，《忠奸之间：先秦君臣关系及忠君观念的演变》，57。
③ 尤锐，《忠奸之间：先秦君臣关系及忠君观念的演变》，41。尤锐怀疑这种观点过于极端，当臣僚宣称道德优越性凌驾于君主之上时，"我们可否认为君主要忠于他的追随者(臣僚)？"参见《忠奸之间：先秦君臣关系及忠君观念的演变》，59。出土于 1993 年郭店楚简中的《老子》以及此前未见的儒家作品，使战国经典开始被重新讨论。
④ 宁可与蒋福亚，《中国历史上的皇权和忠君观念》，82—83。
⑤ 尤锐，《忠奸之间：先秦君臣关系及忠君观念的演变》，62—63。
⑥ 尤锐，《忠奸之间：先秦君臣关系及忠君观念的演变》初稿，17。

套学说，旨在维护儒家的地位。他既要说服统治者相信儒家是有用的、是值得信赖的，又要使统治者认为不能仅是简单地要求他们顺从君主。荀子的"臣道"篇是几个世纪以来臣僚的行为指南。臣僚必须忠于国家，为此他可以谴责或违抗君命，但是自从荀子将国家与君主的利益合二为一，对君主的威胁就被消除了，因为君主仅凭自身的君主地位而非个人品质就可以获取臣僚的效忠。虽然为了与国家利益一致的道，臣僚可以违抗君命。但是因为忠于道和忠于国家是一回事，而忠于国家又同忠于君主是一回事，所以忠于道就等于忠于君主。①

试图将关系型的忠与获得普遍赞誉的理想主义型的忠这两股绳拧在一起对各方均有益：臣僚获得了尊严，政治稳定不再受到威胁，君主自身也获益。② 但是获益最大的是君主。与他的前辈和同时代的人一样，荀子也不得不越境谋职，他处理易主产生的道德问题的方法就是对其避而不谈。③ 同时，他也注意到"虞舜、孝己孝，而亲不爱；比干、子胥忠，而君不用"④。最为典型的是后来屈原所面临的困境。因此，荀子承认虽然臣僚"能为可用"，但君主不一定具有"必用己"的道。他的意思是只有等到一个好时机才能辞官或归隐。

与他那些自信的前辈不同，荀子认为臣僚谋职不再是任何时候都唾手可得。由此可以看出，君臣之间的平等关系正在松动，

① 宁可与蒋福亚，《中国历史上的皇权和忠君观念》，88。他们认为董仲舒消除了尊道与忠君之间的矛盾。
② 尤锐，《忠奸之间：先秦君臣关系及忠君观念的演变》，68—71。
③ 荀子的法家弟子韩非子也是这么说的。他将国家利益与君主利益等同，因为对于他而言，君主就是国家，这让臣僚以背叛君主的方式来为社稷服务不再成为可能。有鉴于此，这种对背叛君主的批评并不是嘴上说说，而是成了一道真实的禁令。见尤锐《忠奸之间：先秦君臣关系及忠君观念的演变》，66—68。
④《荀子·大略篇》，引自《汉语大词典》7：414；《辞源》，1104。

君臣间的制衡力量正向君主倾斜。虽然荀子的思想没有被完整采纳,但是他的解释为后来忠的概念奠定了基础,因此忠就成为一种混合概念,包含了几种交织在一起的概念。

汉代的选择方式

简而言之,汉与之前的秦最主要的是创造出了公认的中央集权,这使得臣僚失去了选择效忠于别处的机会。虽然在楚汉争霸之际,臣僚的选择如火如荼,但刘邦的胜利再一次关闭了选择的大门。战国时期,引入道作为影响忠的一个因素,暗示了忠与已经开始盛行的政权合法性之间的联系。

臣僚可以选择任何一个地方的君主,就是相信一个君主有道并不会妨碍其他君主也有道。道被视为一个无限的资源,忠可以被给予任何有道之人。随着秦汉的大一统,皇帝成为唯一有道之人,因为皇帝出于天命,对忠有专属权。[1] 在一个大一统的帝国内,臣僚不再能够选择为谁效力,而只能选择效力还是不效力。

虽然皇帝控制下的中央集权限制了臣僚的选择,但是臣僚仍能以天命转授作为挑战君主的正当理由。然而,除非通过军事胜利来证明自身的合法性,否则挑战者便是乱臣贼子。[2] 因此,官员就遇到了一个新问题:面对叛乱,他们必须在获悉哪一方获胜前,就在君主与叛乱者之间做出选择,而那时根本无法知晓鹿死谁手。那些支持君主捍卫皇权的人会因为在危急关头对确属合

---

[1] 另见刘泽华《中国的王权主义》。

[2] 与之相似的思想似乎要追溯到商代的"正"字,商代"正"字的含义为"正确的、适当的"或是"正统"的意思。据陈启云,"诚的含义是从军事行动,引申到政治统治,进而演化到道德标准"。见陈启云《以正统为治国之道:古代诚的概念》,31。

法的朝廷忠贞不渝而广受赞誉，而那些支持篡位者（像王莽，其实

48 还有汉光武帝刘秀）建立一个新王朝的人也会因为实践了互惠互

利型的忠而加官进爵。这也证明了他们"先前"是顺应天命的，虽

然这一天命未经验证，但显然是正确的，因为它符合他们所追求

的更高层次的道。选择失败自然是要承担风险的，通常是致命

的，所以聪明人力图规避风险。对"选择"的道德评判没有一个绝

对的道德标准，评判的依据就是事件的结果。

在这种情况下，无论是先前的易主行为还是现在拒绝为主人

效力的行为均可能被认为是一种不道德的行为。由此，忠的概念

不只是对君臣关系的规定，而是有更宽的道德要求，它为尴尬处

境下的艰难选择提供了清楚说明的框架。在汉代，对那些别无选

择只能反抗统治者的人，理想主义型的忠，是他们唯一的诉求，因

此越发被看重，但关系型的忠也没有因此消失。

当政权定于一尊时个人选择不仕，这种选择的出发点与另择

明君是截然不同的，也引申出很多问题，比如忠之本义，以及如何

践行等问题。屈原（前340—前278）成为讨论这些问题的一个焦

点。他选择投江而非辅佐他认为的无道之君，并为此写下了《离

骚》。司马迁和班固在《史记》和《汉书》中对他的评价有所不同，

扬雄（前53—18）的《反离骚》引发了为屈原辞赋及其行为的激烈

辩护。①

虽然我的主题是理想主义型的忠，但当时的评论完全集中于

讨论屈原的抗争和自杀是高尚的还是自私的，他是否应该自杀，

是否应该继续活着辅佐君王。虽然司马迁甚至曾疑惑屈原为何

---

① 这在劳伦斯·施奈德（Laurence Schneider）的《楚国的狂人：中国的忠义与异议》
（*Madman of Ch'u*），17—47 中有所概述。在陈荣开的《孔子与政治忠诚：进退维
谷》中又有所讨论。

不直接以自己的才能辅佐别的君主,但是除司马迁之外,似乎没其他人敢于挑战臣僚只能忠贞不贰这一想法。① 甚至当人们赞美屈原选择的同时,也会认为这种选择是疯狂的。因此,在这里,更重要的是讨论屈原不从众的行为(论者一般对此持否定态度)而非谁应该接受官员的效忠。

后来的人们更趋向于选择不再为君主继续效力。在汉代,因为儒家作品逐渐成为经典,所以他们才可能对以后忠的观念做出解释。在 11 世纪前,正是从这些儒家经典中而不是从屈原的效忠方式中,产生出一套正统的忠的思想。《论语》本身并没有对忠的直接论述,而是阐释了一个基本概念"居处恭,执事敬"②,以及上面提及的君臣互惠关系。流传于汉代的《论语》为我们提供了对一些重要历史事件的另一种解读。这些解读在某种程度上不仅揭示了对效死输忠的要求,而且为解决这一要求面临的现实困境提供了机会,并且对这些历史事件的结果做出了解释。

在《论语》齐臣管仲的故事中,孔子的门徒认为"管仲非仁者,桓公杀公子纠,不能(为公子纠)死,(更恶劣的是)又相之(桓公)"。很显然这一声音假定臣僚誓死忠君是一个普遍的准则,但孔子通过叙说管仲大功抵小过颠覆了这个准则。

> 桓公九合诸侯,不以兵车,管仲之力也。如其仁,如其

① 尤锐认为秦汉时期忠的概念是在荀子学说的基础上,不断增加了对个人依附关系的要求。这种个人依附关系由先前被比喻为君臣似友的关系转变为君臣如夫妻的关系。他注意到"忠臣不事二君,贞女不事二夫"的说法兴起于汉初(《忠奸之间:先秦君臣关系及忠君观念的演变》,71—72)。

② 《论语》13:19,刘殿爵(Lau)译(译者按,刘殿爵一书该处并无"when dealing with others do your best"一句,原句应作"Be courteous in private life; reverent in public life; loyal in personal relation");参较理雅各《中国经典》1:271,"一则(与人)诚而已"。

仁！……管仲相桓公，霸诸侯，一匡天下，民到于今受其赐。微管仲，吾其被发左衽矣！岂若匹夫匹妇之为谅也？自经于沟渎而莫之知也！①

在此，孔子对管仲的正面评价，并没有妨碍孔子在《论语》的其他地方以"不知礼"来对他的身份加以批判。② 在汉代，其他的儒家经典对管仲这个故事存在另一种看法。孟子认为任何一位想称王者，都会批评管仲只是帮齐桓公称霸，而未能助其称王。称王的渴求是高于一切的，采用何种方式是次要的，因此孟子甚至根本没有考虑管仲是否应当为公子纠献身这个问题。然而，与孟子同时代的人将管仲视为变大乱为大治的典范。③

荀子虽然承认明君少，但承认二流的君主也可以带来国家大治。他将管仲归为在"态臣""篡臣"之上、"圣臣"之下的"功臣"。因为荀子清楚管仲虽然可以因其功劳而获得称赞，但他缺少仁和节，使他无法成为明君的"圣臣"。

在汉代儒家经典中所展示的管仲的故事从反面确立了等级差异型忠的标准。这一标准就是为主人献身，之前仅由春秋时期的士实践过这一标准。但它能够成为在汉代广泛传播的一个理论，是因为在汉代还存在其他的政治选择。虽然在战国的君主之间做出选择不存在道德问题，但是人们在选择辅弼还是归隐时变

50

---

① 《论语》14：17—18，刘殿爵译，126—127，参见尤锐的会议论文《是禽兽还是人：先秦时代的华夷之辨》（"Beasts or humans"），2（参较理雅各《中国经典》1：271）。这是一个典型的例证。17世纪对此故事有一个完全不同的阐释，参见柯娇燕《昧暗之鉴：清帝国理念中的历史与认同》，251—252中对此的讨论。
② 下一段叙述主要参考田浩的《早期儒学中德与利之间的紧张关系与变化：以对管仲及其霸业的态度为例》（"Tension between virtue and achievement"），特别是20—25。
③ 田浩，《早期儒学中德与利之间的紧张关系与变化：以对管仲及其霸业的态度为例》，21。

得更为困难,最为典型的便是蕴含理想主义型忠的屈原的故事,
其中对屈原归隐本身的道德质疑使其个人境遇更加恶劣。对那
些面临政权更迭甚至社会动荡的人,除一贯被灌输的效死输忠之
外,管仲的例子也提供了另外选择的可能,这体现在对管仲行为
的不同评价中。这些选择很可能导致臣僚没有跻身道德排行榜
的资格,但必须承认的是,大乱之际需要不拘一格。屈原和管仲
的这两个故事所蕴含的对选择多样性的认可,在汉末以降政权分
裂的三个半世纪里,得到了充分检验。

汉代以降的理想与现实

虽然汉隋之际为实践忠的各个方面提供了丰富的机会,但是
在浩瀚的资料面前,我只关注一部作品。① 颜之推的《颜氏家训》
(简称《家训》),是这一时期流传至今最著名的作品之一。② 颜之
推自豪地回顾了祖父在 502 年南齐灭亡之时,饿死殉国一事。③
在其个人观念里,这是典型的理想主义型的忠,这一类型的忠奠
定了继续效忠先主的基础。颜之推对"蛮夷童丱"田鹏鸾为主尽
忠赞赏有加,因为在敌人拷问其主人逃向何处时,他誓死不言。
通过这个故事,我们明显可以看出颜之推对忠贞不渝关系的推
崇。④ 颜氏言:"丧身以全家,泯躯而济国,君子不咎也。"⑤

---

① 戚安道正在研究这一时期的忠,本章特别是本节得益于与他的讨论(2005 年 8 月 5
  日的电子邮件)。
② 颜之推,《颜氏家训》,《百子全书》卷 57;邓嗣禹(Teng Ssu-yü)译注,《颜之推的〈颜
  氏家训〉》(Family instructions)。
③ 颜见远事迹见于其孙颜之推本传中;颜之推其父颜协见于《南史》72;1748—1749,
  《梁书》50;727;引自邓嗣禹《颜之推的〈颜氏家训〉》,xv - xvi,and 1,n. 1。
④ 《颜氏家训》1;11b;邓嗣禹,《颜之推的〈颜氏家训〉》,73—74。
⑤ 《颜氏家训》2;3b;译文引自邓嗣禹《颜之推的〈颜氏家训〉》,135。

然而,颜之推历职四朝,亲历隋朝统一。① 虽然他信奉传统的道德,弘扬祖先的光辉事迹,但他完全是一个实用主义者。在《论语》所载管仲的故事中,他为自己的行为寻找到了理由,并且在《家训》中将其心得传与后人。他强烈主张履行对忠的义务,这是忠的一个重要的基本含义。但《家训》一书充满了对子孙要顺势而动、低调行事的告诫。他劝告子孙无论守门诣阙还是献书言计皆不可高自矜夸、锋芒毕露,他还告诫子孙官居高位则有倾危之险。② 关于他何以最终历职四朝,他是这么说的:

> 不屈二姓,夷、齐之节也;何事非君,伊、箕之义也。自春秋已来,家有奔亡,国有吞灭,君臣固无常分矣;然而君子之交绝无恶声,一旦屈膝而事人,岂以存亡而改虑?陈孔璋居袁裁书,则呼操为豺狼;在魏制檄,则目绍为蛇虺。在时君所命,不得自专,然亦文人之巨患也,当务从容消息之。③

既怀有理想主义,又能实用地接受阻碍这种理想主义形成的具体境遇。要达到两者之间的平衡,既要接受必要的外部条件的制约,又要同时坚持内在的操守,并且不能像屈原那样走极端。这一解决方法饱含了对更高的理想主义型忠的怀念。这种理想主义型的忠本来可以被直接用于下一个政治分裂时期——9世纪末—10世纪的,这似乎正是那时所缺失的。

---

① 他历职于梁(549—554)、北齐(556—577)、北周(577—581)、隋(581—591);邓嗣禹,《颜之推的〈颜氏家训〉》,xxiii。
② 参见《颜氏家训》2:1b—2a、3a;邓嗣禹,《颜之推的〈颜氏家训〉》,119—120、127。
③ 《颜氏家训》1:14a;译文引自邓嗣禹《颜之推的〈颜氏家训〉》,92—93。

唐代对忠的一系列解释

然而，在此之前，隋唐已取得突出成就，发展出一套与那一时期相适应的对忠的实用性解释。唐代对忠这个问题的态度值得深入探讨，但由于篇幅所限在此无法展开。① 不过，我们注意到唐代追封杰出个人的谥号为官方对忠的解释提供了依据。忠在《唐会要》中被定义为一系列的具体行为：

> 危身奉上曰忠。危身惠上曰忠。让贤尽诚曰忠。危身 52 赠国曰忠。虑国忘家曰忠。盛衰纯固曰忠。临患不反曰忠。安居不念曰忠。廉方公正曰忠。②

被赐谥号为"忠"之人，他们的传记中都有类似这些传统主题，比如，直言忠谏、忠孝楷模、不为人知的美德和拒侍他主。但总的来说，对忠的最重要解释似乎与不朽的阵前英勇相关，因为阵前英勇是关系型忠的一种形式。从分散于《旧唐书》列传中被授予忠称号的 47 人里随机抽取 21 人，超过一半属于阵前英勇的类型，但与军事活动无关而属于直言忠谏的不超过 1/3。剩下的 1/6 是两种类型的混合，哪一种类型都不占主导。

那么，在唐代，即便不去考虑战场本身的危险，要做到忠通常也要承担风险。实际上，忠的概念中一个重要的内容就是要求一个人在明知会身陷囹圄的情况下仍秉公执事。据唐史学者的研究，《周书》明确地提出了英勇这一点，要求一个人要做到名副其

① 我很感谢麦大维（David McMullen）对这一时期忠的研究（私人通信），该节的许多部分来源于此。

② 《唐会要》（编纂于 961）79；1461。

实，就要"危身奉上"，而非躲避危险。① 因此，如果你周围所有人都贪污腐败，而你至少也要冒着前途尽毁的风险直言不讳，才可以被称为忠；但是如果你周围所有人都刚正不阿，那么你的正直无私也是理所应当的。仅是行为正直，而没有某种程度上的危险，哪怕是一星半点的危险，都无法被称为忠。因而要有一点离经叛道，要为了追求更高的目标与时代潮流抗争，才可称为忠。这样的"忠"的概念，只是儒家理想中真君子不从众的一个方面。孔子的一生便是最好的写照。② 让人尊敬而又怪异的屈原也是这些概念的例证，并且终唐一世，那些概念被制度化，成为忠的概念里一个不可分割的部分。

当然，安禄山叛乱是唐代检验忠的最佳时机。如果安禄山最终推翻唐朝，我们有望在他的王朝正史里看到那些为他效忠的人加官进爵。事实却是，唐朝的光复带来了更多对忠诚和鼓励忠诚行为的关注。③ 在忠的概念里，叛乱的结果是，忠义和通敌成为新的截然对立的两极。

在叛乱中，许多官员向南逃亡，这给了他们重新考虑自己前景的借口。④ 但是，并非所有人都能够逃走，许多京城和地方的官员向叛军投降，在他们手下任职。虽然长安被收复，大部分人立即重新效忠于唐，但是唐又花了五年时间才平息叛乱。随着对叛国罪的审判，在这样一个笼罩着政治迫害的氛围下，那些曾为

---

① 参见麦大维《齐太公崇拜与唐代对武的态度》（"Ch'i T'ai-kung"），80。
② 参见韩禄伯（Henricks）《英雄模式与孔子传记》（"The hero pattern and the life of Confucius"）。
③ 宁可与蒋福亚也注意到王朝的巩固促使了忠的思想的复兴，见《中国历史上的皇权和忠君观念》，94。
④ 参见蒲立本《唐代士人生活中的新儒家思想与新法家思想，755—805》（"Neo-Confucianism and neo-Legalism"），该文讨论了这次南逃的背景和主要的几种观点。

叛乱者效力的人必定被刻意地羞辱。在他们被重新接纳之前,许多人遭到了流放的惩处。①

李华(710—767)就是一位"落入叛军手中"的文人。虽然最终李华受邀为唐效力,但他觉得自己投效叛军、背忠弃义的行为有损他的节操,所以他已无法得到救赎。因此,他拒绝为官,开始将自己的感受写入流传至今的诗作中。② 当忠的问题再次变得泾渭分明时,良心折磨着李华。唐军取胜,王朝光复。事后看来,李华不难知道在叛乱期间应当为谁效力。

他并不是唯一一个将自己的行为等同于通敌的人,因为有证据表明人们十分痛恨破坏安史之乱前太平盛世的那些人。麦大维在《全唐文》中为此观点找到了例证:贾至指责唐代官员的眼中已没有道德秩序,并且完全丧失了道德准则,以至于他们"面对安史之乱(史思明,死于 761 年),缺少必要的手段坚定自己的立场。所以安禄山'一呼,四海震荡'"。因此,诗人王维主动投敌也应免受苛责。③

另一方面,独孤及(725—777)称赞李华作品中表现出的忠孝。④ 为此,他将李华值得称赞的内在品质与他因环境制约而造就的外部行为分开来看,认为没必要像李华谴责自己那样谴责他。⑤

---

① 史怀梅,《对安禄山同伙的审判:理论与实践中的忠诚与认同》("Trials of the An Lushan collaborators")。

② 参见《全唐文》153:1587—1588;麦大维,《8 世纪中期的史学与文学理论》("Historical and literary theory"),317。

③ 分别为麦大维,《8 世纪中期的史学与文学理论》,326,引自《全唐文》336:14a,315:9a;包弼德,《斯文:唐宋思想的转型》,115;余宝琳(Pauline Yu),《王维诗集:新译及评价》(Poetry of Wang Wei),99。

④ 包弼德,《斯文:唐宋思想的转型》,115。

⑤《旧唐书》李华本传在《新唐书》中得到扩充(麦大维,《8 世纪中期的史学与文学理论》,320),所以欧阳修也没有绕开李华"通敌"一事。这与欧阳修对五代越境者的态度形成鲜明对比,在他的眼中,这些人普遍缺少文德。这一变化,参见戴仁柱《山下有风:13 世纪中国政治与文化危机》,15。

通过对季札"三次让国(吴国王位)"行为的评论,独孤及也从一个更为理性的角度思考忠的问题。[1] 独孤及承认季札虽"存其节",但未能"光启周道,以霸荆蛮",致使国家败亡。

独孤及强调辅弼的责任大于对个人道德的要求,因此他赞成这样一种对忠的解释,即站在维护国家大治的立场上"通敌"也是合理的,因为大治是普通民众最需要的。[2] 在此,忠的对象从皇帝个人转向了如何维护国家大治这个抽象概念,因而根本无须考虑是哪个王朝,更别说是哪个个体统治这个国家了。

对忠诚的称赞和对通敌的惩处两者是一同出现的。与独孤及评论季札大约同时,元结重新审视了管仲的故事,认为对其评价过高。[3] 如果管仲仍旧效忠于周,那么周"天子之国不衰……秦于天下未至"。循此脉络,从战乱中复苏的唐朝将忠的谥号授予了几位杰出的忠义之士:段秀实、郭子仪和颜真卿。这些人主要是以阵前英勇和誓死效忠而获此谥号的。他们也以直言敢谏而著称,因为这些也是榜样最需要具有的重要品质,应当作为完美的典范被记录下来。不过唐代强调最多的仍是阵前效忠,而且通常都是以生命为代价的效死输忠。

正是对这些以死效忠人物的强调,透露出王朝所面临的危机以及对臣民尽忠的渴求,但也有一些反对意见认为这样的要求太

---

①《吴季子札论》,《全唐文》389:10a—11a,引自麦大维《8 世纪中期的史学与文学理论》,328—329。独孤及对于捍卫那些忠诚行为受到质疑的人似乎特别感兴趣。独孤及支持卢奕谥号为忠,当然他的意见并未被采纳,参见《旧唐书》187B:4894(属于《忠义传》)。

②宁可与蒋福亚,《中国历史上的皇权和忠君观念》,93。他们也注意到了在忠君与爱国之间抉择的困难性。

③《管仲论》,作于 757 年,《全唐文》382:9b—12a。

过极端。张巡在 757 年的所为,引发了人们对他品德的争议。①
据说叛军围城,张巡为不被饿死,与手下将士杀死并吃了被围困
于城中的平民。守城陷落时,所食人口二三万。张巡首先杀其妾
以食,以此鼓励手下将士认为这样做是必须的。据说叛军虽然也
十分尊敬张巡,但认为他显然不会为己方所用,所以也只能杀
了他。②

　　现在一些治唐史者质疑张巡的行为是否过于极端,他们认为
投降可以保全更多的性命。皇帝用一封诏书解决了这个问题,诏
书明确地说:毫无疑问张巡的行为是值得称赞的。然而,即使他
出现在《旧唐书·忠义传》中,《唐会要》仍对其行为存有诸多质
疑,而未授予其忠的头衔。在那种情况下,皇帝恰恰应当表彰那
些采用最为极端的行为表达忠于朝廷之人,这并不令人惊讶。直
至 9 世纪,安史之乱时期的几位忠义之臣才为半通俗传记的读者
广泛所知。③ 早期类似的人物也广泛进入人们的脑海,在西周初
年齐太公的例子中,唐皇室甚至推动官方对其疯狂崇拜,这种崇
拜至少一直延续到五代的某些王朝。④

　　安史之乱后,对忠的激烈讨论重新树立了一个忠的解释框
架。关系型忠的两个方面发展成为相互对立的两极。其中,等级
差异型的忠强调为主人效力,在此时发展为对王朝而非君主个人
效忠;同时,互惠互利型的忠认为易主是合理的,这一类型的忠在

①《通鉴》220:7046—7047。参见葛德威《有功的食人者:张巡死守睢阳(757)与叛乱
　时期的尚忠精神》的讨论。
② 参见本传,《旧唐书》187B:4900—4902(译者按,传的卷数有误,应是卷 194 列传
　137)。
③ 麦大维的私人交流;葛德威,《有功的食人者:张巡死守睢阳(757)与叛乱时期的尚
　忠精神》。
④ 788 年,一群旨在降低对齐太公热崇拜的人批评他为周而弃商,参见麦大维《齐太
　公崇拜与唐代对武的态度》,98。这为安史之乱以后对于忠的激烈争论提供了例证。

此时虽然开始背负上通敌的负面含义，但有时也为之辩护的，认为这是国家维持秩序所必需的。同时，虽然理想主义型的忠依然是某些人隐逸的理由①，但既然诉诸更高权威乃是他们自然的秉性，那么理想主义型的忠不仅可以鼓励他们效忠，而且可以鼓励他们明目张胆地有贰心，效忠叛臣贼子并以此自辩。

五代时期忠的思想

《旧唐书》编纂于后晋（936—947），其《忠义传》中所载的官员，为我们进一步研究唐代的忠提供了相应的素材。虽然纂修者所据的是唐朝的材料，但他们最终决定了谁可以入《忠义传》。从选择的这些例子可以看出，对忠不同方面的强调，在不同时期是不一样的，这大致取决于对朝代更迭合法性的解释需要。《忠义传》分成三个群体：建国时期；684—712年，含武则天统治时期（690—705）；安禄山叛乱时期。由于缺失部分材料，《忠义传》未收录此后的人。②

在建国时期的14个传中，因镇压叛乱和匪患入传的有11人，他们常常以死为唐尽忠，以此展示他们的英勇无畏。这种阵前的誓死输忠对于王朝的缔造者至关重要，而其他人的坚定效忠也对支持其合法性意义重大。但是这个群体中的所有人都曾改换过立场，放弃了他们原先效忠的隋，加入了这个孕育着希望的

---

① 参见施奈德《楚国的狂人：中国的忠义与异议》，50及其后，对于唐以降"贬谪"文学兴起的论述。
②《旧唐书》卷187A—B。《旧唐书》采用的材料均遭到不同程度的改动，但目前仍无法确立这些材料的史源。有关《旧唐书》史源以及它们之间相互关系的详尽讨论，参见杜希德《唐代的官修史书》。

新王朝,因为那些最终成为唐王朝的缔造者给予了这个新王朝以希望。那时,采用关系型忠概念里互惠互利的模式获得臣僚的支持是必定要付出的代价。在后晋,《旧唐书》的纂修者乐于表彰那些转而效忠于唐的人,因为宣扬他们先辈的正统性也为他们自身的合法性提供了依据。

武则天统治时期的 14 位忠义之臣中仅有 3 位表现出了不朽的阵前英勇。在这一时期,他们的忠大多数表现为直言敢谏、忍辱负重、为保护皇室而戳穿阴谋与分损谤议的行为。这些都反映出了这一时期朝廷生活的动魄惊心:这是忠的理想主义方面,是值得肯定的。8 世纪上半叶,唐代政权稳固,正统性无可辩驳,培养出了统治精英的自信心。效忠于谁不再是一个困难的决定,忠的品质似乎只反映在岑参那种边塞诗人的诗中。① 因此,忠也仅以理想主义型忠的模式体现在因蒙受不公而遭流放的官员身上。

整个《忠义传》有一半人是安禄山叛乱时期的,共计 28 人,其中 18 人阵前表现英勇,超过了其他两个时期之和,但在这一时期阵前英勇仍不能被视作忠的唯一表现。《忠义传》在这一时期选取的还包括直言敢谏之人、大孝之人、任职地方但仍遵奉唐廷之人,以及那些拒绝为叛乱者及其政权效力而归隐之人。虽然叛乱者的威胁造就了相当比例的为唐英勇献身的官员,但是实际上这只是他们应尽之责,因为唐并非是现政权的挑战者,而是被挑战者。对于后晋的修史者来说,从事后来看,毫无疑问安禄山及其同僚是乱臣贼子。然而,在那时,与那些承天命而成功改朝换代者所面临的选择相同:在两种情形下,个体面对的是同样不可能

① 有关安史之乱前的一系列文学作品,参见麦大维《8 世纪中期的史学与文学理论》。包括岑参在内的"边塞派"是宋以后创立的一个文学流派,参见詹玛丽(Marie Chan)《岑参》(Cen Shen),75。

完成的任务,那就是提前知晓谁将是最终的赢家。

通过五代时期授予的忠的谥号可以看出五代对忠的态度。被授予忠的 11 人中,仅有 1 人是因阵前英勇。[1] 这并不令人惊讶,因为五代各政权在他们建立伊始就从未有太多阵前表现英勇之人。如上所述,阵前效忠被归入关系型的忠,至于被解释为等级差异型的忠还是互惠互利型的忠,主要还是看为原先的君主效忠还是为一个成功的叛乱者效忠。对阵前英勇的不同解释符合这一系列短命王朝的需要。后安禄山时代将关系型忠的范围重构为忠义和通敌对立的两极,但它们并不适用于 10 世纪,因而从 10 世纪消失了。

宋以五代同样的方式开国,欣然地接受了那些抛弃先前君主之人的效忠[2],但在 973—974 年修《旧五代史》时,则必须对他们和五代时期那些改变立场的人做出评价。就像我们在后面章节里看到的那样,后晋的史家既没有在正文和论赞中对易主行为进行谴责,也没有对此问题进行明确的讨论。参与修史者从前朝入宋仅 13 年,仍保留了一些固有的想法。其中许多人在五代十国多个政权任职。因此,《旧五代史》的修撰者显然对五代官员改变忠诚的行为没有偏见,这没有什么好奇怪的。

当时对于"忠"的评价有许多困难之处,这在南唐诗人徐铉的事迹中有所体现,此人在 975 年归顺征服南唐的宋。《宋史》徐铉本传记其为忠臣,其中包含了一段记录他的忠诚美德被新王朝的

---

[1] 这 11 人被列入《五代会要》12:209—210。除了王处存(《旧唐书》182:4699),其他人均在《旧五代史》有传。卢质为个案,他并不是因为阵前英勇而获忠的谥号。

[2] 赵匡胤奖赏那些投靠他的人,但也对忠提出了新的要求。路育松,《试论宋太祖时期的忠节观》。

缔造者认可和推崇的套话。① 自从徐铉担任赵匡胤（宋太祖，960—976）手下的文官后，他就成了关系型忠和互惠互利君臣关系的典型代表。这可以参见他文集后面附录的三篇相关讨论。②

回到先秦常见的论调，徐铉注意到君臣之间是互惠互利的关系：君主需要臣僚所体现的价值和技能；臣僚追求君主给予的财富和荣耀。这种关系是相辅相成的，不是尊卑关系、父子关系，并且臣僚可以根据君主是否有道而选择是否为其效力。有道之君要择贤臣，让臣僚也肩负起对其建言和翼戴的责任，但事实上，有道与否可归结为君主如何对待臣僚："用师者王，用友者霸。"

相应地，那些在多个政权任职者被认为并非不守节，只是他们放弃了不值得效忠的君主。因此，五代易主者才被原谅，他们所效力的政权也才被认为是合法的，只有这样宋才能被看作这些政权的继任者。③ 徐氏对古代互惠互利型忠的概念的重申是 8 世纪中叶以降政治分裂造成的一种自然结果，但在接下来的 50 年，这些传统的观点不再正确，并且永远不再正确。 *58*

北宋的史书编纂：一个实质的变化

根据以往的模式，我们期待宋朝的统一使理想主义型的忠重新成为实践忠的一种主要方式。实际上，虽然人们仍然可以隐逸，而且 12 世纪以后这种情况明显增多，但当时那些聪明的统治者对重新定义关系型忠的概念表现出了极大的兴趣，他们重新恢

---

① 《宋史》441：13044—13049。这段赞誉之词在 13045。
② 此处记述引自周军《徐铉其人与宋初"贰臣"》，特别是 123—124。
③ 参见陈学霖《元代官修史学：辽、金、宋三史的修撰》，74 及其后；戴仁柱《杨维桢"正统论"中——以政治为导向的历史编纂》，37 及以后。

复并有效地制度化了后安禄山时代忠义与通敌之间的对立关系。

这种转变主要是通过重新评价五代时期臣僚的行为来完成的，特别是对于冯道的评价使其成为易主臣僚的典型。[1] 对忠的态度，随着时间推移，越发苛刻，在帝国晚期渐居主导，随着民族主义的发展，在民国以后依然盛行，在这一进程中，批评冯道也是应有之义。因为 11 世纪对五代臣僚的重新评价主要出现在史书中，这些史书对于 10 世纪来说是研究忠的关键资料，所以对于我们研究忠的概念是如何变化的非常重要。[2]

欧阳修在《新五代史》中提及冯道时，是这么阐述忠的：

> 予于五代，得全节之士三，死事之臣十有五，而怪士之被服儒者以学古自名，而享人之禄、任人之国者多矣，然使忠义之节，独出于武夫战卒，岂于儒者果无其人哉？岂非高节之士恶时之乱，薄其世而不肯出欤？抑君天下者不足顾，而莫能致之欤？孔子以谓："十室之邑，必有忠信。"岂虚言也哉！[3]

在欧阳修早期撰修的《新唐书·忠义传》中，他大幅压缩了能够被视作忠的行为，敢言直谏者以及其他一些人被他忽略和替代，忠的概念几乎被明确地限定为阵前英勇。然而，在欧阳修后来的《新五代史》中，他暗中贬低五代忠义的英雄们所展示出的阵前效忠，他的理由是任何一个时代仅有这么一种忠是不够的。此

---

[1] 显然冯道的行为并未被视作不忠，因此王赓武在其为冯道辩护的文章中，推断在 10 世纪存在另一种忠的观念（《冯道——论儒家的忠君思想》，142）。

[2] 戴仁柱在其《新五代史》（英译本）一书序言中强调了《新五代史》的作用，但该书并非只采用了《新五代史》一种文献。

[3]《新五代史》54：611—612。该段被多次翻译，但戴仁柱《新五代史》（英译本），438 中的翻译是最好的。

时,他所推崇的忠的类型是一种理想主义型的忠:有操守的儒士 *59*
应在乱世中隐逸,要以避世来抵制他们那个不道德的时代。

司马光引用了欧阳修书中大部分的段落,接受了他的观点并
且更进一步对忠做了重新界定。欧阳修相当清晰地描绘了出世
与入世之间长期存在的差异,司马光则进一步解决了易主的问
题。在他的笔下,这样的行为纯粹是由道德沦丧所致,不幸的是
冯道成了这个为天下笑的反面典型:

> 内有夫妇,外有君臣。妇之从夫,终身不改;臣之事君,
> 有死无贰。此人道之大伦也。苟或废之,乱莫大焉!……臣
> 愚以为正女不从二夫,忠臣不事二君。为女不正,虽复华色
> 之美,织纴之巧,不足贤矣;为臣不忠,虽复材智之多,治行之
> 优,不足贵矣。何则?大节已亏故也。道之为相,历五朝、八
> 姓,若逆旅之视过客,朝为仇敌,暮为君臣,易面变辞,曾无愧
> 怍,大节如此,虽有小善,庸足称乎……君则兴亡接踵,道则
> 富贵自如,兹乃奸臣之尤,安得与他人为比哉![1]

欧阳修和司马光都认为君臣间的任何冲突在于双方皆有过,
但若致轻启战端,常常是因臣子变节易主。欧阳修与司马光当时
的政治观念看重的是,最初侍奉的君主才是唯一合法的君主,必
须从一而终,臣子若不重操守,不以易主为耻,则必然导致不忠的
行为。在这种情况下,以前的理念,天命归于有道之人,已经没用
了。现在看到的,不是政治形势或是君主有道与否决定忠与不 *60*
忠,反而是忠于谁,决定了政治的有序与否。

在某种意义上,这将关系型忠概念里的互惠互利型模式在逻

---

[1]《资治通鉴》291:9511—9513;该段采用了王赓武《冯道——论儒家的忠君思想》,
123、140 中的部分翻译。

辑上发挥到了它的极致：如果臣子对国家稳定的重要性不逊于统治者，那么国家治乱依赖于他们的选择。但另一方面，常常又将责任都推到他们身上。欧阳修和司马光将政治秩序看得比别的更重要，所以他们希望君臣关系也能同夫妻关系一样，具有等级差异。虽然两人仍然保留了实践理想主义型忠的可能性（在穷乡僻壤度日的时候，两人都有机会去实践理想主义型的忠，因为他们本来就时运不济），但互惠互利型的忠所固有的危害在当时是无法被接受的。因此，关系型的忠原有较多的自由，却被驯化压缩到只能适应等级差异型忠的狭窄范围内。反对效忠于某个特定的君主，并不是说效忠于不同的君主就是正确的，而是说背叛本身就是一种道德沦丧的行为。

从冯道所处的历史环境来看，对他的强烈谴责似乎并不合理。对他的谴责与对安禄山效忠的那些人的报复行为不同。后者是对因唐朝的侥幸脱险所引发的恐慌而做出的应急反应，而前者是欧阳修和司马光等史家所表达的态度，这种态度是在他们冷静地重新评价以前的历史记载的基础上形成的。欧阳修和司马光在一个局势稳定的王朝里著述；虽然因内部剧变而导致天命的改变已远离他们的脑海，但是他们正逐渐为外部的威胁而担忧。危险的来源已经由反叛者转移至异族。

生活在澶渊之盟下，有异族政权可以承担所有的责任，所以让人奇怪的是欧阳修和司马光选择了冯道而不是一个易于被作为不忠典型的辽南人。实际上，欧阳修和司马光如此在意冯道侍奉过几朝，以至于他们完全忽略了冯道曾短暂地为辽效力。他们在此聚焦的问题就是守节和贰主，而他们并不关心贰主是谁。其原因只不过是异族本身还不是个问题，当然后来也成了个问题。

真正重要的还是品德。[①]

　　在忠的概念变迁中，早期灵活多变的含义被去除。南宋丧乱之际忠义之士的行为展现出忠的思想在不断递进：从宋初要求不事贰主的忠义观，发展到不仅与爱国主义相关，还与男性反对淮河以南女性奢侈之风相关。[②] 抵抗蒙古的那些人有一种成为忠义之士的特别意识，谢慧贤认为在忠义之士自己留下的记录中"完成了对忠义的构建"，他们将自己对宋的忠义确立为"一种经久不衰的美德"[③]。但即使通过像这样如此粗略的研究我们也可以发现，与帝国晚期对忠的要求相比，帝国早期忠的概念较为丰富，并且为人们提供了更多的选择。

结论

　　在此，对忠的概念的变迁所做的研究，展示了在一个高度灵活和不断变化的框架内哪些行为是被允许的。忠利用天命改朝换代的思想，使得改投他主合法化，忠的这一面已得到了特别的关注。很显然在此思想基础上，对宋宣誓效忠的那些人的行为是被允许的。除了他们加入的王朝短命的本质，五代时期那些人也

----

① 包弼德通过记述为金效力的那些人，详尽地阐述了这一观点，参见《求同：女真统治下的汉族文人》一文。

② 有关爱国主义的论述，参见陶德文《宋代爱国主义：迈向中国民族主义的第一步》，202及其以后；参较田浩《陈亮与中国的爱国主义：兼谈朱熹的普遍哲学》以及秦家懿（Ching）《新儒家的乌托邦理论和政治伦理》（"Neo-Confucian utopian theory"），37及其以后。有关性别的论述，参见戴仁柱《山上有风：13世纪中国政治与文化危机》。

③ 谢慧贤，《记忆与官方的史学：宋代效忠者的编史工作》（"Memoirs and official accounts"），611；《王朝之变：13世纪中国的忠义问题》。宋代忠义之士的忠的观念已经完全渗透进上层士人的思维之中，参见刘子健《岳飞和中国忠的文化传统》（"Yüeh Fei and China's heritage of loyalty"）。这篇文章也说明时至今日中国学者在考虑"忠"的问题时，仍会感到某种压力。

都在此名义下,为南方数个政权效力。这种国祚短暂的本质也意味着后来五代的合法性会遭到质疑,以致虽然宋代的史家为了更好地宣示宋朝的合法性,不得不承认五代政权的合法性,但是他们对于 10 世纪初的人们对政权的忠诚程度,还是不确定。

因为辽只是又一个边疆政权,所以他们也可能以同样的标准对待第一代辽南人。但是在 10 世纪中期,辽短暂地征服了相对统一的南方政权,那些随后越境入辽的南人比他们前辈的境遇更糟。直至 11 世纪初,宋对忠的态度已逐渐严苛,并且因为对忠的态度越来越强硬,所以宋代重修史书之人也对易主者心生不快。虽然在当时宋代史家试图通过对前人的道德评判来起到说教作用,但那些前人的行为是以旧的选择范围为基础的,单纯从统一后的视角来考察那些人的行为毫无意义。

唯一的解决方法就是重新评价这些行为,并且重新探究易主者的动机。对冯道的猛烈批评就是这一努力的一个重要成果。此外,澶渊之盟使宋对辽产生了矛盾心理,这使得同一批重修史书之人不知该如何对待辽南人,因为他们不仅像冯道一样历职于南方的数个政权,还加入了现在被宋视为头号强敌的辽。宋代史家讨论这些复杂情况所付出的努力见于一系列文献中,这些记载所强调的忠的重点在不断变化。

11 世纪的史家生活在一个对忠只有一种解释而没有争议的世界里,但 10 世纪的人生活在另一个完全不同的世界里,对忠的各种理解都可以被用来指导他们的行为或是为他们的行为辩护。在某种意义上,现存最早的 10 世纪文献中的越境事例,向我们揭示了对忠的理解是如何引导他们的行为的。我们通过将早期和后来的文献相互对比来探寻不同观点以及观点的变化。但是,我们首先必须构建一种模式,能将其应用于对 10 世纪所有越境行为的研究中。

第 3 章 跨越边界与边界的移动——第一批辽南人

　　这种相互联系的架构很脆弱，需要时时调整与重构来保持它的平衡。

　　——西蒙·麦克莱恩（Simon Maclean），《亲属与政治》（*Kinship and politics*）

　　11 世纪的欧阳修和司马光对晚唐至五代初年的记述与评论，与该时期剧烈动荡的历史事实是基本相符的。1005 年的澶渊之盟明确界定了宋辽边界，两国均接受了相互平等的关系，至此开启了双方 120 年的和平外交。边界被精确地标注在地图上，并期望以此来左右忠的归属。对于这些地区的个体而言，他们很可能觉得自己在政治、地理和情感上都站在了"错误的"一边。但本书讨论的 9 世纪末至 10 世纪初的边疆区域，不是两国间的过渡地带，而是由众多短暂的小政权组成的区域，它们为了生存和利益相互角力，彼此间的关系和相互间的边界也随之不断变化。这些政权分属不同的统治集团，如渤海、汉、契丹、沙陀、吐蕃、奚以及当地的土人，但这一时期我们所关注的重点不是文化认同，而是忠的归属。在文化上群聚的群体，常常没有固定的边界，同样，疆界线的划分也很难决定他们的归属。相反，边界首先是一个个人效忠关系的问题,领土的划分只是个人效忠关系的结果。①

因此,那些自愿或被迫的越境行为在很大程度上决定了 10 世纪上半叶的政治边界。个体可以通过改变其忠诚的归属以及 64 带着他们控制的人口与土地造成边界的移动。下至县级甚至更低级别的官吏都可以对效忠于谁做自由的选择,但他们的选择有时会给自己以及辖域内的民众,带来直接甚至是严重的后果。这些作为普通群体的民众,在我们的材料中很少被提及,更不会作为受到关注的个体出现。② 他们只是偶尔主动地改变自己的效忠对象;但是他们常常发现自己生活的区域已经因当地官员的行为被移动到政治边界的另一侧。换句话说,他们的统治者有移动边界的权力,概言之,这些普通人只能恍然发觉边界已从他们头顶越过。

本章通过分析在辽与南方诸政权对抗的背景下南人入辽方式的变化,来考察在边界划分中个体角色的变化。③ 通过回顾历史,我们知道辽宋双方最终会建立起对等的双边关系,但是我认为 10 世纪初的人不会有这样的预见性,因而他们不会意识到在诸多可供选择的主人中,选择辽具有十分重要的意义。那么,将边界与忠诚的关系作为主要考察对象,有助于我们了解辽为何变得如此重要。

在以时间为序的史料中记录了 200 多个越境的例子,这些例

---

① 欧洲研究中世纪的专家在论著中也得出了相似的结论,但研究中国的专家没有。

② 魏特夫和冯家昇估计普通个体在辽的数量在 250 万左右;《中国社会史:辽(907—1125)》,52—56,特别是 55 的表。

③ 最近对 10 世纪重大事件研究的英文相关叙述以及参考书目,参见 CHC 5a 和 6。还有苏若博(Somers),《唐朝之灭亡》("End of the T'ang");王赓武,《五代时期北方中国的权力结构》;吕思勉,《隋唐五代史》。

子可能涉及单个个体乃至千百万家庭。每个例子的相关信息包括所有征引的文献均被列于附录。虽然我们并不认为这些例子反映出来的信息是完全一致的,但我们有理由相信这些材料反映了该时期越境行为的一般趋势。因此,这些材料被按照时间先后和不同类别进行分类分析,并以此绘制出一个表(表 2)来反映随着南北双方国力的增强,越境方式是如何变化的。因为我们在此关注的是越境行为本身,所以略去了某些例子。虽然我们知道有许多为辽效力和在辽犯罪的例子,但其中绝大部分没有记载他们的入辽方式。因而,在本文中你不会发现耿延毅家族的例子,而且作为犯人出庭的例子也未被采用。① 在此,我们也未收录带有欺骗性质的越境例子。此外,在党项人肇兴的西北地区,由于情况迥异,我们也不予考虑。②

越境的类型

根据选择的自由程度给越境分类。但是如何去界定这些非常模糊的东西显然是个问题,加之相隔久远而且常常资料阙如。 *65* 即便如此,确定越境的动机通常也是可能的。

"自愿越境"(*voluntary crossing*)者无须直接面对外部的威胁,并且史料给我们留有这样一种印象:他们可以按照自己的意愿来变换效忠对象。频繁做出易主决定的,都是那些有抱负的

---

① 但是附录中包含了后者,并以方框标记。了解耿延毅家族主要通过三方墓志;参见朱子方《辽代耿氏三墓志》、罗继祖《读〈辽代耿氏墓志〉》、朱子方《〈辽代耿氏三墓志〉补充》、朱子方和徐基《辽耿氏墓志考略》。
② 在某些条件得到满足后,保证越境的承诺常常被用来诱骗另一方,使其处于不利地位。如此"肮脏的鬼把戏"反映出了越境的趋势和它对另一方的价值,但这不能反映出一幅真实的越境图景。关于党项与西夏的论述,参见邓如萍《白高大夏国》。

人。他们基于政治利益,通常将此作为一种获取支持的手段,并以此来违抗主人已不受欢迎的命令和要求。在 946—947 年,自愿入辽的官员通常表现出一种相似的动机,这种动机在附录的两个例子中体现得尤为明显(参见附录,♯110,135),两人都以贿赂的方式以求重获任用。此外,还有其他一些自愿入辽的情况,比如一位妇人为与丈夫团聚自愿由后晋入辽(♯64),以及一些无主平民也在 10 世纪末自愿越境入辽(♯176,177,184,208)。对于个人安全的考虑可能也是"自愿越境"的动机。

与辽联盟造成的越境和"自愿越境"不是一回事。与辽联盟者被认为在政治上与辽是平等的,并且他们在寻求辽朝帮助的时候,没有失去自己的自治权。因此,对于那些至少手握一个藩镇的人来说,与辽联盟仅是他们的选择之一。寻求辽的军事援助来对抗更为强大的军事力量是这种联盟的典型特征。例如,后晋和北汉的建立者就分别与辽建立起了这样的联盟,他们为维护在各自政权内的统治权,甘愿奉辽为宗主国(♯48,148)。这种关系导致的越境通常是以质子的形式出现的,即以质子来保证对宗主国的效忠。

在"被迫越境"(crossing under duress)的类型中,越境者似乎不愿跨越疆界,但是他们直接面临着死亡的外部威胁,为了保命,他们选择了越境。典型的例子是那些因围城而投降的将领,他们通常倾向于冒死等待援军。在这种情况下,虽然很少有,但我们仍然可以看到有别的选择。大多数跟随这些优秀将领投降的士兵应当属于"被迫越境"这一类型,当然这些士兵各自的越境动机是什么却不得而知。因为偶有与上级的选择不一致的情况,所以说在这种情况下至少存在一些选择的自由。这种越境类型最不容易界定,因为划分这种越境类型的依据只是一些零散的材

表 2 越境入辽表（900—1004）

时间	联盟越境		自愿越境					被迫越境					非自愿越境					总数	
	数量	%	个体	群体	总数	%	返回	个体	群体	总数	%	返回	个体	群体	总数	%	返回	数量	%
900—904	3												3	2	5			8	
905—909			1		1									1	1			2	
910—914	2		1	1	2		3						2	1	3		2	7	
915—919	3		3		3		1	1		1			1		1			8	
920—924			2		2			2		2			6	3	9		1	13	
925—929			2		2		1						1		1		1	3	
930—934			1		1				2	2		1						3	
小计	8	18	10	1	11	25	5	3	2	5	11	1	13	7	20	45	4	44	20
935—939	1		11		11		2	7	1	8		5		2	2			22	
940—944	3		2		2		1						5	2	7		2	12	
945—949	1		16		16		10	21	2	23		10	17	9	26		4	66	
950—954	2		2		2				2	2			2	5	7			13	
小计	7	6	31	0	31	27	13	28	5	33	29	15	24	18	42	37	6	113	50

续　表

时间	联盟越境		自愿越境					被迫越境					非自愿越境					总数	
	数量	%	个体	群体	总数	返回	%	个体	群体	总数	返回	%	个体	群体	总数	返回	%	数量	%
955—959													1		1			1	
960—964													6			6		6	
965—969													3	2	5	4		5	
970—974																		0	
975—979								2		2				3	3			5	
980—984				2	2									3	3			5	
985—989			1	2	3				4	4			3	20	23			30	
990—994														2	2			2	
995—999													2		2			2	
1000—1004			1		1				1	1			8	2	10	1		12	
小计	0	0	2	4	6	0	9	2	5	7	10	16	23	32	55	12	81	68	30
总计	15	7	43	5	48	18	21	33	12	45	20	16	60	57	117	22	52	225	100

注：本章继续沿用本表及表3、表4将10世纪分为三个时间段的分析模式，该分析模式展示了10世纪中叶以后越境方式的巨大变化，并且对辽晋联盟时期的越境行为作了专门研究。又本表中联盟时期的越境行为并未被统计在内，原因详见下文。

料。有时，最微不足道的因素也是选择越境的原因；有时，别无他
选也是选择越境的原因。因此，一些越境的行为既可以被归为
"被迫越境"类型，也可以被归为另外两种越境类型之一。

　　"非自愿越境"（*involuntary crossing*）的类型是指对于越境
没有任何选择的自由。这种类型主要是由因落败溃逃而被俘的
军队组成，这种越境的类型多与征服以及在战争和劫掠中被俘的
人有关。当然也包括少数城陷被俘者，以及被扣留的使节和被俘
的间谍。"非自愿越境"这种类型是最容易被确定的，只要区分出
这些军队是"投降"的还是"被俘"的。虽然就实际行为而言，两者
似乎能够画等号，但本研究仍需要区别两者在语义上的不同，因
为投降意味着他们具有有限的选择权，而被俘则暗含着他们仍然
拒绝越境。

　　上表 2 所示，越境方式在本书所论的这一个世纪里发生了巨
大的变化。在 10 世纪中叶以前，所有的越境者中有不到一半是
非自愿的，至少有 1/4 是完全自愿的，与别国联盟造成的越境也
在总数中占有相当的比例。955 年以后，人们不太愿意再改变忠
的归属。80％的越境行为完全是非自愿的，并且不再有新的联盟
出现。虽然辽晋从联盟到交战以及之后的一段时期都与 10 世纪
上半叶非常相似，但政治局势的差异使得越境者受到了不同的待
遇。因此，我们将会分以下三个时期进行讨论。

10 世纪早期的分裂与选择

　　9 世纪末至 10 世纪 30 年代，是一个政治纷繁剧变的时期。
在此必须对这种纷繁剧变做一个简单的叙述，但我们不打算对它
展开全面的讨论，我们要阐释的是政治边界的流动性与个人忠诚

67

归属之间的重要关系。这是一个个人主动选择效忠于谁的重要时期。有地位的人结盟,没地位的要么主动投诚、要么被俘,但是我们发现在越境过程中,极少出现"被迫越境"或者有类似模棱两可的情况。

在这一时期,有两位主要将领在争夺唐将亡之际的统治权。晋王李克用以太原为基地控制河东地区,而曾参加黄巢起义的朱温,也叫朱全忠,拥有汴州及其他几个州,主要控制河南地区(图3)。河北节度使虽然割据一方,但直至 10 世纪 20 年代末,该地区的政治领导权一直被各方势力侵夺。895 年,河东节度使李克用支持刘仁恭成为幽州节度使(895—907),从而成为刘的支持者。[1] 五年后,河南朱温表王处直为河北义武军节度使(900—921),虽然王处直仅统领两个州,但恰好能从侧翼包围幽州。到 901 年为止,朱温已与黄河两岸大多数节度使结盟,将其领导权扩展到了河北的镇州(赵)。与此同时,河南朱温自 900 年进攻幽州,反而巩固了河北幽州与河东晋之间的联盟。此时,北方契丹部落联盟统一在了新于越强有力的领导下,他就是阿保机,未来辽朝的缔造者。

契丹人长期劫掠他们的近邻河东,特别是幽州。[2] 刘仁恭自就任伊始,便从幽州进击契丹。当然,双方互有侵袭。但是,按照《辽史》的详细记载,902—905 年间,阿保机靠着一系列成功的侵袭逐渐壮大声势,以至于将整个幽州和河东的人口迁居北方从事农业生产(♯1,2,7)。这些侵袭掠夺了各行各业的人,其中就包

---

[1] 有关这一关系在 10 世纪的重要性,参见王赓武《五代时期北方中国的权力结构》附录《五代史上河东道与河北道的联盟》("The alliance of Ho-tung and Ho-pei"),208—209。

[2] 史怀梅,《五代时期的劫掠与边疆社会》。

括在辽政权初期身居要职的一些人，如韩知古和康默记。由于李克用对阿保机平等相看并与之缔结兄弟之盟，阿保机对河东的劫掠才停止。（♯6）

907 年，河南的朱温最终推翻唐朝建立后梁（太祖，907—913），由此引起的背叛以及边界移动说明了政治关系的复杂性和忠的重要性。朱温在 906 年再次攻击幽州的刘仁恭，为使朱温南撤，幽晋联合进攻河北南部的泽州和潞州。当朱温的旧部丁会以潞州投降幽晋联军时，朱温只得被迫放弃进攻附庸幽州的沧州，仅以登基即位作为把控局势的手段。因此，个人改变忠诚的行为可以产生巨大的影响。这些事情均发生在边疆地区，朝廷在此成了配角。

不久，北方的阿保机便遵奉朱温为后梁的皇帝，但是河东李克用仍坚定地对抗朱梁，并且认为阿保机已经背弃兄弟之盟。[①]与此同时，在幽州，刘守光篡夺了其父刘仁恭的节度使之位（907—914）。这些瞬息万变直接反映了人们对于忠的不同选择。即使刘守光在宣布抵抗朱温的扩张时，也依然在寻求朱温对自己作为节度使的认可。虽然刘守光的两个哥哥均反对其篡逆行为，并分别向近邻寻求有力的帮助。但刘守奇放弃了他平州的百姓，先逃奔阿保机，后投奔李克用（♯8）。刘守文则请求他正式的宗主朱温惩罚刘守光的忤逆行为。刘守文之所以选择梁太祖，而没有选择原先与他真正联盟的宗主、朱温的头号劲敌晋王李克用，是因为他知道沧州是朱梁重新夺取幽州的首要目标，这样的实用主义精神是可以理解的。

---

① 兄弟之盟对于完善忠的研究有很大的帮助，但是在此无法展开讨论。沃西提出了一些有价值的观点，参见《宋代立国：军事与政治制度的变化（950—1000）》，165；杨联陞，《公元 942 年晋帝致契丹皇帝的一封遣书》（"Posthumous letter"），421。

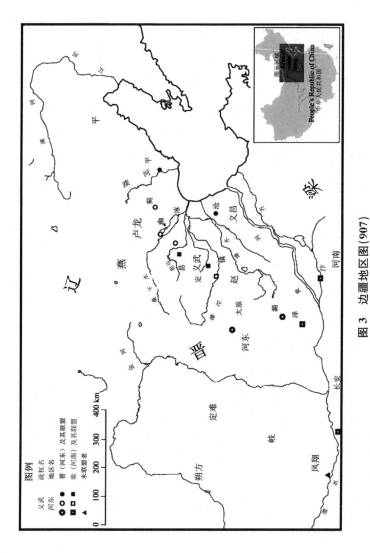

图 3 边疆地区图 (907)

注：本书所绘之图均采自《中国历史地图集》第 5, 6 册。凡"州"字皆略去。

刘守文对忠的选择,对于朱温在即位这一关键时期巩固自己的权力至关重要。同样,河东部将以继续效忠李存勖的方式支持他于 908 年继承其父李克用之位。例如,晋将周德威为拥护李存勖,率领军队回到太原,但李存勖更看重的是在面对后梁的反复进攻时,潞州对晋所表现出来的非凡的向心力。对于阿保机来说,他在朱温与李克用之间举棋不定。显然,李存勖得到辽骑兵的援助,并不是因为他对阿保机的贿赂,而是因为他是与阿保机结拜的兄弟之子(♯9)。但数月之后,阿保机便寻求朱温的册命,价码便是辽转向协助后梁进攻河东的晋。这一约定虽未被史书记载,但很快我们会发现沧州的刘守文乞契丹骑兵来帮助他讨伐刘守光及其支持者——晋(♯10)。

梁与晋谁将结束纷争承启天命并不确定,这使得像刘守光这样的将领企图各持两端。909 年,刘守光既向朱温提供平定晋的机会,与此同时,又向晋提供消灭朱梁的机会。因为朱温升刘守光为燕王,从而放弃了刘守文一部(现在已由守文之子领导)。同样,阿保机不再向刘守文提供援助。910 年初,沧州陷落,守文被杀。

因为在幽州站稳了脚跟,刘守光的野心急剧膨胀,911 年称大燕皇帝。但就如同其兄一样,他很快便失去了支持,以摧枯拉朽之势被迅速打败。刘守光众叛亲离,他杀掉一名晋使,威胁攻打晋,最终他入侵义武军,将沿途的人口暴虐地收归其下。义武节度使王处直,向晋求援。[1] 刘守光向朱温求援,朱温为了伐晋忽略了刘的僭越之举。[2] 但在朱温被杀,后梁皇位一年之内两次

---

[1] 据《辽史》言,阿保机参与了 912 年对幽州的进攻。

[2] 同样地,朱温毫无顾忌地承认叛变并谋害刘守光之子者为沧州义昌军新的节度使。沧州为战略要地,为此一切礼节,即便是在同盟之间,也都顾不上了。

易手之后,刘守光发现自己已孤立无援,连辽也不再对其施以援手(参见♯15)。刘的将领、官员和属民纷纷弃其而去。有些人,像冯道,投奔了晋;其他人,像韩延徽,便入了辽。当地官员各自占山为王,只有幽州还控制在刘守光手里(♯11—13)。[①] 幽州于914年初落入李存勖之手,刘守光被处决,此时后梁的注意力已转向南面。阿保机的南面仅留下一个邻居——晋(图4)。

重大事件在很大程度上反映了局部地区的情况,同样也受到局部事件的影响。915年,河北最南端的魏博兵变激起了新一轮的梁晋冲突,后以18个月后李存勖掌控河北诸州而告终。在梁晋战争期间,阿保机已拒绝听命于朱梁,于916年称帝(太祖,916—926)建元,颁行自己的历法,但朱梁仍不断向其遣使。与此同时,晋王李存勖派自己的叔婶使辽作为人质(♯19—20),以此强烈地表明与辽重修旧好的意愿。局部事件破坏了河东的晋与辽的重新结盟。晋新州节度使因骄惰不治、边人嗟怨,于917年被裨将卢文进所杀。其时卢文进被拒新州城外,遂率兵投辽。辽任命其为幽州留后,并支持他控制该地,此举移动了辽晋之间的边界线(♯21—22)。但结果是,幽州城在被契丹进围几个月后,依然被晋节度使周德威控制在手中。

在同一时期,阿保机也大肆攻晋,掠夺河东北部人口,并且时有晋将被俘,如李嗣本和宋瑶(♯18,23—24,28)。[②] 但是,像以前一样,晋、幽、辽三方共存才是日常生活中的常态,并未受太大

---

① 其他的例子:912年赵凤奔晋(《通鉴》268:8750);912年刘训以隰州降晋(《通鉴》268:8764)幽涿之人多亡入契丹,《新五代史》72:886。

② 据《辽史》1:11 言,阿保机似乎已经永久占据了一些地区,对它们重新命名、委派官员,但这在两部《五代史》中的《梁纪》或《唐纪》中没能得到反映。甚至,欧阳修也只是将此简单地记为劫掠。参较《通鉴》269:8805。其他,如宋瑶事件,可以以任何一种方式去理解它。

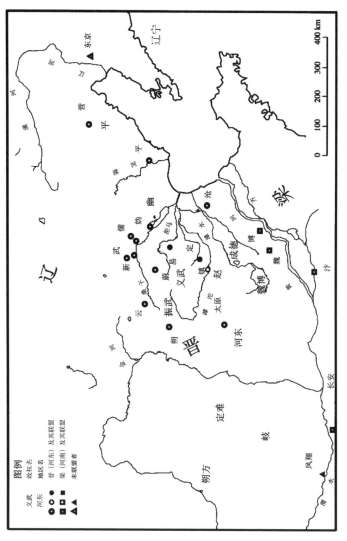

图 4　辽、太原晋、后梁(914)

的影响。因此，契丹从平州侵袭幽州多次见于记载，同时契丹刍牧于营、平之间也为幽州节度使所知。[①]

然而，这一切在 10 世纪 20 年代发生了变化，因为后梁衰微，阿保机逐渐成为边疆区域内小头领的唯一靠山。这些小头领竭力维护他们对各自辖域的统治权，抵挡崛起于太原的晋。921 年，被"推举"为镇州留后的张文礼，接管镇州并向辽表忠（♯25，32）。张的前任是晋委任的，于是张文礼寻求晋李存勖的任命，但同时他也向梁索要切实的帮助。两边均同意了他的请求，但又随即反悔，所以张转而求助阿保机，这给了李存勖兵围镇州的借口。

邻近镇州的义武节度使王处直，害怕他将是下一个张文礼。于是派其子晋新州刺史王郁向契丹求援以解镇州之围，但在辽援军到来之前（♯26—31），王处直已被另一子王都废黜。废黜其父的王都转而支持李存勖讨伐镇州。因此，王郁率领的辽军袭击了王都所在的定州，但是这并未能阻止晋于 922 年攻克镇州。与此同时，阿保机利用与王郁的联盟进一步攫取了整个晋的人口，并且使平州一直处在辽的控制之下（♯33—36）。

随着 923 年后唐建立，李存勖（庄宗，923—926）宣布了他对南方的统治，由此进入了一个良性循环。此举为他赢得了众多追随者，使其信心倍增。他与阿保机搁置先前的争议，在两个朝廷之间建立起了良好的双边关系，这种关系不仅使后唐不再被契丹持续的边界侵袭所烦扰，而且使双方统治者在去世前能够集中精力在其他区域开疆拓土：后唐于 925 年攻克蜀，辽于 926 年攻克渤海（图 5）。在李存勖及其继任者李嗣源（明宗，926—933）统治时期，越境入辽者大幅下降。事实上，在李嗣源即位不久，917 年

①《通鉴》269：8812—8813。

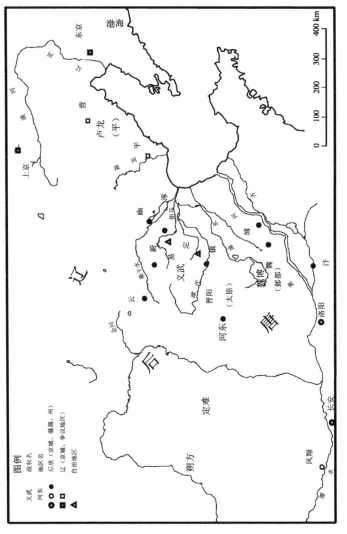

图 5　辽与后唐 (925)

离晋的辽卢龙节度使卢文进便明确表达对故土的思念,遂率大军投奔后唐。①

虽然辽朝的新皇帝德光(太宗,926—947)不是一个开疆拓土的扩张者,但卢文进的越境行为改变了后唐与辽的边界,使平州处于南朝控制之下,这促使辽于928年重新夺回平州。德光依旧应援后唐那些野心勃勃的节度使,特别是义武节度使王都。王都在后唐建立前,选择忠于后唐,使其成为义武军节度使,但现在他唆使河北其他藩镇的节度使拒绝纳贡缴赋、随唐征伐。当928年李嗣源向其兴师问罪之时,王都立即从此前的敌人辽那里获得了支援(♯40)。但当辽军大败时,卢文进的继任者、辽卢龙节度使张希崇率所部2万余人投向后唐。6个月后,定州陷落(图6)。即便如此种种,契丹对后唐非官方的侵袭和官方的交聘并未因而减少。

73 这一时期,个体在整个节镇的等级序列中处在一个相对弱势的位置,他们的领导者所做的诸多选择就是这些个体的选择,并且他们的选择在很大程度上决定了当时的政治形势。在政权角力的初期,个体预计能获得的利益决定了忠的归属。通常这些个体对自己的家庭漠不关心,充其量将其所在地作为获取资源的基地。在边疆地区,新兴的辽与相邻的南方诸政权相互角力,势均力敌。在作为一个整体的边疆地区内,虽然许多角力者先后衰落,但没有任何一方力量能在南北双方的角力中占据优势。

74 虽然由联盟导致的越境仅占越境总数的1/5,但这是10世纪初典型的越境方式(参见表2)。这些边疆将领为抵御另一将

---

① 卢文进随即再次易主,于936年离开了新建立的后晋而奔蜀(译者按,作者误将吴作蜀)(《通鉴》280;9166)。

领的威胁,多向北方(当然也有别的地方)求援,以此获得承认、扩大自己的自治权,这是那些标榜承天命的统治者无法给予的。955 年以后,新的联盟不再出现,因而以下犯上的挑战也就没有了。然而 10 世纪初,辽尚未建立,阿保机刚刚崭露头角。10 世纪 10 年代初,刘守光犯上作乱,他只是在最后时刻才寻求与辽结盟,但当时阿保机认为他的地位已岌岌可危,并不值得援助。926—933 年,后唐的实力在李嗣源的统治下达到顶峰。李嗣源通过给予节度使某些自治权,赢得了藩镇的支持,在一定程度上化解了藩镇对他的挑战。当王都于 928 年试图挑战李嗣源时,正是这些藩镇对李嗣源的支持使王都在南朝众叛亲离,地位衰微,以致王都这个与德光潜在的结盟对象没能成为与其平起平坐的盟友。为了换取德光的支持,王都不得不向其臣服。

在这一时期,"被迫越境"的例子较少,仅占总数的 1/10,在 915 年前没有一个"被迫越境"的例子。[1] 这些都清晰地反映出在晚唐和梁的大部分时间里,多方角力造成了敌友关系的瞬息万变。所有的对手都追求对敌人的绝对优势,而当北方最有可能施以援手时,他们会毫不犹豫地向北求援。此时,辽并未像后来那样过多地介入南方政权的角力之中,因此边疆地区的人更愿意向它求援。

在这一时期,南方将领与辽结盟,是为了得到辽的骑兵援助,而臣服于辽,是希望辽认可他们对领地的权威。从 10 世纪 20 年代后期开始,辽逐渐被认为是一支强大的政治军事力量;南方的统治者也逐渐能够行使自己的权力,奖励自己的追随者;地方将

---

[1] 920 年刘殷越境入辽一事很可能是这一时期第一例"被迫越境"的事例。刘殷越境究竟承受了多少压力尚且不明(♯22)。

领热衷于联盟和自愿臣服的情况也逐渐减少,到 10 世纪 50 年代中期,这种情况完全消失。因此,即使出现臣服的情况,很可能也是被迫的。

10 世纪中叶的联盟与战争

在 10 世纪中叶,后唐与辽两个依然存在的政权不断扩张,这就要求在双方之间建立一套以辽占主导的新的关系模式。[①] 政治中心越来越少,对于势力较小的将领来说,选择也越来越少。于是,改变边界的力量从那些拥有地方统治权的人转移到某些特定的个体上,这些个体无论是在朝廷还是在征服战争中都直接效力于他们的统治者。此时,军事冲突变成了政权与政权之间的矛盾,所以胜利赢得的不再是一城一地,而是整个帝国的统治权。在最高政治层面上的剧烈变化造就了大批的越境者:10 世纪越境总数的一半都是在此后 20 年里出现的。"自愿越境"的比例与以前持平,实际上"非自愿越境"所占的百分比在下降,而在这一时期"被迫越境"的比例则是此前的两倍。[②] 换句话说,在 10 世纪中期,人们在不情愿的情况下被强迫选择他们效忠的对象是相当普遍的。这样的选择增强了一方的实力,而同时减少了选择效忠另一方的数量。

石敬瑭,这一朝廷的反叛者,是这一新情况的首个重要例证。在德光和李嗣源统治时期,辽唐关系在本质上是平等的,这可能

---

① 关于南北双方的关系,参见史怀梅《游牧者的需求:劫掠、入侵与 947 年辽的征服行动》。
② 如果我们计算一下联盟时期的越境总数,这些数据是引人注目的。数量已下降至原来的1/3,这就增加了被迫越界的比例,参见表 2。

导致了南方政权对辽的实力和企图的恐惧。后唐幽州对辽的有效防御和其他回应措施已经将契丹的常规劫掠西推至云州。对此,后唐的反应就是在 932 年任命李嗣源的女婿石敬瑭为河东节度使兼云州大同军等四个边境藩镇的蕃汉马步军总管(图 6)。他在晋阳(太原)的权力坚不可破。蔚州刺史张彦超素与石敬瑭不和,拒绝为其效力,转投德光(♯42)。虽然蔚州不与辽接壤,辽与后唐的边界并未因此而改变,但德光吸引人们由后唐转向效忠自己的能力引起了后唐朝廷对辽的恐惧,而后唐这种疑神疑鬼的心理带来的只能是更大的灾难。

对后唐而言,更大的危险来自李嗣源之子李从荣,他在 933 年企图弑父篡位。虽然此事落败,但李嗣源不久便死,君臣猜忌继起。李嗣源的继任者(闵帝,933—934)不信任其兄——李嗣源的养子李从珂,欲将李从珂调离职任。李从珂于 934 年反叛,夺取皇权(末帝,934—936)。轮到李从珂即位时,他又对石敬瑭及其以备御契丹为由而日益高涨的军需起疑。936 年李从珂将石敬瑭由河东调任河南天平军。① 石敬瑭开始挑战朝廷,随即就得到了其他藩镇的响应,这反映出对李从珂信心的普遍缺失。后唐讨伐石敬瑭的军队包围了他的治所晋阳,为获支援,他投靠的正是辽朝的耶律德光。

为了报答德光派军援助,石敬瑭向其称臣纳贡,割让燕云十 ⁷⁷ 六州(♯46—48)。② 德光率军包围晋阳的唐军,册立石敬瑭为后晋皇帝(高祖,936—942)。此前,幽州节度使赵德钧请求每年向

---

① 后唐可能将一些常规的游牧生活理解为了入侵;参见史怀梅《游牧者的需求:劫掠、入侵与 947 年辽的征服行动》中 934 年德光的"率军南伐",134—138。

② 史料原文是"割卢龙一道及雁门关以北诸州与之",即幽、蓟、瀛、莫、涿、檀、顺、新、妫、儒、武、云、应、寰、朔、蔚。

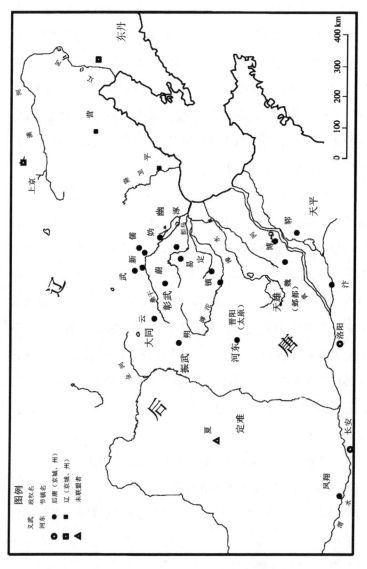

图 6 辽与后唐 (929)

辽缴纳更多的贡赋,欲意取代石敬瑭为帝,为德光所拒。相反,后唐大将张敬达拒不投降,被裨将所杀(♯49—50,参较♯51—52)。德光在受降其部时却赞扬了张敬达的忠贞。在后唐各州军队投降之后,德光驻后,石敬瑭率军向京城洛阳进发。在洛阳,后唐宰相冯道率群臣投降。冯道筑坛迎接新的统治者,并仍像他在李嗣源及其两个继任者手下供职一样,转而为石敬瑭效力。

石敬瑭胜利的结果就是,不计其数的官员、军队和普通百姓投向辽,这些人占 10 世纪越境总数的 10%(♯59—66)。他们大部分来自燕云十六州,当然在十六州中也出现了一些拒绝效忠于辽的例子(图 7)。云州节度判官吴峦闭城抵抗辽军围城六个月,石敬瑭致书德光后才得解围,最终吴峦归顺南朝(♯62)。① 应州马军都指挥使郭崇威亦"耻臣契丹,挺身南归"(♯63)。因为似乎很少有类似的记载,所以他们的行为并不具有典型性。

无论如何,辽晋联盟都会尽可能地扼制他们的行为,如此才能压缩其他臣服者谋反的空间。辽不再是武力反抗石敬瑭者的靠山,因此再度成功推翻石敬瑭的统治已不大可能。首位反叛者魏州节度使范延光,在 937 年通过寻求辽的支持反抗石敬瑭测试了辽晋联盟的诚意。最终,不仅这一请求被拒绝,辽晋联盟还商讨如何来对付他。② 作为回报,石敬瑭也拒绝帮助那些与辽对抗的人。940 年,吐谷浑部千余帐不堪契丹暴虐,逃入后晋。辽遣使诘责石敬瑭招纳叛人,后晋遂将并、镇、忻、代之吐谷浑遣还故土。③

---

① 据《辽史》言,吴峦降,被杀。

② 《辽史》3:40—41;参较《通鉴》281:9168—9190 及其以后;《旧五代史》76:1004—1007、1021。

③ 《通鉴》282:9219;《旧五代史》79:1045;参较《辽史》4:48。

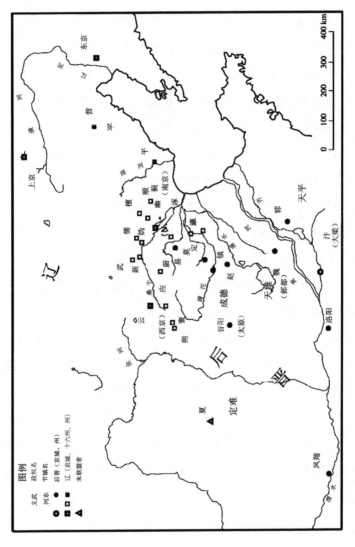

图 7　辽与后晋 (938)

石敬瑭的协助巩固了德光对北方的统治。虽然这要求石敬瑭一再对辽表示臣服,但这也提升了他自己作为贤君的形象。更为稳定的统治,以及德光主张清晰界定辽晋双方各自的人地管辖权,这些都一起帮助辽晋联盟界定和"巩固"了双方的边界。

79

然而,辽晋联盟的这些条款也招致了激烈的反对。941 年,辽朔州节度副使逐契丹节度使耶律画里,附晋。但当晋使至朔州时,他却闭城不开,后为辽军攻陷。辽军为报复契丹将领裹古只战殁城下,尽诛城中丁壮。镇州成德军节度使安重荣则威胁更大。安重荣大斥石敬瑭向契丹称臣纳贡,他杀死辽使,袭击辽的幽州,并上表请求与辽一战。安重荣的建议被驳回,但直至安重荣进军邺都(魏州),他仍居其位,这导致辽一直都在怀疑石敬瑭是否忠心。此次,石敬瑭函安重荣首以献德光。

这些事件强调的是,辽晋联盟是如何让"自愿越境"——挑战当局者的求援——即使存在可能,也无利可图。在这一时期,仅有的由晋入辽的越境显然也是非自愿的。例如,在安重荣事件中被契丹扣留的晋使(♯67),以及朔州城 30 户叛民(♯68)。通过相互拒绝彼此的挑战者,辽晋联盟要求德光与石敬瑭通过外交而不是武力方式解决争端,所以这也预示了后澶渊之盟时代辽与中原王朝的关系格局。但石敬瑭向德光正式称臣是辽晋联盟得以维系的基础,这也正是辽晋联盟毁灭的原因。

后晋的谋臣唆使石敬瑭年轻的继任者石重贵(出帝、少帝,942—947),拒绝承认辽晋的君臣关系。随后辽晋以战争的方式使人们可以重新选择效忠的对象,因而人们可以再一次通过向辽效忠获得好处(图 8)。首先抓住这一机会的便是后晋青州平卢节度使杨光远,他向辽密告后晋的弱点,并计划加入辽的先头部队(♯71)。943 年底,北朝军队在辽南人赵延寿的率领下开拔,

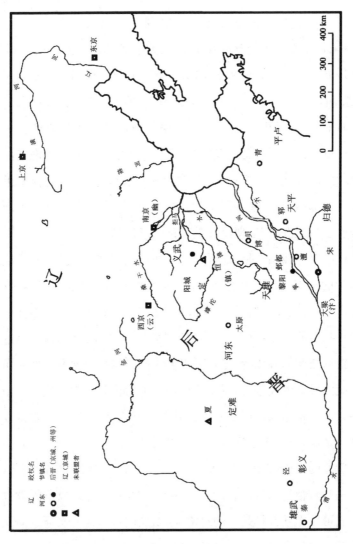

图 8 辽与后晋（943）

赵被许诺立为南朝的皇帝。深怀怨恨和野心的后晋官员自愿臣服于辽,在他们的帮助下(♯72—73),赵延寿的军队深入后晋。但在接连吃了两次败仗之后,赵延寿撤军,杨光远被杀。

在 945—946 年间,辽晋双方并无战事,但在此之后双方又进入了下一个战争期。这时战争培养出来的贼人将自己的地盘牢牢控制在手中,这其中就包括定州的孙方简。* 孙方简最开始效忠于后晋,但他对获得后晋的帮助深感无望,所以转而效忠于辽,并于 946—947 年辽晋战争开始前,借道给契丹,使其安全通过定州(♯84)。

但是孙方简效忠于哪一方并不是最关键的。几个月后,辽将赵延寿被说服,愿意重新效忠于南朝,并答应联合晋军接管燕云十六州。当整个晋军进入该地时,却发现赵延寿实际上仍然效忠于德光。晋军主力被击溃。负责抵抗的晋将杜重威欲降辽,此举激怒了他麾下的晋军将士(♯88—90)。另一位晋将(♯92)以后晋京城汴州降辽。德光仍以冯道为相,并且接纳了京城和地方上几乎所有降辽的官员(♯93—110,119—122)。他们中的大部分仅将辽的征服看作是王朝的另一次更替。在新的王朝里,德光被认为拥有至高无上的统治权,这就要求官员们抛开固有的偏见,去接受辽的统治。仅仅几周后,河东节度使刘知远便背弃了向德光称臣的最初承诺,自立为帝。

在接下来辽占领后晋的五个月里,德光开始将整个后晋的官僚机构北迁(♯111—118,123,126—128)。这使得越境的人数急剧增加,以至于 945—949 年这一时期越境的数量占到总数的近 1/3。当德光在占领中原三个月后率数千官员北归时,他的意图

81

* 译者按,孙方谏,后周太祖时避讳改名孙方简。

很明显。虽然许多京城的官员经历过改朝换代，并在新的政权里官任原职，或者最多被调至南朝的其他地方为官，但像这样背井离乡远徙北方是史无前例的。然而在途中，德光身染重疾，尽管一小部分文人学士与宫女、太监、乐师一道继续北迁，但大多数官员被留于镇州。在臣服刘知远前，绝大多数官员整个秋天都在镇州，当时镇州守军已将契丹将领赶走。

因此，许多开始北迁的人转而效忠南朝，但是他们仍有许多同僚在北朝无法或者也不愿回归南朝。此外，德光也宣称"获得"后晋地区百万余户（♯129）。显然，在征服后晋期间（946年11月—947年5月）有被迫越境的情况出现，我们发现2/5（40％）是"被迫越境"，近1/3（30％）是"非自愿越境"（参见表2）。然而，从另一个角度来看，在所有的越境者中，拒绝为辽效力的顽固分子只占1/3（30％），另外70％的越境者至少具有一定的选择权，这说明大部分被辽所获的人口，很可能是自己选择臣服于辽的，虽然他们通常并不情愿效忠于辽。

德光的北归和死亡在北朝与南朝之间形成了一个权力真空，这又退回了辽晋联盟前的行为模式。辽将萧翰强迫李嗣源幼子李从益领导南方的傀儡政府，但几乎无人为其效力（♯130—136）。事实上，赵延寿通过宣布自己为南朝的统治者与这个朝廷对抗，并以此努力确保自己应得的奖赏。但契丹贵族支持德光子兀欲（世宗，947—951）*，他于五月北归继承皇位。刘知远在南朝称帝建立后汉（高祖，947—948），他已下令全面抗辽。《通鉴》记载，繁重的苛捐杂税导致对辽的抵抗此起彼伏，这为刘知远赢得了大批追随者。

83

---

* 译者按，《辽史》记世宗兀欲为东丹王耶律倍子，作者将耶律倍误作德光。

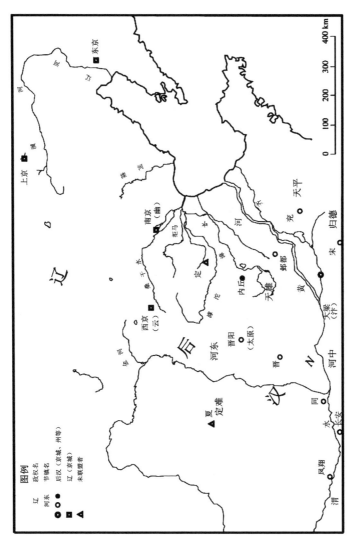

图 9　辽与后汉（948）

　　但是刘知远的统治并不是那么名正言顺。事实上，第一批从辽归来的越境者去了南唐，因为在他们看来南唐是除辽之外最正统的政权。然而，随着辽军撤离，后汉的《实录》便自然地记录了刘知远占领城市，杀死辽使，以及人们普遍转向效忠于刘知远。但他也依然要面对一些顽强的抵抗。他接受了辽军撤退后留守邺都魏州的杜重威的投降，但当刘知远试图将杜重威调离邺都时，遇到了杜重威的抵抗。杜重威占领了邺都，并向以前俘获他的辽将麻荅求援（♯137—138）。在杜重威被处决之后，麻荅引军向北仍借道孙方简控制的定州。直至兀欲要将孙方简调离定州，孙方简才不再效忠于辽，而转投后汉的刘知远。

　　此后，联盟重新回到战前的模式（见图9），随着辽对这些野心勃勃者的援助，辽可利用的空间再一次扩大。948年辽军撤退的最后一个月，在渭河周边有三方力量联合挑战刘知远。河中李守贞寻求辽的援助，并联合长安赵思绾对抗刘知远，而此时在刘知远调集镇压军队之前，他不得不贿赂官员以换取支持。然而，李守贞未能再次赢得辽朝的支持，最终转投南唐。当他们的军队被击溃时，这些挑战者便投降了。

　　辽拒绝应援弱小的挑战者，却与南唐商议联合攻伐后汉。为了抵御随后辽的侵袭，950年新皇帝刘承祐（隐帝，948—951）命郭威为邺都节度使，使其手握重权。这种由于对辽的恐惧而产生的反应恰好使石敬瑭那样的人有了篡权的机会。半年后，轮到先前的忠臣郭威挑战皇权了。然而，郭威先立了刘知远的一个族人为傀儡皇帝，以此继续获得信任，以致当辽人再次来袭时，郭威仍被派去应对此事。郭威的军队在途中拥立其称帝。郭威甘愿放弃任务、班师回朝就已表明辽人侵袭的真实性了。951年，郭威（太祖，951—954）建立后周，冯道仍为宰相。

84

　　身处的情况不同造就了对后周这个新政权不同的反应。挑战者们向另一个最强的政权寻求帮助。辽世宗兀欲虽寻求和平,但与此同时刘知远的弟弟刘崇(世祖,951—954)在晋阳称帝建立北汉,并与辽联盟(♯148)。在辽汉联军进攻后周失败后,辽虽向郭威称帝道贺,但当刘崇请求兀欲正式对其册封时,辽却立即开始扣留后周使节(♯149—150)。此时,定难军节度使李彝殷发誓效忠于邻近的北汉。辽穆宗耶律璟(951—969)即位后,辽汉联盟遭遇了首次失败。同时,北汉人民税负过重,很多人逃入后周的原因也许就在于此,并非如他们所言是由于反感北汉向辽称臣而投奔郭威的。当然,这在无形之中增强了郭威统治的合法性(见图10)。另一方面,北汉河南兖州节度使慕容彦超先向郭威纳贡,随后又于952年加入南唐与北朝联盟一起对抗后周,但未成功(♯151)。

　　虽然这种模式很常见,但情况在不断变化,因为到936年为止,与他人联盟的风险悄然增大。北方既然建立了稳固的政权,那么也推动南方逐渐形成与之相似的政权,这就减少了势力较小的将领在边疆区域内的选择权。在10世纪30年代,很少人能有幸通过虚张声势来与大国平等结盟,于是自愿臣服的情况就开始增多了(参见表2)。因此,石敬瑭与辽的联盟为他赢得了帝国的统治权。但当赵德钧意图取代石敬瑭失败时,赵德钧既可以选择主动向石敬瑭臣服,也可以选择静观其变。因为前一种选择意味着后唐的落幕,所以赵德钧选择静观其变,之后他作为一名败将投向了辽。许多人像赵德钧一样在决定越境前都犹豫不决,这其中就包括一些军队,因为他们的将领左右不了他们的选择(♯43,44)。但几乎没有听说那些具有选择权的人做过积极的抵抗:在这一时期"非自愿越境者"是一些被俘的军队(♯45)和燕云十六州的百姓(♯65)。

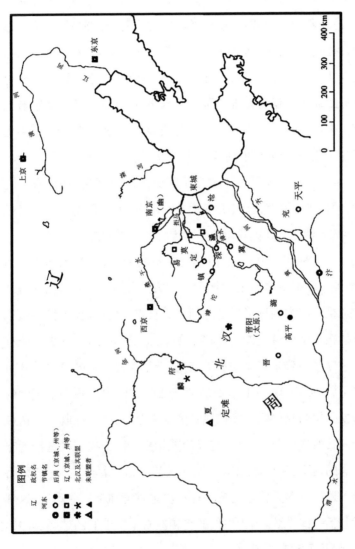

图 10　辽、后周与北汉（952）

石敬瑭时期所倡导的南北二元体系实现时,越境已经不太可能了,但他向德光称臣以及后来 947 年辽攻占后晋,都凸显出了新王朝在建立之后由于过度依赖外来势力的帮助,在礼仪上与政治上面临的困境。① 辽晋联盟末期可以看到"被迫越境"超过了第一阶段的"自愿越境"。这时大量的"非自愿越境"与 936 年形成了鲜明的对比,他们中多半只是在战争期间跟随征服者越境的。这些人不仅包括拥有众多选择且有地位的个体,还包括以自身利益为行为准则的士兵和普通百姓群体(♯78,80,125)。显然,在社会底层不愿易主和能够行使选择权的情况不断发生和显现出来。但有意思的是,与随后的辽晋战争一样,辽晋联盟也同样凸显了南北之间的巨大差异,而正是这种南北双方的二元体系代替了先前的多元体系。

10 世纪后期的战争与国家的形成

后周的统治者以及后来的北宋统治者,比先前更加关注他们北部边界的位置。② 他们在版图上投入了新的精力,明确了忠的边界。这些政策的效果不仅体现在越境的总体比例大幅下降上(之后的半个世纪里越境的数量仅占越境总数的 30%),还体现在人们拒绝易主的意愿急剧增强上。南北双方从局部的相互争斗逐步升级到全面持久的战争状态或临战状态,这些都伴随和推动了以上这些越境方式的变化。

郭威为后周开疆拓土,被公认为是一个有魅力的君主。952

---

① 参见史怀梅《游牧者的需求:劫掠、入侵与 947 年辽的征服行动》。
② 龙沛《战争与北宋的建立》一文,已全面叙述了辽与后周、北宋直至 1005 年的政治、军事关系。

年,他禁止入辽劫掠,希望结束持续不断的双边侵袭,这些侵袭破坏了朝廷对边疆区域的控制。同年冬,辽朝边境的几个州遭遇洪灾,迫使辽朝难民向南流入紧邻的后周治下的河北地区,郭威下令赈济灾民。该年末,麟州背弃北汉而改投后周。

954年,郭威的继任者郭荣(世宗,954—959),在高平与辽汉联军爆发了首次大规模的冲突。北汉刘崇认为他的军队无须辽的援助也可以获得胜利。他希望在这一战中不仅要消灭后周收复南朝,而且要摆脱北汉对辽的依附。郭荣认为只有胜利才可以稳固他的皇位,因此他通过下令屠杀临阵投降的千余名军士,展示出他对忠的强烈渴求(♯155)。这些临阵投降者的死亡明确地画出了一条至少当时士兵不得逾越的边界线。

88

郭荣为了开疆拓土,更为清晰地划定了地理上的边界和思想意识上的分界线。他疏浚河道,修建堡垒,设置驻防,公开表示渴望恢复之前的边界。他令近臣20余人,各撰《为君难为臣不易论》,借此强调臣僚在君主临危时,仍应忠贞不渝。同时,辽也缺乏支持北汉的热情。当辽在955—958年放任后周征讨南唐时,郭荣立即拿下辽的束城和北汉六镇。959年,他沿着新的水路进攻,收复了莫北三关(见图11),守关将士几乎未做抵抗就投降了。在这种坚决执行对郭荣军事效忠的新形势下,那些轻易的投降行为意味着守关者缺少对辽的依恋。这不仅巩固了郭荣的皇位,而且激励着他的军队团结一致。

虽然那年稍晚些时候郭荣的去世立即缓解了对北方联盟的威胁,但一个7岁孩童恭帝(959—960)的顺利即位,依然彰显了后周的强大实力。节度使已不再是影响结果的参与者,只有政权之间和政权内部的关系才是关键所在。因此,南唐试图利用恭帝即位之机,宣布独立,与辽重修旧好,但是后周间谍通过谋杀辽朝

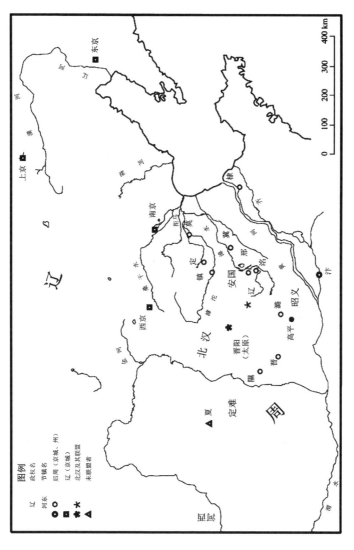

图 11　辽、后周与北汉 (959)

123

派往南唐的使节从中作梗。随后在新的一年 960 年,北方联盟常规的侵袭再次为政权更迭提供了契机。除非由赵匡胤取代年幼的皇帝,否则忠于后周大将赵匡胤的军队拒绝开拔。与之前的郭威一样,僭越者毫不在意来自北方的威胁,而是选择了进军首都,宣告自己为一个新王朝大宋的皇帝(太祖,960—976)。只有一位后周的官员面对郭威的画像潸然泪下,并且寻求北方联盟的援助,但辽汉联军大败。与赵匡胤相邻的南方政权吴越和南唐派出使节以示祝贺,宋承后周基盘而立。

辽朝内部的权力争斗和宋朝对内的政权巩固使得两个朝廷周而复始地关注自己的内部问题,但是赵匡胤像郭威一样,为了扩张试图清晰界定他的边界。赵重申了后周对越境侵袭的禁令,下令归还缴获的马匹,颁布禁令的目的就是稳定北部边界,为征服淮河以南地区提供有利的条件。在接下来征伐南方的整个过程中,赵匡胤对北部边界的政策更为严苛,颁布了几条禁令以反对不受欢迎的贸易行为。

⁸⁹南方政权不愿投降,直到 968 年北汉国主刘钧(睿宗,954—968)卒、辽穆宗耶律璟被害、耶律贤(景宗,969—982)即位,赵匡胤才完全投入对南方政权的征伐中。宋围困并引水淹没北汉都城太原,然而北汉新主刘继元(英武帝,968—979)拒不投降,并处决了一名建议他投降的官员。这明显提升了城内的士气,而且说明在宋朝以外的其他地方忠的界限也是泾渭分明的。然而,宋朝南边的南汉(970—971)和南唐(974—975)迅速陷落。宋辽双方的斗争贯穿这一时期始终,并且宋朝不断表彰守疆护土的有功之臣,最为典型的就是节度使何继筠(卒于 971),据说他熟悉辽的情况并且令辽在疆场生畏长达 20 年。然而,到 975 年为止,宋的疆域大增,辽在南北关系中也不再占有优势,宋辽双方都渴望和

平,因而宋辽交聘开始正常化。

随着在 10 世纪 60 年代的节节胜利,宋逐渐成为越境行为的受益者。北汉的归附者就像涓涓细流源源不断,有时还有辽人来降,如 961 年的契丹将领解利和 969 年宋撤离太原后的契丹十六族。① 当辽不时在宋境劫掠之时(♯165),宋已开始较为有序地大批俘获人口,如 969 年"徙太原民万余家于山东、河南,给粟"和 976 年战役中"俘北汉山后诸州民三万七千余口"②。与其说宋朝的目的是扩充自身,不如说是削弱北汉。

相反,随着辽在北朝将注意力转向与属部的关系上,从 10 世纪 50 年代中期以后的 20 年时间里,由南入北的越境行为几乎绝迹。因此,辽要求归还吐谷浑逃入北汉的 400 户,使人想起辽对石敬瑭也有过类似的要求,并且在东北辽与女真重新恢复到之前劫掠与交聘并存的关系。但无论是从后周/宋还是北汉,由南朝越境入辽者,20 年里仅有 3 人(♯158,165,169),这与辽晋联盟初期源源不断的由后晋入辽者形成鲜明对比。③ 事实上,所有越境入北者最先选择去的可能是北汉而不是辽。北汉是争霸南朝的两个对立政权之一,为所有选择从周/宋越境入北者提供了正当的理由。在实际操作层面上,北汉与周/宋之间有一条狭长的边界。虽然北汉扮演着辽与南朝的联系渠道和协调者的角色,但实际上,越境归附北汉者也甚少。因此,当时越境入北的停止表明不愿改变忠诚的意愿不断增强。因为大多数越境入宋者也都是被掠夺来的,他们并不愿越境,所以北朝和南朝似乎同样存在

91

---

① 《宋史》1:10;《长编》10:234。

② 《长编》10:225,17:376。

③ 这低估了耶律璟在 10 世纪 60 年代扣留北汉使节(♯159—164)的负面影响。同样地,北汉刘继元于 978 年将其子送入辽作为质子,不能被视为越境。

不愿越境的情况。在北朝和南朝，均产生了不愿跨越忠诚边界的行为，这对于巩固政治—地理边界线十分有益。

辽于947年征服后晋，虽然使成千上万的人进入辽朝，但没有任何疆域并入辽的版图。相反，宋于979年征服北汉，虽然完成了它蓄意开疆拓土的计划（见图12），但主要依靠的就是归降。976年对北汉的征伐始于赵匡胤，完成征服的是他的弟弟赵匡义（太宗，976—997），他从四面围攻太原，击败了来自辽的援军。北汉主力部队投降，两位大将逃入辽，但他们并没有改变自己的效忠对象（♯171—172）。最值得一提的就是刘继业，赵匡义对他的褒奖让人想起德光在936年对张敬达忠贞的表彰。但最终北汉的灭亡使得个人的效忠对象重新洗牌，例如，前北汉大将杨业就成为北宋抵御辽的一代名将。

当时，北朝和南朝的策略明显不同。辽不再试图将战场的胜利转化为永久性的军事占领；因此，980年他们在瓦桥关击败宋军后随即撤军。此后，从982年耶律隆绪（圣宗，982—1031）统治辽朝开始，辽朝便陷入了属部民众的反抗之中。相反，赵匡义想要利用980年辽的撤军收复幽州。他集中力量保卫边境州县，从而鼓励农耕。他囤积粮草、修筑工事，这表明宋对固定防御设施的逐渐依赖以及宋已暗自划定了边界。作为对此的被迫回应，辽朝开始更加关注自己的人口，他们准备索要迁入宋的1 000余户居民（♯177）。

各个阶层的人越来越不愿改变他们的忠诚。赵匡义没能颠覆渤海与辽长达半个世纪的从属关系，但986年高丽在辽后方起义，在此支持下赵匡义北伐契丹。在辽迫使宋军撤退前，战火已蔓延至十六州。宋朝名将杨业战败，被辽擒获后，以不食而亡的方式展现了他对宋的忠贞（♯185）。其他将领在撤退时，将全部

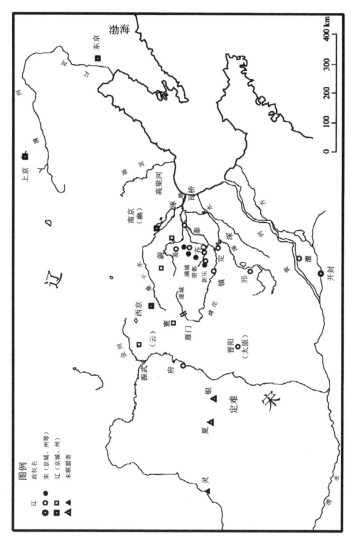

图 12　辽与宋 (979)

民众移至宋境。在该年末，辽军重获胜利，收复了忻州和深州，征召当地人充实了他们所剩无几的军队，并对他们进行常规的军事训练，同时将民众迁回辽。

989 年以后，辽宋双方对和平的渴求带来了一段 10 年的休战期，但是双方的敌意并未消解，原先的战争模式转化为双方对西北定难军的争夺。982 年夏州的李继捧将定难五州献给宋[1]，但是他的族弟李继迁反对归顺宋朝。985 年李继迁在银州自立为定难军节度使，并归附辽，辽确立了他的地位并将一位公主许配给他。虽然李继迁并不是一个积极或是值得信赖的伙伴，但辽乐于将他栽培为宋朝的眼中钉肉中刺。整个 90 年代，两个堂兄弟为了眼前的利益先后效忠过宋与辽。

女真和高丽也企图从辽宋对峙中获益，但是受到了诸多制约。在 10 世纪 90 年代初，他们均寻求宋的军事援助来抵御辽帝国统治权力的扩张，但是赵匡义不愿破坏双方的和平局面。为此，他试图在 994 年正式确立双方的和平关系。因此，女真人被迫再次效忠于辽，高丽加强了与辽的关系，甚至从辽的后族中迎娶了一位新娘。宋和高丽的君主双双死于 997 年，高丽试图重新效忠于宋，但辽的使节支持了一位亲辽的新国王上台。

虽然早先双方的和平既没有被贯穿始终的局部越境劫掠所阻止，也没有被破坏(♯206—207, 209—210)，但是现在耶律隆绪，仍像早期的南方君主一样，不时下令惩处那些越境劫掠者，归还人口、牲畜和战利品。南朝和北朝的君主都想将自己和自己的臣民限定在各自的疆界内。

辽宋双方通过代理人 10 年的暗中角力，于 999 年重又剑拔

---

[1]《宋史》4:68 言仅献四州，《长编》23:519—521 在 982 年五月条下未载此事。

弩张。最终以 1004 年辽人来犯以及稍后缔结澶渊之盟而告终。辽宋交聘重新正常化,为两国提供了一个成功的和平解决争端的途径(见图 13)。① 虽然在第 1 章已经提及誓书的内容,但是在此我们仍然应当关注一些通常较少被引用却能反映边界制度化的内容。沿边人户,"各守"疆界,不得互侵,而且双方皇帝也承诺归还逃人。这些安排意味着一条公认的边界线被优先确立下来;不同的是它不再是通过地方当局协商出来的。双方的誓约划定了这条边界,在这条线上指定了一个名为雄州的点,作为宋向辽交割岁币的地方。虽然在双方皇帝交换的誓书中没有关于榷场的条款,但是誓书强调了这个新划定的边界,并且在一定程度上将其规定为双方的官方榷场。② 澶渊之盟的目的似乎就是要使这种情形固定下来,事实上誓书除用来限制和约束贸易与外交活动外,就是用来封锁边境的。

94

　　1005 年的誓书标志着国家建构的进程到达了顶点,它将南朝提升到与辽在军事和政治上对等的地位上来。后周和以后宋的君主逐渐成为南朝合法权力的唯一来源,他们剥夺了境内官员的选择权,对于军事上的忠诚执行了一条严苛的标准。这个过程中,辽顺利地成为与整个南方统一体对立的他者,从而证明了宋对剩下十国的征服是正确的。由于个体的忠诚直接失去了它的政治意义,所以对于领土的关注涌现出来。誓书的一个条款反映出了两国间不得相互交侵的新型关系,该条款将领土视为决定忠

---

① 参见施瓦茨-席林《澶渊之盟》,40—63,以及该书第三部分盟约文本的翻译和参考文献;梅尔文·斯里克-兰·安《11—12 世纪中国的宋辽外交:决定对外政策的社会与政治因素研究》。
② 参见梅尔文·斯里克-兰·安《11—12 世纪中国的宋辽外交:决定对外政策的社会与政治因素研究》,88 及其以后;斯波义信《宋代的海外贸易:范围及组织》,98—100。

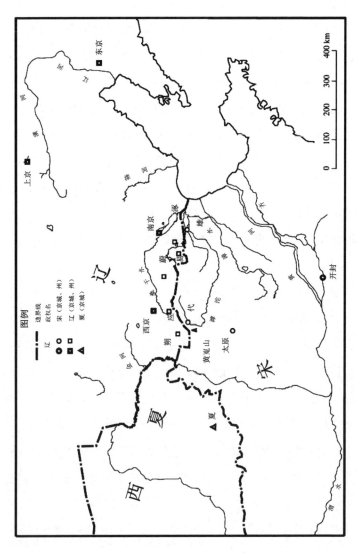

图 13 澶渊之盟后的辽、宋与西夏（1005）

诚归属的最基本因素,所以这彻底颠覆了不到半个世纪前的情形。

对于这个世纪大部分时间来说,个体占"自愿越境"的绝大多数,但在 10 世纪 80 年代的战争期间,宋朝有几拨平民完全自愿地归附于辽,他们没有明确的首领,所以不能被表述为逃亡者(见表 2)。例如,983 年宋边境 70 余村投奔辽(♯176)。三个月后,千余户由宋归辽,他们似乎是被一位南京官员劝归辽的,这很可能是前面 70 余村归降计划的延续(♯177)。另外两个事件分别是 986 年宋 240 人和 989 年宋进士 17 人挈家来归辽(♯184,208)。这就意味着甚至在这一时期,一小部分边民对待辽比对待中原王朝的态度更为灵活、实用,然而我们应当注意所有这些例子都是在《辽史》中发现的。这些越境行为发生在中国历史上极少出现"农民起义"的时期。历史上这样的起义大都发生在地方。如果这些起义被迅速镇压,尤其是同时还发生许多其他事情,那么这些起义就可能不会被文献记载。但也可能,至少边民无须起义,就能够选择归附另一个政权。上文提到的 10 世纪 40 年代孙方简在定州的行为印证了这种可能性(♯84)。

这些普通群体的自愿越境与 955 年以后个人自愿越境的绝迹形成了鲜明的对比。但也有两个例外:一个是在战败被俘后选择投降的宋朝将领(♯205),另一个是为了逃避法律制裁的富有的逃亡者(♯215)。与 955 年以前相比,个人被迫归附的比例也直线下降,总共只有两位将领在 979 年逃入辽(♯171—172)。这说明社会地位和军事地位是选择越境的重要因素。然而,在 10 世纪初,选择越境更多的是社会地位较高的人,通常他们会带着自己的属民一起越境。但是在 10 世纪后半期,个人很少再会选择越境,这就导致了非自愿越境的数量剧增,已占到这一时期越

96

境总数的 4/5。假设地位越高选择的自由度越大，那么统治阶层的行为变化似乎反映了他们某些看法的变化。周宋政权的连续性以及宋代前两位君主前所未有的活力，都使得与政权稳定休戚相关的理想主义型的忠得以复兴，并且它将首先对官员和知识阶层产生影响。

但这种道德上的要求还没有加强皇权控制重要，特别是没有加强对武将的控制重要。宋朝的前两位皇帝成功地剥夺了武将的行政管辖权，以致节度使不再能够控制国家的精锐部队。因而，武将个人的行为不大可能影响他们的辖区和辖区内百姓的迁移。由于武将作用的减弱，导致他们无法再从越境入辽的选择中获益，所以他们不再这么做，因此除宋将郭荣外（♯205），他们不再带走自己的军队。简而言之，虽然越境仍能带给这些武将丰厚的回报，但武将个人已经没有从前重要了。

在 10 世纪后期，因为将领越来越多地抛弃他的士兵或是做出与士兵们不同的选择（见表 3），所以没有将领率领的军队越境入辽的例子也相应增多，这也证明了武将不再重要。与早期形成鲜明对比的是，在宋辽战争期间只有两位官员率军入辽（♯194，205），而且当士兵只能依靠手中的武器时，他们宁愿冒着被俘的危险继续战斗，也不愿投降。从 10 世纪 70 年代中期到 90 年代中期，只有三个在没有将领统率的情况下军队被迫越境入辽的例子（♯203，209，219），但同时士兵因被俘而非自愿越境的情况相当普遍。士兵无须将领鼓励，他们也会坚持抗敌，即使败局已定，将领劝其归降也是没有用的；实际上就像杜重威，据说他让军队投降就违背了他们的意愿。因此，我们可以做一点补充：联盟的消失和被迫越境的减少，在这一时期意味着宋朝军队的各个层级越来越倾向于与辽战斗到底。宋朝作战方式的变化涉及宋代军

表3　军队与平民越境（900—1004）

时间	军队越境 有将领	军队越境 无将领 自愿	军队越境 无将领 被迫	军队越境 无将领 非自愿	军队越境 总计	军队越境 %	平民越境 有将领	平民越境 无将领 自愿	平民越境 无将领 被迫	平民越境 无将领 非自愿	平民越境 总计	平民越境 %
900—904										2	2	
905—909	1				1					1	1	
910—914		1			1					1	1	
915—919	2				2		2				2	
920—924	5			1	6		2			2	4	
925—929	1				1		1				1	
930—934	1		2		3		1			1	2	
小计	10	1	2	1	14	20	6			7	13	21
935—939	8		1		9		6			2	8	
940—944	2			1	3		2			1	3	
945—949	12		2	1	15		7		1	5	13	
950—954	1		2	1	4		1			4	5	
小计	23		5	3	31	45	16		1	12	29	47

续　表

时间	军队越境 有将领	无将领 自愿	无将领 被迫	无将领 非自愿	总计	%	平民越境 有将领	无将领 自愿	无将领 被迫	无将领 非自愿	总计	%
955—959												
960—964												
965—969				1	1							
970—974										1	1	
975—979				3	3							
980—984				2	2			2		2	4	
985—989	3		2	10	15			2	1	8	11	
990—994				1	1					2	2	
995—999												
1000—1004			1	1	2					2	2	
小计	3		3	18	24	35		4	1	15	20	32
总计	36	1	10	22	69		22	4	2	34	62	

134

队的各个层面：上至宋朝皇帝亲自控制的禁军，下至众多较小的镇。这种作战方式的变化可能也促使人们宁愿冒着被俘的危险继续战斗，也不愿站在实用主义的立场上选择投降。[①] 一些材料也暗示，在这一时期尽诛俘虏的暴行在不断增加，这更促使了军队要奋战到底。[②]

决心与敌人战斗到底者由将领变为了士兵，这一明显的变化致使整个 10 世纪几乎没有出现军队在没有将领统率的情况下自愿越境入辽的例子。在整个 10 世纪中仅有一例，那就是刘守光的军队（♯11），他们显然有逃入辽的充分理由。基于此，我们可以推测出普通士兵对越境入辽的态度比他们的将领更加坚定（见表 3）。

除了上文提到的在没有将领率领的情况下自愿越境的特例，在这一时期大部分普通百姓的越境是非自愿的。也就是说，无论是在劫掠中还是在大规模战争中被俘，大部分普通百姓的越境是由被俘所致。与军队越境的情况相似，在 10 世纪早期普通百姓是在将领和官员的率领下越境的，而且通常是被命令越境，但在 10 世纪后期，人们的越境行为在很大程度上不再受他人左右。这些人中大约有 2/3 来自 10 世纪 80 年代末，与此同时，辽朝的

---

① 特别是《宋史》提到更多的是"镇"，并且我们知道后汉郭荣以及他的宋代继任者执行的是构筑防御工事的计划。有关唐代镇的政治重要性参见日野開三郎《唐代藩镇の跋扈と镇将》。有关宋代国家对军队的控制，参见沃西《宋代立国：军事与政治制度的变化（950—1000）》第 4 章、拉巴迪（Labadie）《天子与士兵：北宋的军事管理与掌控，960—1060》（"Rulers and soldiers"）。

② 986 年所有幸存的宋兵被俘至平州，据城未降者，必尽掩杀（《辽史》11：122）；沿边巡徼所获宋卒射鬼箭（《辽史》11：125）；杀获宋俘甚众（《辽史》11：126）；987 年，因其不降，尽杀文安丁壮（《辽史》12：129）。诏禁侵掠意味此事过多已失控。例如，986 年于杨团城诏禁侵掠（《辽史》11：126）；988 年，因过渡劫掠受罚（《辽史》12：132）。989 年初以降，辽军劫掠似乎已得到严密控制。

边官大规模地叛辽,他们将辖地献给宋以示效忠。俘虏作为辽武力收复失地的结果,虽然他们反映出宋朝野心的失败,但他们也使人们产生这样一种感觉:宋朝的各个阶层都有这样一种野心。《辽史》孜孜不倦地记录这些越境行为表明,辽对获取人口的重视。但许多普通百姓的越境并非由朝廷的直接行为所致,而是源于地方上的越境劫掠,这很可能比战争对百姓群体影响的时间更长。① 史书中记载了两个向对方赎回被掠夺人口的例子,这种赎回方式是边疆生活的常态(♯165,211)②,澶渊之盟的誓书中对这类事情做了明确的限定,由此可见它的数量与规模之大。

其他的越境方式

我们必须在这样的背景下思考越境行为,也就是人们抵达辽后,在他们身上会发生什么。对于自愿越境者和统治阶层中的个体而言,可能由越境带来的结果已成为他们做决定的一个因素。但是,多数的群体和地方百姓没有统治阶层那样的选择权,并且绝大多数人发现自己通常是被迁移到特地为他们而建的州城中

---

① 参见史怀梅《五代时期的劫掠与边疆社会》。跨文化比较意味着这种行为在边疆地区普遍存在;参见中世纪后期威尔士[里斯·戴维斯(Davies),《分裂社会中的边界划分:爱尔兰和威尔士》("Frontier arrangements"),93]、爱尔兰[凯瑟琳·西姆斯(Simms),《游吟诗人与男爵:盎格鲁—爱尔兰的混血贵族和本土文化》("Bards and barons"),190]和卡斯提尔—格拉纳达边境(Castilian-Granada frontier)的例子[希门尼斯(Jiménez),《卡斯提尔王国的边疆与殖民》("Frontier and settlement in Castile"),70];安格斯·麦凯《中世纪晚期卡斯提尔—格拉纳达边境的宗教、文化与观念》("Religion, culture and ideology"),219—220;尤其是卡斯塔尼亚(Castañer),《卡斯提尔—格拉纳达的边境制度》("Institutions on the Castilian-Granadan frontier"),137—139。

② 又见《通鉴》281:9181;《辽史》11:120—121,12:133。

的。① 在那里,辽廷鼓励他们稼穑,找出并雇用他们中的工匠。通常军队和小股士兵被重新纳入辽朝的军队,有时他们以原编制被纳入辽军,有时他们被重组或是分散纳入新将领的麾下。

但是对于个体而言,辽可以给予他们同样或是比另一个边疆政权更多的好处。绝大多数文献记载的个体越境者都从他们的易主行为中获得了相应的好处。他们的命运立刻发生了改变,这可以从附录的记载中得知。总而言之,他们最次也是官任原职,只不过给他们下命令的人发生了变化。越境者的忠诚在辽遭到了怀疑,因为一小撮辽军或类似监察的人密切监视这些新归附的人,例如,在卢文进亡归南朝后,契丹派遣其亲将以 300 骑前往卢龙监视他的继任者张希崇(♯12)。多数情况下,辽对越境者进行物质奖励,如黄金、绸绢等,因为这些便于交易。越境者进入辽的统治阶层也很寻常。从 10 世纪初直至征服后晋,高级将领被任命为令人尊敬的朝廷高官,以及被任命为节度使和留守一级的地方大员是相当普遍的。在辽征服后晋之后,个体越境者几乎绝迹。因为官员没有以前重要,所以对他们的记载也不再详细。但就我们掌握的材料,表明因越境入辽而被加官进爵的现象仍然存在。潘聿撚、赵安仁和王继忠在辽身居高位(♯147,158,217);大将郭荣似乎仍居原职;六位被俘的文人获得了官职(事迹具♯211之前的例子);王继恩和武白在辽的事业蒸蒸日上(♯218,225)。

随着时间推移,越境者的境遇也急转直下,他们的结局多以死亡告终,许多越境者既不愿听命于辽,也无法融入当时的环境。从 10 世纪伊始到辽征服后晋的这一时期内,出现了两位自杀者,显然这两人面对的压力是导致他们自杀的原因。这两人分别是

---

① 迁居的范围参见《中国社会史:辽(907—1125)》,62—83。

李继达和皇甫遇。当李继达面对父兄因在后唐谋反而被杀时，他
被迫投奔契丹，途中"从骑皆散，乃自刭"（♯37）。皇甫遇不受辽
命，在绝望中绝食而亡（♯98）。但他死得太早以致未能看到他的
同僚张彦泽的下场。张彦泽向辽效忠，代表德光占领后晋都城。
他纵兵大掠两日，为一己私利而杀害宰相桑维翰等人。为此，德
光将其斩首于市，民众争其肉而食之（♯92）。

在辽宋战争期间，辽更多的是在仪式上杀俘献祭，以此祈祷
获胜，辽屠杀俘虏的记录仅有四例，还都集中在 980—987 年这七
年时间里（♯175，♯183 之前的例子，♯186 后面的例子，♯
196）。① 此后，也有几个事例反映辽人优待俘虏的情况，比如赐
给他们裘衣和对其赏赉（♯203,219）。在此之前，我们只听说过
一次俘虏被杀的事件，那就是冀州数百丁望见周军鼓噪不已，被
辽人尽杀之（♯152）。残忍是不可否认的，但也是可以理解的。
此外，还有两个间谍被处死的例子，但也必须承认为此捐躯是这
项工作的风险之一。

事实上对于相当大一部分越境入辽者来说，南方政权是他们
的首选，这导致一旦他们有机会便返回南朝，因而在他们中重返
南朝的比例相当高（见表 2）。这些人通常都是以个体为单位返
回南朝的；我们只知道少量以群体为单位返回南朝的。例如，束
城、栾城和武清的平民（♯65,85,211），曾在后晋为官者，被俘于
博州的 67 名士兵（♯73），以及数百名被同伴所救的宋军（♯
169）。显然更多的人希望返回南朝，同时几次失败的尝试也被记
录在案（♯34,41,57,98,126,158,217）。但我们只将真正返回了
南朝的那些人统计在内。如果撇开北汉使节被辽滞留的那些非

---

① 有关在仪式上献祭的记载，参见《中国社会史：辽(907—1125)》，268。

常态的例子,那么我们记录的越境者中有 51 人返回南朝效力,几乎占到总数的 1/4。从 912 年前后至 947 年这一段时间内,除有两例相关的记载外,返回宋朝的记载在减少。① 在这一时段内,返宋与越境入辽者之间的比例在近 1∶4 至 3∶5 之间浮动。947 年以后,除北汉使节外,仅有少得可怜的三人返回宋朝,这对于返宋人数急剧下降的总体趋势而言于事无补。

显然在 10 世纪的前半段返回南朝可行性较大。我们也许以为那些完全违背了他们的意志被带入辽的人最有可能返回南朝。事实恰好相反,那些选择越境入辽的人后来更有可能重返南朝。在那些返回南朝的人中,无论他们是完全自愿还是被迫选择越境入辽,超过 3/5 的人都在最初越境时为自己找了一些很好的借口。只有微乎其微的返回者在最初越境的时候没有任何压力。 *101*

返回南朝的人中,自愿越境入辽者占有较高比例,这意味着那些南人越境入辽的方式直接影响了辽朝对待他们的方式。似乎那些最初显示出较强意愿入辽的人,辽给予了他们更多的自由。也许辽对那些自愿入辽者比对那些极力避免入辽者更为宽宏大量。这些自愿越境者中一部分人利用了他们的自由返回南朝,这可能也是辽为了鼓励那些自愿越境者为辽效力所愿付出的代价。如果一个人自愿选择留下来,那么辽必定能够得到一个赖以信任的效力者;如果他们选择返回,那至少辽也排除了他们是否效忠于自己的不确定性。至少直至 10 世纪中叶,辽给予的迁徙自由与另一个政权所允许的自由没有什么不同,因为在这一时期,另一个政权也加入了对边疆控制的行列。君主们都设法利

① 这两个例外为♯14、137。除北汉使节以及上面提到被援军所救的宋朝士兵外(♯169),还有一人于 965—969 年期间南归。

诱其他政权中的精英,所以他们也一定会因为其他政权为精英提供的更好的前景而失去自己的精英。因此,如果他们想要获得精英,他们也必须准备冒着失去精英的风险。即便这些压力未能提高对效力者的回报,那么,它们似乎也对改善效力者的效力环境起到了积极作用,而且有助于使统治者认识到广泛吸收精英的意见并与之达成共识的必要性。①

当双方意见不一时会发生什么,也许割据一方的幽州节度使刘守光的下场便是最好的例子。911年刘守光称帝,据说他将刽子手的斧锧置于廷前,目的是恐吓那些想投降的官员。但当太原的晋攻打幽州时,刘守光的军队、属民和官员悉数出逃。显然史家对刘守光暴力胁迫官员的行为很愤怒,并且对他的败落很高兴。他们的记载反映了君臣关系的传统理想,但是在这一时期不同以往的是,官员能够以实际行动支持这些他们所宣称的传统理想,而不仅是口头上说说。他们可以为了自己的意愿行使一些权利,但实际上他们很少那么做。

文化类型

正如第1章阐释的,本书的前提是族性在这一时期并不是一个决定性因素。然而,因为有太多史书讨论"汉人"与"非汉人"的对立,所以有必要结合以上术语来简要讨论一下我们使用的材料,即便讨论的结果也只是为了说明这些术语并不适合用来解释

102 当时的情况(见表4)。

---

① 参较尤锐《忠奸之间:先秦君臣关系及忠君观念的演变》。

表4 "汉人"与"非汉人"的越境(900—1004)

"汉人"					
时间	联盟越境	自愿越境	被迫越境	非自愿越境	总计
900—934	4	6		4	14
935—954		12	17	6	35
955—1004				6	6
总计	4	18	17	16	55

"非汉人"					
时间	联盟越境	自愿越境	被迫越境	非自愿越境	总计
900—934	3	1	1		5
935—954	5	7	1	5	18
955—1004				1	1
总计	8	8	2	6	24

在我们的记录中,仅有1/3的越境者能够被追溯到来源。这些人中仅有70%能够被确定籍贯,所以这也就意味着他们是"汉族"的后裔,而剩下来的越境者被史家分别归入这个或那个邻近的"非汉人"群体中。"汉人"与"非汉人"这两个群体在选择越境上同样积极,自愿越境者均占到各自总数的1/3。[①] 然而"非汉人"与辽结盟的情况可能是"汉人"的五倍(1/3 对 7%)。这可能是"非汉人"对草原权力结构理解得更为深刻的结果,因为草原权力结构的基础是联盟而不是等级制。或者说,"非汉人"的首领寻求的联盟与"汉人"臣僚给予的忠诚在功能上可能是一样的,只是它们基于两个不同的传统。或者简单地说,那些没有深度浸染帝

---

① 虽然家谱通常都有虚构的成分(姜士彬,《望族的最后岁月》),但表面上至少可以表明一个人的血缘关系。

国官僚传统的人，更有可能激发出自己的野心。这使得他们不愿完全臣服于他人。

虽然被称为"汉人"的那些人也许更不愿越境（见表4"被迫"一列），但是这种类型的越境者恰是在辽两次入侵南朝时（936和947）越境入辽的。这些不愿越境入辽者是因为他们是抵抗群体中的一员，而不是因为他们是一个特定的文化群体中的一员。越境入辽的"汉人"好像也是离开辽重返南方政权的两倍（42%对21%）。这明确地反映出越境者所处的整体环境，在这个环境中自愿越境的那些人更有可能返回南朝。"汉人"返回者的比例也许反映了他们心系南朝的程度，但是我们很难从统计数据中找到相关依据。

总之，绝大部分越境者是"汉人"，他们可能同其他人一样也是自愿越境入辽的。许多"汉人"不愿越境入辽的事实，反映的是他们自身所处的环境而不是他们的文化归属感。同时，许多"汉人"返回南朝，也是符合自愿越境者更有可能返回南朝这一总体趋势的。很明显，大多数"汉人"发现，与他们那些"非汉人"同僚一样，对他们来说为辽效力不再是个问题。我们将在构成我们研究主题的个案中，重述这一观点，并且看看它是如何变化的。

克里斯蒂安·施瓦茨-席林注意到澶渊之盟是越境的终点[1]，但是我们必须回到10世纪看看发生了哪些变化。10世纪初，将领和地方官员个人在决定边疆区域的政治边界线上扮演了重要的角色。在10世纪后半期，他们迁移的自由以及向谁效忠的自由逐渐受到越来越多的限制，因为在这个地区角力的多个对手逐渐整合为辽宋两个对手。到11世纪初，帝国中央政府已经

---

[1] 施瓦茨-席林，《澶渊之盟》，56—57。

接管了他们原先共有的边界地区,并且中央政府能够进一步阻止
任何不是君主的人改变效忠对象的行为。虽然双方已确立边界,
但很明显在边疆的大多数地方,人们仍可以相互往来,当然这些
往来多是以经济活动为目的的。① 边疆已失去对历史事件的影
响力,影响力的中心已移至内部,有两点可以作为中心内移的标
志:皇帝不仅从战场上转移到遥远的深宫,而且宫廷礼制疏远了
皇帝与臣僚的个人接触。早年的多重选择已被压缩至单一的二
元选择,这种单一的二元选择巩固了澶渊之盟确立的边界线。边
界概念的出现以及对它的不断维护,巩固了边界线所代表的政治
实体,因为边界的概念对忠的构成以及将忠置于何处做了一个更
为严格的重新界定。如果将生活和劳作在边疆地区的人排除在
外,那么 11 世纪边界的历史就是两个政治中心竞争与合作的历
史。随后的个案研究使我们重新认识这些变化,并以此来探究在
10 世纪以及后来的史书编纂中,随着对边界的重新界定,人们对
忠是如何重新评价的。

104

---

① 蓝克利,《政治与地理论辩:1074—1075 年的宋辽边界谈判》。

第二部分

为辽效力——人生

第4章 边疆地区的忠——缔造者与儒家

一些年后哈拉尔德国王给[哈铎尔(Halldor)]带去一条消息,让他回到挪威与他待在一起。国王说将给予哈铎尔和以前一样的荣誉,并且如果他接受邀请回到挪威的话,王国将给予他任何普通人都无法企及的高位。

——《拉芬克的传说(13世纪)》[*Hrafnkel's saga*(13th cent.)]

在辽与南方政权建立关系后的最初阶段里(约900—936),韩延徽和张砺分别在这一阶段的初期和末期越境入辽,那时边疆区域就是一个含混不清的中间地带。韩延徽越境到新兴的辽王朝,在那里他做出了重要的贡献,建立起一套唐代的管理体制。虽然张砺入辽是在这一阶段的末期,但他在当时已先后为多个南方政权效力过,而且他是以正直著称的儒家典范。韩、张二人必定相互认识,因为从10世纪30年代开始他们便一同效力于辽。在一系列相互承袭的史料中,我们发现这些史料强调的重点在不断变化。在这些史料中,我们可以看到韩延徽与张砺在不同时间和不同情况下做出了种种不同的选择。这些不同选择共同阐释了在10世纪初的边疆地区,边界与忠之间可能会形成一种怎样的关系。对于过去历史的解释在不断变化,也在某种意义上向我们展示了,后来的史家是如何试图理解那些并不符合后来主流意识形态的选择的。

为辽效力

韩延徽的材料相对较少,有些还不可靠。[①]《旧五代史》甚至都没有他的记载,欧阳修在《新五代史》中也只是对他做了简单的勾勒。但是欧阳修还是值得称道的,因为他将韩延徽从尘封的历史中解救了出来。(虽然考虑到欧阳修在写作时有其道德动机,但我们想他这么做应当有自己的理由。)《资治通鉴》另有大量关于韩延徽的记载,许多可以在《契丹国志》以及之后的《辽史》中找到,当然《辽史》也有其独有的材料。

韩延徽生于黄巢起义时期的边境幽州(在唐被称为卢龙),身处一个要对忠做出频繁选择的世界。[②] 在韩延徽 25 岁时,他与父亲已至少给三位将领效力过,其中两位将领是以篡权上位的。在幽州境内,长久以来就有节度使世袭割据的传统[③],离韩延徽

---

① 齐心,《韩延徽族世系》。韩延徽出现在如下文献中:《旧五代史》60:805;《新五代史》72:890、898;《通鉴》269:8810、8811,275:8989、8993,281:9188;《契丹国志》1:2、6,2:11、13:138,16:160—161(《传》及《论》);《辽史》2:22,47:77、777、782,59:926,71:1199—1200,74:1230—1232(《传》),75:1243(《论》);《册府元龟》1000:11(《五代会要》29:455);《奉天通志》(1934、1982)102:2330b,138:3179b;《辽大臣年表》2、3、4;《辽诗话》A:14a;《辽史纪事本末》5:109—118;《辽史拾遗》20:385。《新五代史》很可能有其独立史源,因为在《旧五代史》中非皇族的《传》被认为很大程度上未被改动过,这也就意味着欧阳修的材料来自其他地方。虽然对韩延徽的记载始于幽州,但单独记载幽州政权的材料未能保存下来;有关他在后唐以前的记载较为简略,因为那时他还没有参与重大事件之中,所以没有引起人们的注意。

②《辽史》74:1232 明确记载他生于幽州东南的安次,卒于 78 岁。

③ 参见彼得森《安禄山叛乱后的东北藩镇割据》("Autonomy of the northeastern provinces")、梅兆赞《河北的叛乱:唐代节度使的成功谋反》("Rebellion in Hopei")。

最近的是李茂勋家族，统治时期为 873—885 年，后来由与李茂勋毫无亲缘关系的李全忠接管幽州。① 这些家族的节度使任命韩延徽的父亲韩梦殷相继为蓟、儒、顺三州刺史。②

895 年，韩延徽 13 岁，新任幽州节度使李匡筹被扈从官刘仁恭取代。我们无法知道韩梦殷对此次易主的反应，也不知道在他身上发生了什么，但是我们知道在此之后他"少有英才"的儿子韩延徽因得到刘仁恭的赏识而获任用。韩延徽的职任要求他必须完全或是绝大部分时间待在这个区域的中心幽州，并且有一段时间他与冯道同在祗候院效命。③

在随后的 907 年春，刘仁恭被其子刘守光取代。虽然韩延徽曾得到刘仁恭的青睐，但他转而为刘守光效力，在其手下任参军一职。④ 虽然为原来主人的儿子效力并无不妥，但刘守光的篡逆行为似乎使这一问题复杂化。《辽史·韩延徽传》对此保持了沉默，也暗示了这一点。出自对韩同情者之手而且可能后来未被改动过的《韩延徽传》，也仅是轻描淡写地记述了韩延徽主人的谋逆行为，这反映了当时人们的实用主义精神。在那种环境下，韩延徽选择留任原职无可厚非。唯一吸引我们注意的是，这与后来的行为标准形成了鲜明的对比。

---

① 参见《旧唐书》180：4680—4683。

② 《辽史》74：1231。

③ 有关藩镇的组织结构，参见日野开三郎《五代镇将考》与周藤吉之《五代节度使の支配体制》。

④ 《新五代史》72：890；《契丹国志》16：160。刘仁恭早先已任命他为录事参军（《辽史》74：1231）。我们不清楚刘仁恭是命韩延徽仍任旧职，还是另授其参军一职（此处参军为录事参军简称）。《辽史》未言及其权力有所变化，故而我们认为韩延徽仍任旧职。

在辽的早期成就

相反,韩延徽的到来和他在辽初的成就被认为相当重要,以致在四种文献中被记载了七次。[1] 所有人都认为刘守光很可能是在 907 年派身负重任的韩延徽去与阿保机交聘的。[2] 韩延徽见阿保机不拜,阿保机怒,留之不遣,使牧羊马。后来,韩延徽被阿保机召见,并深得其义,阿保机用以为谋主。在其新任上,韩延徽以唐朝的管理模式,监管安排南朝流民在辽定居。他还帮助阿保机"平定"了诸部。[3]

以上仅有的这几件事不仅表明韩延徽已做好了面对强权的准备,还表明他是一个值得肯定且干练的管理者,具有领导才能,能够白手起家。这也是那一时期的统治者看重汉官的地方。这些事没有告诉我们他对自己的处境和选择是怎样的感受,但是通过分析文献中对这些事的解释,我们一定会有所收获。因为这些文本历经了三个多世纪的编纂和修订,所以每一次的编纂与修订都会体现出不同的关注点。通过将这些关注点不断变化的材料与早期的记载对比,我们即使不能深刻地理解 10 世纪本身,但至少也能深刻地体会到:对于最早记录韩延徽这些事的人来说,这些事并非那么重要。

《通鉴》记载了韩延徽在辽的早期经历,它将韩延徽描述为一

---

[1]《辽史》记载两次,《契丹国志》记载三次。见下文。

[2] 司马光没有采纳《汉高祖实录》记载的出使时间,而是将时间系于 911 年末或 912 年初,因而造成了一些混乱。他的论据是刘守光与契丹长久以来互有敌意,除非在生死存亡之际,否则他不会向辽求援。有关出使时间的进一步讨论,参见史怀梅《由中原北部到辽的越境之举,约 900—1005》,111—112。

[3] 虽然"Tribal"是个有问题的词,但在此仍被用于翻译"部"和与之相近的词语。我这么用并不是说在这一(或是任何)时期的边疆地区存在单一的族群社会。

个守节不屈之人,对阿保机的文明开化起了很大作用;同时还将他描绘为一个推动南朝归附者在辽定居之人。在某种程度上他也是一个天才,因为司马光倾向于将韩延徽抵达辽的时间定在911年冬至912年。从911年冬截至913年,除其他事情之外,韩延徽在最多两年的时间里,出色地完成了一系列事情:牧马于野、获得阿保机任命、推动南朝归附者定居、帮助阿保机平定诸部以及为辽开牙建府。①

《通鉴》对《旧五代史》的记述做了重要的补充,这些重要的补充也为后来的文献所沿用。《通鉴》的这些补充赞扬了述律后对阿保机的建议,她向阿保机指出应当利用韩延徽的长处,而不是用一些卑贱的劳筋苦骨之活来侮辱他:"述律后言于契丹主曰:'延徽能守节不屈,此今之贤者,奈何辱以牧圉!宜礼而用之。'"②这对强调韩延徽的品质是一个贡献,比《新五代史》记载详细,因为《新五代史》仅仅只是说皇帝"知其[韩延徽]材"③。《通鉴》没有批评韩延徽辅弼阿保机,却暗示他守节不屈。韩延徽的守节不屈使其成为"今之贤者"(这也是我要强调的)也是具有重要意义的。而且,司马光选择述律后所表达的观点,说明司马光也认为:在辽政权内的一些人(包括女性)也公认守节不屈是衡量越境入辽者的标准。

但用这个故事来说明守节不屈是10世纪初所展示的或是得到公认的价值观,是不妥的。因为这仅是一个将最早一批为辽效力的南人作为蛮夷开化者来展示的经典故事。作为一个未开化

① 王缄死于913年十二月(《旧五代史》60:806),说明韩延徽完成这一系列事情不应晚于此,详见下文。
②《通鉴》269:8810;也见于《契丹国志》13:138,16:160;《辽史》74:1231,71:1200。
③《新五代史》72:890。

的独裁者,阿保机一开始并没有一个用人的标准。但随着阿保机将韩延徽的例子作为学习的催化剂,同时在述律后明智建议的促进下,他开始认识到道德,并且学会以此来选择良臣。虽然司马光将阿保机的转变归功于韩延徽,但他还是将阿保机与那些无法应对越境事宜且反复无常的暴君区别开来。他将阿保机归为一个能够看到守节不屈这一优点、愿意向臣僚学习并奖励他们功绩的明君。因此,臣僚为君主忠心效力巩固了君主的统治。通过展示这些,司马光已经默认了阿保机作为辽朝皇帝的合法性。因此,欧阳修没有记载此事不仅意味着他不愿承认阿保机有这样一个学习过程,还意味着与故事里的主角以及与其同时代的司马光相比,欧阳修在文明与野蛮之间画了一条更为严苛的线。

似乎司马光看重的是韩延徽为辽开创了一个稳定的局面。《通鉴》是第一本告诉我们韩延徽为安置南方民众做出贡献的史书。在阿保机新近获得的这些南人中,大部分人可能是被阿保机俘掠入辽的,也有许多人是作为流民或是因刘守光的暴政入辽的。[①] 韩延徽"始教契丹建牙开府,筑城郭,立市里,以处汉人,使各有配偶,垦艺荒田。由是汉人各安生业,逃亡者益少"[②]。他被视为一个能给民众带来安定生活、为百姓带来福祉、减少流民的人,他所做的这一切又反过来促使了税收的增加。简而言之,他实现了儒家理想中强国与富民的平衡。《通鉴》使用"汉人"一词,可能是司马光在暗示韩延徽帮助的是自己的同胞。但是很明显,韩延徽在此关注的不是自己的文化属性,而是百姓的纳税能力。在此,他只是辽朝一介勤勉的官员。

然而,欧阳修通过强调文化差异来展示韩延徽作为臣僚的美

---

① 参见宋德金《契丹汉化礼俗述略》,129;尹克明《契丹汉化略考》,495。
②《通鉴》269:8810;《契丹国志》1:2,16:160。参较《辽史》74:1231。

德。虽然所有文献都记载韩延徽帮助阿保机平定与辽相邻的"诸部",但是《新五代史》特别提及:阿保机"平定"党项和室韦两大部,完全是出于韩延徽的计策。可是《新五代史》却没有记载他在 ¹¹⁰ 安置汉人和行政管理方面的功劳。① 所以虽然欧阳修并不认为韩延徽为辽建立了唐制,但就韩延徽平定那些尚不及阿保机开化的"夷狄"而言,他则被欧阳修视为官员的楷模,因为他使世界变得有序。奇怪的是,韩延徽与任何已知的"平定"党项和室韦的记载都对应不上。② 《通鉴》和《契丹国志》仅说征服"诸部(国)"。因此,欧阳修夸大了韩延徽在征服诸部中的作用,目的就是支持自己的观点。

《辽史》强调的是制度而不是道德使命,才是对国家进行有效管理的基础。很明显韩延徽负责"营都邑,建宫殿,正君臣,定名分,法度井井"③。《辽史》三次提及韩延徽是辽朝财政制度的建立者,并且提到他曾任幽州观察度支使,也意味着他有财政工作的相关经验。④ 因此,我们认为辽朝需要的只是一个专家,因而无须考虑这个专家的道德是否高尚,也无须考虑他是汉人还是蕃人。

在《辽史》中,韩延徽的积极主动充分地反映了作为君主的阿保机不仅擅长选任臣僚,而且信任他的臣僚。但是韩延徽为阿保

---

① 《新五代史》72:890;《通鉴》269:8810;《契丹国志》1:2,16:160;《辽史》74:1231;《五代会要》29:455;也见于《册府元龟》1000:11a—b。

② 似乎在 916 年七月前没有辽攻击党项的记载,并且也没有 909—965 年间攻击室韦的记载,《辽史》1:4—8 没有 911—913 年攻击诸部的记载,《中国社会史:辽(907—1125)——辽代大事纪年表》(Liao chronology),574、575、581 对已知的进攻时间做了简要梳理。有关进攻诸部时间的进一步研究,参见史怀梅《由中原北部到辽的越境之举,约 900—1005》,114—115。

③ 《辽史》74:1232;参较《辽史》59:926。

④ 《辽史》74:1231。

机效力的热情更意味着韩延徽忠诚的转变，这在所有文献中都记载得很清楚。从纯粹实用主义的角度来看，这是一个明智的越境行为。韩延徽先前的主人刘守光，不仅危险而且野心勃勃。911年在他遭到来自太原晋的猛烈进攻之后，他的政权已岌岌可危。没有人再会回到他那里。对于韩延徽来说，接受现实似乎是明智的，他发现自己幸亏在刘守光政权最后崩塌前逃了出来。我们也应当明白在一个藩镇的政治结构内能够获得的升迁和机遇是有限的，韩延徽要么越境进入一个帝国的朝廷任职，要么足够幸运能给一位赢得这个帝国的节度使效力，但这根本是一件无法预知的事情，也是一件完全不能指望的事情。

但也有一些其他促使韩延徽越境入辽的因素。在辽，韩延徽发现自己深受欢迎。他处在一个令人激动的位置上。在这个职位上，辽朝放手让他从无到有地为新王朝设计一套新的治理模式，他似乎也有志于去完成这一切。从统治者的角度来看，像韩延徽这样有着实际经验的人在辽朝初创阶段千金难求。阿保机为巩固自己的统治，需要农耕人口的归附，因而对待他们的方式与对待被征服的游牧人口不同。当韩延徽承担这项任务的时候，他只有二十来岁，因此他的管理经验一定是有限的，但是他愿意承担更大的责任，去做那些被认为需要做的事情。更重要的是，我们必须承认他深刻地理解了边疆地区社会的多样性。这里混合着农民、牧民、商贾、各种语言，以及各种文化的变体。韩延徽成长于卢龙/幽州的一个官宦家庭，在那里他获得了人生第一个官职，这些不仅给予了他管理农耕人口的经验，还使他熟悉了游牧者的生活方式和需求，因为经营与游牧者的关系也是作为边境刺史的韩延徽的父亲所要处理的政务之一。

这些记述也表明：在韩延徽所处的时代，君主诱使别人的追随者转向效忠于自己的能力,至少在一定程度上决定了君主自身的权力。阻止像韩延徽这样的官员选择另一个主人是一件困难和微妙的事情,需要安全和生活上的激励机制。此后的三种文献都提到阿保机以韩延徽为谋主,因此对其"举动访焉"①。实际上,对于臣僚而言,他们并不受边界的束缚,他们有选择主人的自由。每位君主或多或少都会给予侍臣一些奖励和机会。一个重要的臣僚可以利用自己的稀缺性获得更好的待遇和更高的职位,韩延徽就是获益者之一。因此,他是这一时期实践互惠互利型忠的各级臣僚的典型代表,也是政治分裂时期的典型代表。在阐释这个互惠互利型忠的时候,虽然所有文献强调的重点均有所不同,但它们都清晰地表明:阿保机的魅力赢得了众多非契丹的臣僚和将领来为其治国。即使 11 世纪的史家以 11 世纪的标准,试图将辽的成就归功于南人,但他们仍然无法逃避这样一个事实:那些在此被讨论的南人将自己的忠诚献给了一位北朝的君主,这么做本身就证明了那位君主的合法性。

离开与返回

韩延徽取得的成就、肩负的重任以及对阿保机的依恋,以上这些东西正在变为过去,因为在征服诸部和安居汉人之后,韩延徽向南"逃奔"到李克用之子、后来成为唐庄宗的李存勖那里。② 112

---

① 《通鉴》269∶8810;《契丹国志》1∶2,13∶138;虽然很明确《辽史》对韩延徽的记载源自《通鉴》与(或)《契丹国志》,但此事未载于《辽史》。这一故事出现在《辽史·韩延徽传》与《述律后传》中,两传均各自对先前的记载有所改动,也就是说两传的编纂在某些地方是相互独立的;《辽史》71∶1199—1200,74∶1231。

② 《辽史》74∶1231 将时间弄错了,事实上韩亡归后唐发生于 923 年。《辽史》略有改动,用了"亡归"一词。《通鉴》用"逃奔"(《契丹国志》沿用该词)隐含着从家乡逃至另一地的意思。

韩延徽的这次逃离通常被作为他心系南朝的证据，甚至是作为他渴望为汉人君主效力的证据。① 然而，这个证据很难持久成立，首先是因为李存勖并不是汉人而是沙陀人，其次更重要的是因为韩延徽后来又自愿返回辽朝。如果我们再一次将韩延徽的行为看作是对互惠互利型忠的实践，那么韩延徽逃奔至太原的意义则更为重大。唯一与韩延徽早期入辽不同的是，这一次他越境进入的是南朝而不是北朝。

当时李存勖要为自己塑造一个明君的形象，韩延徽的辅佐有助于他实现这个更高的目标，同时韩延徽本人也由此获益。② 不幸的是，韩延徽在太原与王缄闹翻，惧不自安，求归幽州省母，此时幽州仍在刘守光的控制下。当韩延徽被朋友问及打算时，他回答要重归辽朝。他对此无所畏惧，因为他是这个王朝不可或缺的。阿保机闻其归来大悦，这证明韩延徽是对的，而且他获得了更高的职位。③

但我们无法确知韩延徽做这些事的时间。韩延徽的对手王缄于 913 年 12 月被杀④，而我们既不知道韩延徽前往太原的确切时间，也不知道他离开那儿前往幽州的时间。但我们知道的是韩延徽已于 916 年返回辽朝。因此，极有可能是他并未离开幽州而在此停留了一段时间，直至王缄死去才前往辽。这就引发了一个有趣的问题。如果韩延徽直至他的政敌王缄死去才离开幽州前往辽的话，那么政敌的死则保证了他即使返回太原也高枕无忧，所以这也就意味着王缄的嫉恨只是韩延徽找的一个方便其回

---

① 例如，王成国，《辽朝的二韩》，89。
② 参见史怀梅《剑桥中国五代宋史：五代》、臧嵘《论五代初期的汴晋争衡》。
③《新五代史》72：890；《通鉴》269：8810；《契丹国志》1：2，16：160—161；《辽史》74：1231—1232。这位友人随后也于 921 年越境入辽，见《附录》＃25。
④《旧五代史》60：806。

到辽朝权倾一时职位上的借口。这一职位上的权势似乎要比在李存勖手下获得的权势大得多,因为 10 年后李存勖才建立起自己的王朝。[①]

再次比较这些记载,我们发现这些事情构成了《旧五代史·韩延徽传》一半以上的内容。但是欧阳修的观点被更为广泛地传播,因为后来的史家均将韩延徽的两次越境作为评价那个时代的工具。《通鉴》和《契丹国志》再次强调了韩延徽对君主的价值,并且注意到了李存勖"欲置之幕府",因此也解释了王缄的嫉恨是因为韩延徽可能要取而代之。[②] 这些文献也暗示了韩延徽的孝心是真实的,并不仅仅是口头上说说。文献中记载他不仅"求归幽州省其母",而且真的这么做了。韩延徽后来向阿保机解释他秘密离开辽是因为他害怕回幽州省母遭到拒绝。[③]

113

《辽史》借此机会点出了古代孝顺与忠君之间的紧张关系。在韩延徽返辽后,他解释离去的原因是:"忘亲非孝,弃君非忠。臣虽挺身逃,臣心在陛下。臣是以复来。"[④]在此,韩延徽虽然得以尽孝,但最终选择的还是忠君。面对忠与孝这两个相互对立的事物,元朝史官的选择是简单明了的,但是选择为征服者蒙古人效力才是困扰他们的问题。同时,《辽史》轻描淡写了韩延徽对君主的价值。然而,早期的文献记载阿保机闻韩延徽归来大悦,称韩延徽如自天而下,但是《辽史》则据实记载了韩延徽被赐予契丹名匣列,意为"复来"。在此,《辽史》只想突出韩延徽为辽效力这层意思,因而抹去了他拥有自主选择的权力。

---

① 也很可能直至王缄死时,韩延徽仍有一子在辽。如果是这样,那么他的家庭可能也是他考虑归辽的原因;参见史怀梅《由中原北部到辽的越境之举,约 900—1005》,118。

②《通鉴》269:8810;《契丹国志》1:2,16:160。

③ 这一借口也被用于李瀚;《辽史》103:1450。参见第 6 章。

④《辽史》74:1231。

《辽史》更进一步详述了韩延徽的南归,解释道"慨然怀其乡里,赋诗见意,遂亡归唐"①。到 14 世纪为止,思念家乡已司空见惯,且已完全被接受。元代史家将韩延徽的南归归结为心系故土,同时他们也将韩延徽的离去所隐含的对阿保机的批评统统删去。《辽史》没有留下阿保机对韩延徽待之不恭的任何痕迹,因为保留阿保机待之不恭的痕迹在元代就可能会被认为是以古讽今,这对于《辽史》的纂修者来说是很危险的,而且韩延徽《辽史》本传记载当他逃奔南朝时,"太祖梦白鹤自帐中出;比还,复入帐中。诘旦,谓侍臣曰:'延徽至矣。'已而果然"②。超自然的因素增强了整个事件的戏剧性,突出了该事件的重要性,使冲突更具张力。韩延徽被描述为一个思念家乡的南人,以此强调他对契丹君主的价值。边界的概念对于《辽史》的编纂者以及 11 世纪的史家来说是同样清晰的,但是《辽史》的编纂者提供了一个在道德上让各方都认可的说法。

在韩延徽北归后,阿保机通过让他身居高位,赋予了他正式的行政权。这一切都意味着他重新拾起了先前停止的制度建设。阿保机为了留住韩延徽,"待之益厚",《通鉴》和《契丹国志》也是这么说的。这与两书记载的韩延徽写给李存勖用以解释他为何北去的书信是相吻合的:"非不恋英主,非不思故乡,所以不留,正惧王缄之谗耳。因以老母为托。"③之前司马光展示了韩延徽真正孝顺的一面,现在却说韩延徽希望见到母亲终究只是一个借口。也许司马光希望展现的是,韩延徽更为顾忌对李存勖的背叛而不是对阿保机的背叛,因而韩延徽甚至以背负不孝之名为代价

①《辽史》74:1231。

②《辽史》74:1232。

③《通鉴》269:8811;《契丹国志》16:161。

换取李存勖的谅解。不过我们应当注意，《通鉴》所载的这封信表明韩延徽既不在乎阿保机是契丹人，也不在乎太原的统治者是沙陀的后裔。因此，统治者的文化属性与被认为属于他的忠之间没有必然联系。

　　然后，司马光又话锋一转："且曰：'延徽在此，契丹必不南牧。'"11 世纪南牧一词自然含有寇掠之意，那么当司马光观察到"终同光（923—926）之世，契丹不深入为寇"时，他迅即将阻止契丹南牧一事全归功于韩延徽了。[1] 但是韩延徽的承诺不应当被解释为他在乎南朝的领土完整。边界安全是各个政权在边疆区域内所要面临的实际问题，然而边界安全与各政权对资源的控制密切相关，对资源的控制主要是指对人口和他们可移动的财产的控制，只将视线盯在一块特定的土地上是无法保证其安全的。更重要的是，韩延徽保护南朝的承诺凸显了《通鉴》中越境为辽效力的那些人心系南朝。《辽史》完全忽略了这点，只是记述了韩延徽在 925—926 年征服渤海中起到的军事作用。《辽史》这么做不足为奇。[2]

　　《辽史》同样忽略了《通鉴》对姚坤告哀于辽的记载，姚坤告诉阿保机后唐李存勖死于 926 年。[3] 阿保机抓住时机提出后唐用几个州县作为辽暂停南侵的回报，姚坤的回复"此非使臣之所得专也"激怒了阿保机。很显然是韩延徽通过劝谏皇帝，救了使臣姚坤一命。[4] 这个事件通常被解读为又一个胡汉之间有关领土

---

① 元朝胡三省（1230—1287）的注引述了契丹欲深入为寇的事实，并且认为契丹未能深入为寇，并非韩延徽之力，而是晋（后唐）之兵力强，能折其锋；《通鉴》269：8811。《辽史》记载了这一时期以及之后契丹的多次劫掠，实际上 926 年之后劫掠才停止；参见史怀梅《五代时期的劫掠与边疆社会》，167—168。

② 《辽史》74：1230—1231，2：22。

③ 《通鉴》275：8989；《契丹国志》1：6。

④ 《通鉴》275：8993。

冲突的问题。同时在这个事件中，韩延徽打消了阿保机的野心，保护了他的汉人同僚。① 但是，我们反而可以将韩延徽的不同意见视为一条分界线，它界定了在对待使臣上人们认可的行为和不认可的行为。这是非常有必要的，因为在这一时期使臣常被欺凌。

韩延徽似乎认为加入辽政权的人越多越好，至于这些人来自何处并不重要。因而，无论韩延徽是为了保护南朝的领土，还是为了维护后唐统治者的利益，以上这两种观点对于韩延徽所处的那个时代来说都是错误的。如果说韩延徽有一种超前的疆域观念和一种对南朝异乎寻常的文化依恋，虽然说这不是不可能，但这与他先前的行为并不相符。那么，对于韩延徽来说，提醒他的主人在邻国的君主面前展现出一个与之相称的庄严形象才更具有意义，因为阿保机常被认为无法比肩他的对手。如果阿保机违背了国家间在边疆地区公认的行为准则，那么他的道德形象和政治地位将被大打折扣。因此，我们反而可以将这一事件作为韩延徽对阿保机效忠的有力证据，这种效忠是以经典的直言敢谏的方式来表达的。随后，《辽史》抛弃了所有标志着韩延徽心系南朝的记述，也就意味着这是《辽史》有意为之的一条编纂方针。

韩延徽似乎轻松地穿梭往来于南朝与北朝的君主之间，这充分地表明文化差异不是他做决定的因素。文献中从未提及这样的差异，反而将韩延徽的北归明确说成是因为人事纷争以及由此引起的政治危机。当然，有人还会争辩说，是因为来自王缄的潜在威胁严重到迫使韩延徽不顾文化差异再次投奔北朝。实际上，司马光在后来补充道"因以老母为托"，也证明了对于韩延徽来说

---

① 参见牟复礼《中华帝国：900—1800》，44—48 给予的标准解释，又参见姚从吾《阿保机与后唐使臣姚坤会见谈话集录》。

这不是一个真正的危机。但是这一观点完全是建立在假设基础之上的,没有真凭实据。如果韩延徽已为文化差异所困扰,那么他可能早就逃到河北中部和南部的几个藩镇去了,甚至都逃到后梁去了(见图 3),然而他选择了北归。

阿保机死后,直至辽朝的新君主德光派韩延徽出使后晋(936—947),我们没有再听到关于他的任何消息。德光派他出使的时间很可能是在石敬瑭发动对后唐的战争之时或是在此之后,然而对于此次出使,我们没有更为详细的信息。[1] 战争以赵德钧和赵延寿的军队投降而告终(见第 5 章),其中有位文官叫张砺,他先前的履历可以与韩延徽的例子做一个有益的对比。

为南朝效力

张砺的材料特别丰富,有三个完整的传,其中最早的一个演化为两个不同的版本。[2] 与韩延徽的材料相比,也许《旧五代史》中张砺的材料能使我们更为接近 10 世纪。

张砺来自韩延徽所在的边疆地区的另一侧,也就是河北西南

---

① 《契丹国志》16∶161;《辽史》74∶1231。

② 《旧五代史》42∶583,67∶892,92∶1224,98∶1312、1313—1316(《传》)、1317(《论》),100∶1332,108∶1421,137∶1835,《新五代史》55∶638,72∶897—899,73∶901—902;《通鉴》274∶8955、8964,280∶9153、9161,281∶9170,285∶9319—9320,286∶9330、9339、9346、9352,287∶9358、9365;《契丹国志》2∶20,3∶37,4∶42—43,16∶161(《传》)、165—166(《论》);《辽史》4∶59—60,76∶1251—1252(《传》);《奉天通志》221∶4702b;《辽史纪事本末》5∶115—118;《辽史拾遗》20∶389—390;《辽史拾遗补》5∶115—116;《辽代文学考》A∶26a;《全辽文》70;《盛京通志》90∶7b。《旧五代史》中第一版的《张砺传》是由《永乐大典》(卷 10798、13913)与《册府元龟》(卷 796)拼凑而成。虽然清代重辑《旧五代史》者认为该版《张砺传》为足本,但他们仍将殿本《旧五代史》中"张砺……惜焉"838 字补入现在我们所见到的《旧五代史·张砺传》(《旧五代史》98∶1319,注⑦)中。

部。进入 10 世纪 20 年代，张砺的出生地滏阳要抵御来自河东太原晋和河北中部赵王的进攻，这里作为相州的一部分从唐末至五代初几易其主。① 由于张砺祖辈务农，这似乎对他本人没有什么影响。《旧五代史》记载张砺是作为一个典型的天才被发现的。对于张砺而言，他与资助其参加科举的李愚之间的关系对他影响深远。张砺似乎以他对李愚的感恩方式来回馈那些帮助过他的人。②《李愚传》强调李愚的天才和儒家美德使其成为张砺的楷模。张砺也正是因为坚守道德准则、忠贞不贰才名垂史册。

我们可以想象当张砺像往常一样为解决邻里纠纷亲诣衙门时，他与李愚相遇的场景。③《李愚传》告诉我们贞明中（915—921），张砺离开李愚为之效力的后梁，投奔太原的李存勖，李是后梁不共戴天的敌人。与之前的韩延徽一样，张砺马上在太原府获得了一个职位。这在《旧五代史》中并不算什么，最多就是指为一个雄心万丈的年轻节度使效力前途无量。我们可能会对张砺的行为感到吃惊，但与他同时代的人很可能早已司空见惯。

以后来的标准，特别是在梁与太原最后摊牌的紧要关头，张砺北去太原晋政权的行为，不仅是对他从前的资助者李愚的一种抛弃，而且是对李愚的一种羞辱。然而，张砺在晋那里"出入崇闼之间，揄扬愚之节概"，并对"北人"言及李愚所做之文。④ 同时，李愚因抨击后梁君主的兄弟而遭贬谪。当李存勖登基并恢复唐

① 滏阳在唐代是相州的一部分，但是后属磁州。一些文献将河东慈州作为张砺的籍贯，参见《旧五代史》67：892 及同卷注⑰。
② 有关这种关系的重要意义，参见莫欧礼（Moore）《唐代科举之仪：读王定保〈唐摭言〉（870—940）》（*Rituals of recruitment*），尤其是 210—212。
③《旧五代史》98：1314。在《李愚传》中，当李愚举荐他时，张砺已为举子；《旧五代史》67：892。对于张砺教育经历的详细记载与对韩延徽学习经历记载的缺失形成鲜明对比。
④《旧五代史》67：892。在此，北人指的是太原朝廷。张砺点出了李愚的三篇文章。

王朝的时候,李愚大概是以降官身份进入新朝廷的,李存勖随之使其官任原职。总之,新政权已经接纳了李愚,但是李愚本传在此提到张砺"揄扬(李)愚之节概"一事,主要是说李愚的美德在紧要关头为自己赢得了帮助。虽然这个故事也展示了张砺个人对李愚的效忠,但它仅是这个故事的副产品。在这个例子中,我们可以看到互惠互利型的忠和易主行为紧密地联系在一起了。

张砺在 923 年前后成为进士,获得朝廷里的一个小职位。在随后的 925 年,后唐年轻的皇子李继岌率领后唐军队征伐前蜀。在征伐前蜀的过程中,张砺作为李愚身边的一名军书为其效力。[①] 然而,在张砺最早的传中,并没有将他与李愚联系在一起,而是将他与征伐的实际指挥者郭崇韬联系在一起,据说是郭崇韬特地为张砺奏请的该职位。

张砺与郭崇韬的联系有助于突出张砺本人的美德。平蜀后,郭崇韬的政敌在朝廷里对其大肆抹黑,皇太后令李继岌杀了他。当郭崇韬在李继岌的府上被杀时,郭的亲信皆因害怕而奔逃,唯有张砺来到现场,为郭崇韬恸哭。张砺不惧个人安危谴责李继岌违背道义而使其难堪,因此"时人皆服其高义"[②]。也许对于张砺更为重要的是,要报答郭崇韬对自己的赏识,因为当时是郭崇韬在征蜀大军中为他奏请了军书一职。

就像在《契丹国志》里看到的那样,张砺的个人忠诚对于后来的史家来说依然很重要。该书删节了《通鉴》的内容,以致叶隆礼错误地将张砺直接隶于李继岌麾下,并且错误地记载了张砺去哀悼魏王李继岌,而完全没有提及郭崇韬。虽然这确实是一个错

117

---

①《旧五代史》98:1314;《通鉴》274:8955、8964;《契丹国志》16:161;《辽史》76:1251。
②《旧五代史》98:1314。

误,但所要强调的关键点仍是一样的。张砺效忠的承诺仍旧是个人对个人的,而不是意识形态上的个人对君主的效忠或是个人对国家的效忠。

然而张砺也展示出这么一种意识形态上(实际上是等级差异型)的忠。虽然张砺对谋杀郭崇韬表示抗议,但他仍隶于郭的副手后来的继任者任圜麾下,因为任圜无需对郭崇韬的死负责。① 之后,后唐军队于 926 年初班师东归,后唐骁将康延孝在他们后方叛乱,但被张砺献计所俘。当他们抵达凤翔时,该地的一名监军闻听李嗣源挑战后唐皇权,便扣留康延孝,希望窃取俘获他的奖赏。

在张砺最早的传中,他再次强烈建议:"安得违诏养祸,是破槛放虎,自贻其咎也。公若不决,余自杀此贼。"②所以任圜"不得已,遂诛延孝"。随着张砺勇敢地坚决反对中断执行命令,他作为臣僚的美德也跃然纸上。在此,张砺对国家的忠是一种对天下大治的责任,他敢言直谏恰恰在那一时刻增强了国家的合法性,因为当时 10 世纪的史家都已知道后唐的君主李存勖即将被另一个人取代。

但是我们也可以将张砺的建议解读为他个人仍效忠于李存勖本人,因为张砺在 10 年前已经转向效忠于他。这种解释与《旧五代史》对张砺品质的最早记述是一致的,《旧五代史》甚至使用明显带有忠义色彩的语言来描绘他。相反,《通鉴》实际上虽然讲述了同样的故事,但是将时间提前了两个月,并将叛将的名字改为李绍琛。虽然《通鉴》记载的事件和表达的态度与《旧五代史》是一致的,但《通鉴》记载此事的时间比《旧五代史》早了两个月,

---

① 《旧五代史》98:1314—1315;《新五代史》34:474;《通鉴》274:8694。
② 《旧五代史》98:1315。

那么《通鉴》就剪断了张砺与李存勖垮台之间的联系。所以《通鉴》认为张砺只效忠于国家大治和国家权威这个概念,这也许与11世纪的观念是相吻合的。

　　然而,我们应当注意到的是,虽然《张砺传》暗示其忠贞不贰,但他依然在新皇帝李嗣源的手下为官。在10世纪初,因为君主无道而拒绝为其效力是不可想象的;唯一不愿将他们的忠诚转投给新皇帝者,是那些以武力负隅顽抗之人。就像在辽,因为需要官员,所以职位唾手可得。因此,选任标准也就相对宽松。虽然李嗣源因张砺在文学上久负盛名,将其召为翰林学士,但是张砺与另一位同僚为进士所撰的格诗格赋,因为做得不好,未能得到宰相的认可。[①] 此后接手此事者,推说自己只是侥幸及第,根本无法胜任此项工作。这一自谦的回答意味着张砺名不副实,但是很明显这样有失水准的官员非常普遍,这也反映了科考的弊端以及人才的极度匮乏。[②] 这也解释了为何张砺是以其美德著称,而不是以其能力著称。

　　在文学领域以外,道义也是张砺做事的一个重要动力。10世纪20年代末,张砺丁父母忧,于931年回朝任职。[③] 此后不久,父之妾卒。张砺待其如生母,以致他的孩子都称其为"祖母"。虽然妾室不享有官方服丧的待遇,但张砺还是力图为其服丧。当时他的同僚对此未置可否,张砺找了个折中的办法,回到滏阳,在整个服丧期他都过着丁忧的生活。那些认识他的人都对其表示

---

① 《旧五代史》92:1224。《新五代史》55:638 言其诗赋"不工"。
② 大量有关当时人的评论,参见莫欧礼《唐代科举之仪:读王定保〈唐摭言〉(870—940)》,由于我得到该书太迟,导致我未能全面吸收它的成果。
③ 《旧五代史》98:1314—1315,42:583(回去效力)。

赞赏,当他回到朝廷时,得到了擢升。① 这种极致的孝顺行为有助于《旧五代史》将张砺描绘为一个品行极为端正的人,但是张砺的这种形象并没有进入后来的文献中,也许是因为它离主流行为太远了。

对选择的描述

如果我们接受这样一种观点:10 世纪初的北方与南方直接是后澶渊之盟时代相互对立的辽与宋的前身,那么也只有韩延徽通过加入辽跨越过边境。然而,如果仅就两人的效忠行为而言,韩延徽和张砺有过类似的举动,两人在职业生涯的初期都曾易主。韩延徽因此而出名,因为他曾两次投奔阿保机。他和家人已经接受了在不同情况下(有些情况特别复杂)可以易主的观念。在韩延徽赴辽前,这些早期的易主行为并未遭到谴责,首先是因为在它们出现的那个年代,并不为人关注;其次是因为它们与最早记录此事的史家处在同一个文化世界里。同样地,随后的文献完全没有关注过张砺职业生涯早期的易主行为,因为他的易主行为并没有实质地跨越边界。《旧五代史》倒是对此行为略加关注,但也只是在这些易主行为被认为能佐证某些其他观点时,才会如此。改变忠诚对 10 世纪的史家来说并不值得大书特书。

然而,《旧五代史》记载张砺早期生活的材料与后来文献中对韩延徽的记载形成强烈对比,这在某种程度上展现了在不同时代的文献中,人们对改变忠诚的态度是如何变化的。在《旧五代史》中,年轻的张砺是以典型的传记人物形象出现的,年纪轻轻就展

①《旧五代史》98:1314—1315;《通鉴》280:9153。

现出诸多儒家传统美德。《旧五代史》记述的细节在后来的文献中消失了,尤其是张砺展示出来的对他父亲小妾的孝顺。最重要的是,我们可以看到《旧五代史》强调的是张砺对上级的个人效忠,例如对李愚和郭崇韬的效忠。

相反,后来的文献除简要地记述张砺外,实际上删去了所有关于张砺早期生活的内容。他的孝顺、他的美德,以及他个人对李愚的效忠,全都没了。保留在《通鉴》里的就只有张砺忠贞不渝为郭崇韬恸哭和他对处死蜀中叛将李绍琛的决绝。《契丹国志》仅保留了恸哭一段。后来的史家简化了这个故事,因为他们更愿意关注像郭崇韬那样的大人物,而不是像李愚那样的小角色。然而,司马光和叶隆礼仍保留了对张砺个人效忠最详细的记述,并且呈现了张砺为主人恸哭获得普遍赞誉的故事。我们将在下一章更多地看到张砺的名字,但是我们应当注意的是直至 925 年他仍在为南方政权效力,而韩延徽则没有。

由于得到欧阳修的关注,韩延徽从遗忘的角落中被请出,他的故事在《通鉴》中非常详细,故事强调的新重点将韩延徽整体的道德形象提升至普通人物传记所要求的水平。述律后认识到他守节不屈的个性,并且意识到他对母亲的孝顺并不完全是个借口。至于 11 世纪史家补充了大量对韩延徽如何给阿保机的疆域带来大治的记述,无外乎是要将韩延徽塑造成将光明带给“夷狄”的良臣,但实际上史家更为看重的是国家的大治和文明,他们赞赏任何一个能给国家带来大治和文明的统治者,并不在乎他们的文化属性是什么。

第一个将韩延徽入传的《契丹国志》,呈现了与《通鉴》几乎一致的画面,但它对韩延徽早期的生平多有篡改。当刘守光于 907年篡夺其父幽州节度使的位子时,虽然刘的行为违背了孝道、推

120

翻了皇帝的任命，但没人听说韩延徽对此表示反对。因此，对于《契丹国志》记载他仅在四年后就公然反对刘守光在燕称帝，我们感到相当惊讶。据叶隆礼所作的《韩延徽传》，新皇帝对此的反应是置斧锧于庭，用以威胁那些直言敢谏者。臣僚孙鹤冒着被惩罚的危险强烈反对主人的决定，遭到了惩处。叶隆礼却说韩延徽未因言获罪，是因为他一直是刘守光的幕僚，且素来受到刘的器重，并且孙鹤虽身居高位，却是刘守光其兄刘守文坚定的支持者，而刘守文是反对刘守光篡权夺位的。①

作为《契丹国志》的主要史源，两部"五代史"和《通鉴》中也都记述了刘守光置斧锧于庭前的故事。然而，在这些较早的文献中，故事中的英雄是孙鹤，文献中完全没有提及韩延徽②；并且许多更为具体的细节，比如孙鹤说了什么使刘守光愤怒以及刘守光又是如何严厉惩罚他的，这些全被《契丹国志》删去了。《契丹国志》仅留有对孙鹤不幸遭遇的简略记述，这与韩延徽的英勇和幸运形成了鲜明的对比。《契丹国志》强调了《通鉴》中韩延徽形象的一个侧面，明确地将其塑造成临危不惧、敢言直谏的忠臣。③虽然这是《契丹国志》众多谬误之一，但这也是《契丹国志》对《通鉴》标准解释的重新审视。司马光对于自己将韩延徽描绘成一位

---

① 《契丹国志》16：160。
② 《旧五代史》135：1803—1805；《新五代史》39：424—426；《通鉴》268：8744—8745。虽然《通鉴》将此事系于 911 年八月，但《旧五代史·刘守光传》似乎将此事系于 907 年六月，并将其称帝系于 907 年八月，一定是有关这一年的记载已亡佚。《新五代史·刘守光传》也同样记载模糊，以致此事似乎发生于 908 年。《旧五代史》与《新五代史》均将此事系于刘守光称帝之前，以此展示其残暴以及对权力和地位的渴望。《契丹国志》承袭《通鉴》记载，将此事紧接在刘守光称帝之后、正式即位前。
③ 叶隆礼似乎发现了这样一个吸引人的品质；参较他对张砺的记述，《契丹国志》16：161—162。《辽史纪事本末》5：109 保留了他这样一个形象，说韩延徽"力谏不听"，该词应当引自《辽史》，但未能找到出处。

具有传统美德的臣僚已很满意,然而《契丹国志》进一步将他塑造成了一位圣人。

《契丹国志》中无论是韩延徽一直关心南朝的利益还是他与辽朝君主的分歧,这些都被《辽史》删去了。《辽史》通过删去这些 *121* 可能对韩延徽效忠于辽朝皇帝产生怀疑的记载,呈现了一个相当不同的韩延徽的故事。《契丹国志》中强调了韩延徽与主人的分歧,但在《辽史》中被省略了。《辽史》保留了韩延徽一开始就对阿保机桀骜不驯的记载,但当时阿保机并不是韩延徽的主人。最为明显的是,《契丹国志》特地记载了置斧锧于庭的故事,但这个故事没有进入《辽史》。甚至,当《辽史》记载韩延徽解释他为何离开辽时,《辽史》所要强调的都不是韩延徽的行为,而是阿保机不应对韩的离去负有责任。

我们必须假定元朝的史官做了这些改动,这意味着史馆和同意他们这样编纂的皇帝已开始关注在宋或宋以前被认为不是问题的问题。元人通常将蒙古人与契丹人类比,把两者都划归异族入侵者。但是,蒙古人很难让先前在宋为官者为其效力,韩延徽的例子则说明契丹人不存在这方面的问题。元人并未因此觉得辽与蒙古这两个王朝有什么不同,他们倒是发现韩延徽可以作为一个良好的历史典范,因为他愿意与蒙古相类似的政权合作。但也可能是这样:元末的史家既无法接受 10 世纪宽泛的易主观念,也无法接受司马光所展示的云谲波诡的时局,更别说能接受《契丹国志》将韩延徽塑造为圣人所呈现出来的强烈对比了。

韩延徽和张砺早期履历的对比,不是一个人前往辽和另一个人紧随其后的对比,而是一个拥有治世之才的实用主义者与一个甘愿犯险输忠的理想主义者的对比。当他们选择离开第一个主人另谋高就时,二人都获益巨大。每个人都找到了自己依托的环境,这些环境给他们带来了不同的机遇和不同的成就。韩延徽进入一个新兴的政权,显然很享受从零开始建设一套管理体制所带来的挑战。张砺进入了另一个新兴的政权,但这是一个各项制度早已完备的政权。韩延徽视野广阔、极具创造力,非前人能所及。他为辽贡献了规范的统治框架,因此创造了一个新的政治力量。相反,张砺的雄心被已有的官僚体系和他辉煌的过去带来的负担所限制。导致两人差异的关键是各自君主给予他们的政治环境,而不是君主的文化属性。

我们知道对于两人来说,政治分界线(以及与之相关的地理上的边界线)无须与文化认同紧密地联系在一起。他们个人的忠已径直越过 10 世纪早期不断变动的政治边界线。在选择忠诚归属的时候,文化分界线和文化差异,对于生活在边疆地区的其他人也许很重要,但对于他们来说没有什么太大的意义。对他们来说,重要的就是为自己创造机会,以及那些对他们来说重要的人的所在地。这可以被看作是唯利是图的行为,但那仅仅是谴责他们行为的一种手段,因为他们的行为是符合那个时代人们的观念的,并不为时人所诟病。从我们现有的材料来看,韩延徽和处于职业生涯早期的张砺功大于过,优点大于缺点。我们可以因为某些事批评他们,例如韩延徽帮助阿保机征伐邻近部落、张砺建议残杀叛将等,但是这些都与他们被认为是否忠诚和他们效忠于什么无关。在接下来的一个时期,这种 10 世纪早期相对开门见山的效忠方式在 11 世纪开始因政治事件的走向变得复杂。在这些政治事件中,张砺和他的主人赵延寿扮演了重要的角色。

第 5 章　边界概念的出现——两种为辽效力的方式

> 至于我对他们（斯巴达人）有什么偏爱，你自己是知道得最清楚的，斯巴达人夺去了我的尊荣的职位以及我一家世世代代的特权，并且使我变成了一个没有祖国的亡命者。而正是你的父亲收容了我，把住所和生计赐给了我。如果一个头脑清醒的人拒绝接受你父亲的显然的好意，那是不可想象的事情，他倒是应当对这件事表示最恳切的感谢的。*
>
> ——希罗多德（Herodotus），《历史》（*The histories*）

张砺跟随上司赵延寿于 936 年越境入辽。张、赵与韩延徽从 10 世纪 30 年代到 40 年代末三人去世为止一直效力于辽。虽然年龄只有韩延徽和张砺的一半，但赵延寿与他们的经历颇为相似，当他在 10 世纪 20 年代得到见于记载的第一个职位时，他已历经了四次改朝换代。然而，赵延寿升迁的环境，与韩、张二人所处的环境迥异，赵所处的环境为其创造了他想要的机会和选择。

赵延寿在历史上非常重要，以至于文献中有许多关于他早期经历的记载，且它们基本上都来自《旧五代史》，所要突出的是他

可以获得不同的选择。① 赵延寿的生父刘祁或刘邟，来自镇州北部的山区，该地被易手的次数可能比那时任何一个地方都多（参见诸图）。② 刘在幽州最南边的蓚县为令，在沧州刘守文攻打该县时被杀。彼时正值朱梁的建国战争时期，蓚县是刘守文辖区的一部分，这意味着赵延寿的父亲也许是为了支持后梁的朱温，抵抗他所在地的藩将刘守文。③ 这个选择是以蓚县和刘的性命为代价的，他的妻子种氏和幼子延寿也为刘守文的裨将赵德钧所

------

① 唯一例外的是《新五代史》记载了赵延寿向逃奔于唐的东丹王兀欲借书一事（《新五代史》73：901）。赵延寿身居高位，亲历诸多重大事件，因而所有文献对其的记载都很充分，唯欧阳修不愿为其作传。参见《旧五代史》38：527、39：538、542、40：549、41：569、42：575、577、43：596、44：606—607、45：616、46：635、47：644、653、48：657、665—667、49：678—679、66：877、75：985、76：992、77：1018、80：1058、82：1084—1085、1088、83：1099、1102、84：1117—1118、85：1123、1127、88：1144、89：1170、1172、94：1242、95：1267、96：1277、97：1286、98：1308—1310、1311—1313（《传》）、1315、99：1329、100：1331—1332、1334、107：1405、108：1420—1421、1430、109：1441、124：1636、126：1660、127：1668、129：1704、137：1833—1835；《新五代史》6：63、65、7：73、8：78—79、9：93、15：160、164、27：290、292、30：331、33：361—362、47：532、49：557、51：577—578、52：595、57：654、72：893—899、73：901—902；《通鉴》275：8986、8992、277：9058—9059、278：9078—9080、9087—9089、279：9119—9120、9128、9133、280：9151、9153、9155、9159—9161、281：9185、9188、9190、283：9243、9253、9256、9260、9263、284：9267、(9268)、(9272)、9280、9282—9284、9288、9290、285：9306、9311、9318—9319、286：9330—9334、9339、9346、9352、9356—9357、287：9358、9368—9369、9382—9383、288：9388；《契丹国志》2：18、20、22—24、26、3：28—29、32、35—37、4：42、16：163—165（《传》）；《辽史》3：38—40、4：47、53—59、5：64、47：774—775、781、48：804、76：1246、1247—1248（《传》）、1249、1253、86：1322；《册府元龟》980：28（《旧五代史》77：1018）；997：4（《新五代史》73：901）；998：12（《旧五代史》84：1118）；《辽大臣年表》3、4；《辽方镇年表》14a；《辽诗纪事》4：9a；《辽史纪事本末》12：283—290；《辽代文学考》A：6a；《全辽文》69；《全五代诗》9：202—203（《全五代诗附补遗》9：154—155）；《太平广记》200：1508。
② 该地被称为常山（《旧五代史》98：1311；《新五代史》72：893）或恒山（《辽史》76：1247）。《契丹国志》16：163 将赵延寿的籍贯定于相州，因该地为其养父的籍贯，也同样是张砺的籍贯。
③ 《通鉴》265：8658—8659。《旧五代史》与《辽史》赵延寿传均将此事系于开平初（907—911），但这与刘守文面临朱温袭击而攻打蓚县的记载不符（《旧五代史》55：741）。

获,纳入府邸,赵德钧以延寿为子。① 不久,刘守文就被其弟守光所杀,守光也于 912 年大败于晋太原的李存勖。赵德钧两次都现 ¹²⁴实地加入了获胜的一方。

来自朝廷内部的观点

赵德钧升迁迅速。李存勖赐其国姓,名为李绍斌(为便于参照,下文仍称其为赵德钧),在与后梁的战争中他一直为太原的李存勖效力。因此,赵德钧在 925 年成为后唐幽州节度使,他在该地任职 10 年,巩固自身权力的同时,也给那里带来了大治的局面。② 926 年,李嗣源即位,虽然赵德钧在李嗣源的继位过程中并未发挥什么重要作用,但他仍然得到了李嗣源丰厚的奖赏。他恢复本名,其子赵延寿娶了李嗣源第 13 个女儿兴平公主,自此赵家与皇族永结连理。③ 此时,赵延寿一路升迁,顺利地被提拔为节度使。像其他高官贵戚一样,赵氏父子一直在实践一种互惠互利的效忠模式,他们将忠诚转投给那些能为自己带来最大利益并且能确保和扩大这些利益的政治领袖和军事将领。

10 世纪 30 年代初,赵延寿发现危机四伏。931 年,他与范延广一起被调至中央任枢密使。④ 虽然枢密使总领朝政,但是朝政被宦官孟汉琼和王淑妃把持在手中。然而,两人真正面临的威胁

①《旧五代史》98:1311;《新五代史》72:893;《辽史》76:1247。
②《旧五代史》32:445,43:592,98:1308—1309;《通鉴》273:8930,278:9076。更多有关赵德钧及其对幽州的治理,参见史怀梅《10 世纪中国北部边疆的重构》与《谁欲为帝? ——赵德钧、幽州与辽》("Who wants to be an emperor?")。
③《五代会要》2:22。
④ 这是一次标准的升迁,但这未能反映出五代枢密使的不受节制以及潜在的巨大权力;参见王赓武《五代时期北方中国的权力结构》;沃西《以外交求生存:吴越的对内对外关系,907—978》,212 及以后。

来自李嗣源的儿子李从荣，他想利用自己对禁军的控制来扩大自己的政治权力。为了保命，赵延寿与同为枢密使的范延广均想在地方上谋个更为安全的职位。赵、范二人无法弹劾李从荣，所以不顾一切地请求改任。请求汇成一股洪流，使得李嗣源埋怨他们背离自己而去。最终，赵延寿让他的妻子在内宫恳求她的父亲，任命其为汴州节度使（后来的开封）。两个月后，李从荣率牙军千人闯入京城，后来李从荣被杀于此。[1]

在唐末五代，一个统治者的权威只能延伸至对他效忠的节度使和刺史那里。统治者表面上宣示对领土的权威，也只是体现在地图上而已，实际上对现实空间的控制力有限。关键在于谁承认谁为上级，那些属下能够控制什么样的军事和经济资源，以及他们能把什么带入自己的忠诚网络。[2] 任何节度使都具备叛乱的先决条件，因为地方的职掌能给他们摆脱朝廷直接控制的自由，但如果他们一开始没有得到皇帝的承认也不可能留在这个位子上；而且只有皇帝的直接命令才能限制他们。如此的朝廷——藩镇的权力结构，需要微妙妥协、明智选择，以及私人关系的协调，无论何时其中任何一个利益方被替换，这个架构都需要重新调整。新皇帝继位，固然希望能以适当的利益笼络旧臣，但这往往不那么容易。如此而产生的紧张、不确定的关系，较为典型地体现在李嗣源之后新即位的皇帝对赵延寿的态度上。

李从荣没死几日，李嗣源便因久病而亡。在李嗣源的养子李从珂篡夺皇位前，李从荣的弟弟李从厚短暂即位。在汴州的赵延寿，暂时躲过了眼前的危机，继续实践着互惠互利的效忠模式，将

125

---

[1]《旧五代史》44：609—610；《通鉴》278：9091 及其以后。
[2] 史怀梅，《10 世纪中国北部边疆的重构》；刘一，《飞禽与权力的攫取：9—10 世纪河西走廊的鸟类生灵所反映的政治地理学》。

自己的忠诚顺利移交给每一个新即位的皇帝,并获得来自他们的奖赏。然而,作为封疆大吏,他本身也许就是朝廷的一个威胁,而且他的姐夫河东节度使石敬瑭又一直是李从珂的老对手。虽然李从珂猜疑石敬瑭的忠诚在《旧五代史》中没有被明确地表达出来,但是 11 世纪的文献表明石敬瑭与赵氏父子有联合的可能,他们三人控制着黄河以北一半的区域(幽州和河东),并且有一个离都城非常近的据点汴州。① 可能是为了监视赵延寿,不到一年,他便被调回朝廷任枢密使,兼任河南中部许州的节度使。他再一次变得有职无权,因为权力已被臭名昭著的巨贪宣徽使刘延朗把持。

也许害怕在都城陷入另一场权力斗争,赵延寿再次寻求了一个远离朝廷的职位;当他履任时,这个职位给赵延寿提供了一系列全新的机会。936 年,李从珂和石敬瑭之间的关系彻底破裂,石敬瑭挑战朝廷,并寻求辽太宗耶律德光的帮助。② 联军很快大败唐军,将其围于太原(时称晋阳)南边的晋安寨。赵延寿带着擅权者刘延朗的祈福率领一支来自都城的援军与赵德钧幽州的军队汇合。其实,任用赵延寿只是因为他符合刘延朗一党的要求,并不意味着他们完全信任他。作为两万帝国军队的统帅,赵延寿对忠的选择可以对战争结果起到至关重要的作用,这使得赵延寿与石敬瑭一样危险。对他们的恐惧导致朝廷在对待他们二人时采取了不同的策略。

为了监视赵延寿,刘延朗亲自担任赵的副手,而征伐大军的

---

① 《通鉴》279:9119—9120。参较王赓武《五代时期北方中国的权力结构》附录《五代史上河东道与河北道的联盟》,208—215。
② 拙作《游牧者的需求:劫掠、入侵与 947 年辽的征服行动》与《谁欲为帝?——赵德钧、幽州与辽》展示了五代历史中的这一关键时刻的不同侧面。

判官不是别人,正是张砺。张两次服丧使其远离朝堂,而那时他的同僚们正试图应付孟汉琼、秦王李从荣以及李嗣源的继承问题。张砺并非这个工作的第一人选。或许是张远离政治,或许是他以往的效忠行为,成为他获得这个职位最强有力的保证,但他在执行朝廷的命令而非赵延寿的命令时受到了极大的制约。

11月22日,赵氏父子于潞州附近会师。此后,张砺迎来了对他的首次考验。赵德钧欲将其他藩镇的军队纳入麾下,但以失败告终,而此时朝廷督促他继续进兵。赵德钧在得到赵延寿的援军以及自己被任命为诸道行营都统后,才进军至晋阳以南百里的团柏谷,但几周之后他不仅按兵不动未去解围,而且多次为赵延寿奏请成德节度使一职。成德本是赵王旧地,紧邻幽州。赵德钧借口在其远征时,幽州势孤,遂靠近幽州,便于接应。然而,李从珂识破了赵氏父子借此扩张藩镇地盘的阴谋,因而勃然大怒。①

正直的张砺无疑应当督促赵氏父子尽快去解围,但实际上文献中留下的仅是张砺对此的沉默。这也许是因为张砺周遭的环境越来越复杂。在赵氏父子进驻团柏谷前不久,辽朝皇帝德光支持石敬瑭在晋安的联军营地称帝,成为一个新朝代后晋的皇帝。赵氏父子是否得知此事尚不清楚,但在12月末赵德钧尚遣使至德光行营,使节的名字仅见于《通鉴》,叫赵延寿。据司马光记载,虽然赵延寿向德光奉上书信一封,假意代表后唐寻求与辽和议,但他私下请求德光支持赵德钧在南朝称帝,将其作为征服后唐和与辽结为兄弟之国的回报,同时允许石敬瑭永驻河东。

尽管张砺在道德原则上一向很坚定,但在这种情况下他也只

---

① 《旧五代史》48:666,98:1309,106:1396;《通鉴》280:9152—9155。对于这些以及后来的事件还有另一种解读,参见史怀梅《谁欲为帝? ——赵德钧、幽州与辽》。

能做出无奈的选择。李从珂是张砺的皇帝,但是支持他登上皇位的军队是用金钱收买而来的,而不是靠自己的实力赢得的,并且他已经表现出了不胜任皇帝一职的信号。[①] 石敬瑭虽然只是一个挑战者,但是至此他已取得的成功意味着他拥有道,因此名副其实配得上天命。另一方面,众所周知,天命是上天安排的,如果石敬瑭是在另一个皇帝的支持下称帝,那么这就很难将其视为承天命的合法继承者。赵氏父子是张砺的上司,并且赵德钧致德光的信中公开要求站在后唐一边。张砺与这其中的任何一个主角都没有私交。实际上,每个人都明白李从珂必定是要出局的。问题是,是承认石敬瑭和他的新王朝,还是以旧王朝的名义支持赵德钧? 然而晋安寨仍然被围,鹿死谁手尚且不明,张砺在道德问题上的沉默可能反映了所有人都屏息而观,因为那些拥有选择权的人在等待一个对事件结果更加明确的指示。

　　虽然文献中没有点明张砺遭遇的这种普遍困境,但《通鉴》对赵德钧要给予德光的好处做了详细的解释,因而这有助于我们讨论忠在 11 世纪的含义。赵德钧指挥着德光不愿与之交战的后唐军队,单单这一项对德光的吸引就超过了所有石敬瑭提供的岁币、土地,以及正式的父子之国的关系。石敬瑭非常害怕,因而派桑维翰去维护先前与辽的约定:

> 大国举义兵以救孤危,一战而唐兵瓦解,退守一栅,食尽力穷。赵北平父子不忠不信,畏大国之强,且素蓄异志,按兵观变,非以死徇国之人,何足可畏,而信其诞妄之辞,贪豪末之利,弃垂成之功乎! 且使晋得天下,将竭中国之财以奉大

[①] 参见史怀梅《剑桥中国五代宋史:五代》。

国,岂此小利之比乎!①

这个理由是复杂的。桑维翰对于忠贞不贰的论述("非以死殉国之人")是将其投射在等级差异型忠的语境下的,他以此强调赵氏父子的不忠。虽然《通鉴》的编纂者把个人境遇描绘得很艰难,但在此,不忠的行为仍然要被一票否决,因为要论"忠",那是无条件的。②

对于桑维翰而言,以忠贞不贰来指控赵氏父子似乎在打一张奇怪的牌,因为他的主人石敬瑭自己就是后唐公开的挑战者,而且从931年前后开始桑维翰自己也成为石敬瑭手下的一位谋士,把自己对后唐的忠诚转投给了现在的主人石敬瑭。③ 然而,桑维翰寄希望于天命会站在石敬瑭一边,当然史家知道他是对的。在此个案里,通过诉诸更高权威的"道",就可以避开互惠互利型忠的雷区,无须在效忠谁的问题上讨价还价。相应地,史家用桑维翰来强调赵氏父子的不忠,因为桑维翰坚信赵氏父子不具有天命,而且史家也知道他是对的。另外,桑维翰暗示赵氏父子并不可靠,很可能对辽比对后唐更加不忠。德光对那些尽忠抵抗之人表示尊敬,批评和惩罚那些改旗易帜之人,许多这样的事实都表明德光认同了桑维翰的某些见解。④

桑维翰理由的第二部分展示出,在这一时期现实的物质利益

---

① 《通鉴》280:9156。

② 陈明録说《通鉴》的编纂者讨厌不忠(《〈资治通鉴〉的史学》,17—18),但我们必须要考虑在这种语境下怎样才算不忠。

③ 《旧五代史》75:981,89:1162;王赓武,《五代时期北方中国的权力结构》,157—158、176。

④ 他称赞了晋安守将张敬达的忠,却尽杀赵德钧所置的银鞍契丹直;《通鉴》280:9157—9158、9160;《契丹国志》2:17,16:163;《辽史》3:39。《契丹国志》与《辽史》保留对张敬达的赞誉,但也没有批判谋杀他的人;《辽史》没有提及杀契丹直一事。

对藩镇之间的关系有多么重要。石敬瑭和他的谋士相信德光会对他们奉上的中国之财有所响应,但实际上并没有奏效。虽然最终桑维翰的理由(更不必说为此长哭)说服了德光遵守原先的约定。① 但是,在故事的另一个版本中,非但没有详细记述桑维翰说服德光的理由,而且我们可以看到德光一方面反对赵氏父子的不忠,另一方面又对财富诱惑做出了响应。

赵延寿从德光行营返回后没几日,晋安寨便陷入辽晋联军之手,后唐灭亡。德光称赞了晋安寨守将张敬达的忠贞不贰,他拒绝投降,死于属下之手。现在投降的唐军加入联军,赵氏父子因损失惨重而大举撤退。在潞州城,(原先效力于后唐、后为辽晋联军所用的)节度使高行周给出了自己的"忠告",他劝赵氏父子最好立即向后晋皇帝奉表称臣。② 在南方系统的文献中,赵氏父子以体面的方式向辽晋联军的两位皇帝投降,但《辽史》记载他们是被骑兵追及才投降的,因而《辽史》将他们的越境更多的看成是被俘获而非出于他们自己的选择。③ 南方系统的文献记载张砺"陷入"契丹,或言与赵延寿一起"入"辽,或言"随"赵德钧入辽,这实际上是说在其越境过程中他有一些自主选择,只是没有他的上司赵氏父子的选择多。然而,《辽史》将张砺投降系于晋安陷落前四天,没有将他与赵氏父子被俘放一块。因为《辽史》的纂修者根本没有想到张砺与赵氏父子之间的联系,当然这也许是《辽史》的编

①《洛中纪异录》,转引自《辽史纪事本末》12:286—287,记载了另一个结局:赵延寿驳斥了石敬瑭反对其秉政的说辞,导致德光烧毁石敬瑭的致书,任命赵延寿在辽的统辖下镇幽州。虽然随后赵延寿得到任命,但已时过境迁。

②《通鉴》280:9157—9160。高行周可能真想施以援手,因为赵德钧曾经将其推荐给李嗣源(《旧五代史》123:1612)。

③ 不同文献对于赵延寿越境的记载不尽相同,分为自愿、被迫以及非自愿三种情况,参见《附录》♯55、56 及其备注。

篡者故意阻断张砺与赵延寿之间的联系，原因则显而易见。

　　石敬瑭发现自己很难原谅赵德钧之前企图取代自己一事，这可以解释为什么赵氏父子被送至辽而非后晋，以及为什么除《辽史》外，所有文献都说他们是被锁归辽。[①] 但无论他们所到之地是何种环境，他们均得到了辽的善待。赵德钧仍任幽州节度使，六个月后死于任上。[②] 赵延寿继任，亦被封为燕王。938 年末，赵延寿任节度使所在的幽州升为辽南京，以其总十六州事，辽给予他的这一身份是他在南朝无以企及的。[③]

　　赵延寿似乎很乐意这么安排，但张砺则不同。张砺想要坚守道义原则，但他从未拒绝辽的任命，因为毕竟他字梦臣，他的"梦想就是成为一名大臣"。这次越境入辽，就像他第一次由后梁进入太原一样，辽以其所长命他为翰林学士。《新五代史》记载了德光"重其文学"，而后来张砺的两个本传则记载了他"临事必尽言，无所避"[④]。在这些记述中德光是一个具有传统美德的皇帝，而张砺是一个正直的臣僚。但张砺在入辽后不久，就试图返回南朝。

　　所有文献都记载了这一事件，但对张砺本人的关注仅见于地方志中。[⑤] 这一事件首先出现在《旧五代史》的记载中：

　　　　始陷契丹时，曾背契丹南归，为追骑所获，契丹主怒曰："尔何舍我而去？"砺曰："砺，汉人也，衣服饮食与此不同，生

----

① 《辽史》3：40 反而注意到德光在北归前检阅降将赵德钧父子及其兵马一事。
② 似乎他在见述律后不久便郁郁而死，此次会面赵延寿也在；《旧五代史》98：1310；《新五代史》72：894；《通鉴》280：9160—9161；《契丹国志》2：18，16：163。赵德钧墓已被掘，参见苏天钧《后唐北平王》。
③ 《辽史》76：1247 说他"总山南事"。
④ 《新五代史》72：897；《契丹国志》16：162；《辽史》76：1252。
⑤ 《奉天通志》221：7b(4702b)，因袭自《盛京通志》90：7b。

不如死,请速就刃。"契丹主顾通事高唐英曰:"我常戒尔辈善
待此人,致其逃去,过在尔辈。"因笞唐英一百,其为契丹主善 130
待也如此。①

　　这个故事阐明了张砺对于德光的价值,并且后来的一些文献
也重述了张砺的坦诚。德光没有惩罚张砺,而是责备通事高唐
英②,因其玩忽职守致使张砺不满离去。高唐英之属不仅是通
事,而且扮演着文化中介的角色。③ 如果这么说的话,高唐英及
其属下的确未能尽责。

　　我们可以在张砺解释他南归行为的记述中看到一些相关的
文化问题。张砺在《旧五代史》中的抱怨被《通鉴》重述,在《契丹
国志》中被再次重述④,而欧阳修保留了其核心的内容:"臣本汉
人,衣服饮食言语不同,今思归而不得,生不如死。"⑤以上四种南
方文献强调的重点是相同的:张砺抱怨饮食,忍受着剧烈的文化
冲击,所以与其待在辽,不如回后晋谋职。

　　然而,在《辽史》中张砺说:"臣不习北方土俗,饮食居处,意常
郁郁,以是亡耳。"⑥这是对上述南方文献中张砺回答德光的话的
重写。虽然《辽史》忽略了在现代人眼中张砺对族性认同的清晰
表述,但《辽史》依然揭示了掩藏在张砺思乡情绪下的文化观念。
文化背景各异的元朝史官意识到对不同饮食、衣服、居所的偏爱

---

① 《旧五代史》98:1316。
② 《通鉴》与《辽史》作"彦英",《契丹国志》的作者将"唐英"更正为"彦英"。
③ 参见胡三省注《通鉴》281:9170、塞诺《中世纪内亚的译语人》("Interpreters in
　 medieval Inner Asia")。
④ 此处有细微的改动,有些细节被忽略了。《通鉴》281:9170;《契丹国志》2:20,16:
　 162。
⑤ 《新五代史》72:898。
⑥ 《辽史》76:1252。

对日常生活的重要性，这并不令人奇怪。① 对他们来说，这些也都不是问题，困扰他们的似乎是张砺被贴上了"汉人"的标签，这一标签所附着的文化实体与德光所附着的文化实体是明显相对的。

当然，史家也许只是不想叙事过于混乱，所以删掉了"汉人"二字。元朝是否存在对"族性"的认知，还很难现在就推定。只能说，在元朝，"汉人"一词特指那些在本书提及的边疆区域的人，他们在元代的社会等级高于那些来自淮河以南的人。但元朝史官**131**去掉"汉人"一词，并不是用来澄清两者的区别，首先是因为张砺在元代定义中也是汉人，其次是因为《辽史》成书仓促，我们有理由相信，只有当出现严重问题的时候，才会考虑对文本修改。

因此这种变化说明，元代史官极为注意朝廷的态度，他们不愿将对"汉人"身份的认同与拒绝为"非汉人"的主子效力联系在一起。虽然在编纂《辽史》时，"汉人"为元效力并不会受到指责，但是在元初还是有一些关于隐逸的著名例子。② 也许《辽史》的编纂者在不久前还觉得，在史书中保留这么一位羁身元境又以身份认同为由拒绝为元效力的历史人物，对 14 世纪的人来说没有什么大不了的。

如果接下来我们以现代的民族和族性概念，重新回顾一下宋代文献，我们很可能认为 11—13 世纪的史家正在汉人中传递一种族性认同的理念。然而，就从这些史家的观点来看，他们很可能根本没有将张砺的话当作对族性认同的表述。而且只有在宋

---

① 奇怪的是，《辽史》将"衣服"替换为"居处"，这也许反映了蒙古人对古代这种区分华夷的标志很敏感，例如在管仲的故事中就有所体现（《论语》14：16—17）。
② 参见牟复礼《元代儒家的隐逸》；参较罗依果（De Rachewiltz）《蒙古早期的北中国人》（"Personnel and personalities"）。

亡至元（或是金）之际，文人才开始给旧的忠的观念（忠要求有节之臣不为无道之君效力）补充一些新的内容，他们认为皇帝的文化属性会影响到他的道德；然而一直到明，这种观念都未得到广泛传播，在当时王夫之有这样一种强烈的观念颇显另类。① 在宋朝，一个皇帝是好是坏，与他的文化属性无关。理论上，在任何情况下，人们都要为其效力。

　　因此，出自 11 世纪史家之手的文献并未将"臣本汉人"作为限制张砺行为的一种身份，而是仅将其作为张砺与德光日常文化差异的一种简单写照。我们可能注意到《旧五代史》两次提及张砺为"北来翰林学士承旨"，这可能是一种与韩延徽返辽后获得的契丹名相类似的标签，反映的是张砺本人的自我认同。② 德光显然知道问题所在，他对通事高唐英的惩罚便意味着知道克服思乡的方法，只是这种方法没有被完全落实罢了。事实上，犬儒主义者可能转而认为张砺是把离开辽作为一种改善效力环境的手段。无论是否如此，张砺返辽后，直至他与德光去世，张砺诚心诚意地为德光效力了 10 年。

132

辽与晋：联盟与战争中的忠诚与边界

　　德光与石敬瑭之间的联盟以及良好的私交为诸如越界劫掠与人口逃匿等越境问题提供了和平解决的方案。③ 德光的某些

① 牟复礼，《元代儒家的隐逸》；参较蓝德彰（Langlois）《中国的文化主义和根据元代所做的类推：17 世纪的概观》（*Chinese culturalism and the Yüan analogy*）与石康（Swope）《四海之内并非皆兄弟：1592 年宁夏兵变的民族认同和王朝忠诚》（"All men are not brothers"）。
②《旧五代史》98：1312，137：1835。
③ 参见史怀梅《剑桥中国五代宋史：五代》。

由南入北的臣僚在协调这种关系中的重要性,体现在晋定期遣使给辽朝重要人物的馈赠上,其中韩延徽与赵延寿作为辽南面官的头目,排名紧随皇族和北面官的南、北大王之后。① 对于韩延徽而言,礼物也许是对他在辽建立一套管理体制的回报,这套体制能够处理州与州之间的复杂关系。对于赵延寿而言,联盟双方给予的礼物可能更多的是诱惑其留在辽的手段。德光将赵延寿的妻子从洛阳接来陪伴他,因而赵延寿将一匹马献给德光以此谢恩(记于《旧五代史》),同时更卖力地为德光效力(记于《辽史》)。② 虽然赵延寿的知恩图报可能将他与德光的关系绑得更为紧密,但德光使其位居韩延徽之上,考虑更多的则是切断赵延寿与晋廷高层的联系。940 或 942 年,赵延寿身居南面官的最高职位,总山南事,这是韩延徽所不及的。③ 与此同时,张砺仍为翰林学士,未获升迁。④

对于韩、赵、张而言,直至 942 年局势都很稳定。该年石敬瑭的死致使德光与后晋的新皇帝石重贵之间的关系迅速恶化,这导致了一场双方长达四年的战争以及后晋的灭亡。⑤ 史书虽然没有记载韩延徽在这些事件中发挥了什么作用(虽然作为主要臣僚一定起了某些作用),但记载了张砺,而且赵延寿是主角。各种文

---

① 《通鉴》281:9188;《契丹国志》2:21。

② 《旧五代史》77:1018;《辽史》76:1247。

③ 赵的第二个职位是宰执,在 926 年以前被称为政事令,之后称为中书令,该名称一直延续至赵延寿被任命该职时(《辽史》47:774—775,也见《中国社会史:辽(907—1125)》,485)。有关该职位的研究,参见杨若薇《契丹王朝政治军事制度研究》,143及以后。

④ 《辽史》与《契丹国志》将张砺在 938 年与 946 年两次放在同一职位上,这给人留下该职位无须有什么能力的印象。因为两书均没有传达出张砺缺乏能力这样一个总体印象,所以有可能是叶隆礼记载有误,《辽史》因袭其误。

⑤ 《通鉴》283:9242—9243;《辽史》4:52;相关记述,参见史怀梅《剑桥中国五代宋史:五代》与《游牧者的需求:劫掠、入侵与 947 年辽的征服行动》。

献都强调赵延寿在其中所起的作用,这不仅反映了战争期间忠诚与边界之间的关系是如何变化的,而且反映了在一连串的史书中对这种关系的变化是如何理解的。《通鉴》虽然放大了赵延寿的作用,但《辽史》为了强调他的能力,或许达到了歪曲事实的程度。

《旧五代史》将战争的责任归于侍卫亲军都指挥使景延广的挑唆,他唆使晋少帝石重贵拒绝对辽奉表称"臣"。① 直至 944 年双方开始进入全面战争,《旧五代史》才提及赵延寿。《通鉴》完整地记述了景延广给石重贵的建议,而且也有意增加了景延广对赵延寿的指责:"北朝皇帝勿信赵延寿诳诱,轻侮中国。中国士马,尔所目睹。"②这指的是早前《通鉴》中的一段记述:石敬瑭死后仅六个月,赵延寿建议袭击南朝,因为他"欲代晋帝中国"③。即使这是真的,景延广也不可能知晓此事,但是《通鉴》在此并未将赵看作煽动战争的人,只是借以说明人们对辽已有的伐晋计划的普遍态度(虽然有些过激)。然而,《辽史》本纪记载的此次使节会晤比《通鉴》早一年,以此加深了挑衅来自晋的印象,并且《辽史》记载就在此后,"(太宗)始有南伐之意",并与左右(包括赵延寿)商议伐晋一事。因为《辽史》对此的记载与《旧五代史》一致,那么《通鉴》确实可能有意将赵延寿的形象抹得比原本应有的更黑。④

司马光或许很难原谅赵延寿指挥对晋的战争,但是从赵延寿的角度来看,他只是为完成父亲的承诺而战。因为赵德钧在

---

① 《旧五代史》88:1144;参较《新五代史》29:322。《旧五代史》本纪的记载给人的印象是,这场战争的结果是一个藩镇挑战石重贵以及辽的入侵。《旧五代史》81:1068—1082、1085。

② 《通鉴》283:9253。

③ 《通鉴》283:9243。

④ 与赵延寿议伐晋,见《辽史》4:52—53,该段记载源于《旧五代史·景延广传》,《辽史》承袭了《通鉴》的记载。即使我们接受了《通鉴》记载此次使节会晤的时间,但《辽史》仍坚称辽受到了挑衅。

936—937 年争夺统治权失败,赵氏家族失去了自己的军队因而无法建立自己的政权,但现在赵延寿是当时最强有力的政权中的一位高级将领,指挥攻伐不听话的属国。同石敬瑭一样,德光的支持铸就了赵延寿个人之功,这也让他在与其他潜在对手(包括后晋本身)争夺南朝控制权的过程中,在政治与传统上占据了强有力的地位。① 德光与后晋的联盟带来了更为稳定的局面,扼制了后晋内部各种分裂割据的企图。而且辽朝的集权军事体制,不像南方政权那样,让地方有发展的机会。② 景延广打破了辽晋双方的平衡,这为赵延寿带来了一个梦寐以求的机会。

辽攻克后晋经历了四个阶段三次征伐。在此,战事的细节不是我们所关注的,但赵延寿在其中所起的作用是我们关注的重点。在战争第一阶段,943—944 年,五种文献均记载了赵延寿率领大军攻克贝州,抵达黄河北岸,因其功勋授其魏博节度使,封魏王。《辽史》赵延寿本传说他再度击败后晋,俘获其大将赛项羽,不过后来在元城的交战中失手。③ 随着德光亲自设伏的失败,赵延寿建议"径入澶州夺其桥",直捣后晋首都。但没想到晋军在戚城顽强抵抗,南方系统的文献将此描绘为一场激烈的恶战,后来辽军败退,《辽史》却记载辽方获胜。显然,元朝史官并不认为赵延寿的计策是失败的。④

第二阶段,944—945 年,辽军前进缓慢。《新五代史》用有关

---

① 对此的一些影响,参见史怀梅《游牧者的需求:劫掠、入侵与 947 年辽的征服行动》。
② 《中国社会史:辽(907—1125)》,516 及其以后,尤其是 522—523;杨若薇,《契丹王朝政治军事制度研究》。
③ 《辽史》76:1248。另有文献称被俘的晋将为蔡行遇(《附录》♯74)。
④ 与之相似的变化出现在《辽史》本纪的 946 年,这意味着赵延寿在定州击败了张彦泽,而其他文献则记载契丹战败,没有提及赵延寿;《辽史》4:57,参较《旧五代史》84:1117;《通鉴》285:9310;《契丹国志》3:30。

辽军零星劫掠的材料补充了《旧五代史》的记述，以此暗示赵延寿对家乡的破坏。《通鉴》也记述了赵延寿在相州是如何用计的。城墙上的一小股后晋守军 500 人面对辽朝骑兵斗志昂扬，列阵以待，迫使辽军撤退。《旧五代史》说赵延寿率辽军"万余骑"，而《通鉴》则宣称赵延寿率辽军"数万骑"，这可能占了辽军的绝大部分比例。[①]《通鉴》把敌方写得强大，以此突出南朝守军的英勇，同时把赵延寿写进去，是为了提醒人们他不仅是残害父母之邦的罪魁祸首，还是一个被愚弄的敌人，甚至是一个叛徒。

　　文献中也展示了对忠的另一种选择。当晋人反击时，赵延寿率领辽军向北经过恒州（镇州）退至祁州。刺史沈赟出兵以击之，不料辽以精骑攻陷其城门。赵延寿试图劝降他："沈使君我故人也，择祸莫若轻，早以城降，无自辱也。"[②]但是沈赟登城斥责赵延寿："侍中父子误计，陷于契丹，忍以毡幕之众，残害父母之邦，不自羞惭，反有德色。沈赟宁为国家死，必不效汝所为也。"[③]

　　在 10 世纪几乎没有沈赟这样的事例：官员真正为了至高无上的忠而自杀。欧阳修从《旧五代史》的传中选取了这个故事，将沈赟入"死事"传。[④]《通鉴》也对此有详细记述。[⑤]　两书完全没有将沈、赵二人的行为做对比的意思，或许这恰好反映了两书的观点：沈赟的行为与其所处的环境是相符的。[⑥]　对于 11 世纪的史家而言，这段对话明显展示了对誓死效忠的选择，即使赴死也要

[①]《通鉴》284：9282。

[②][③]《旧五代史》95：1267。

[④]《新五代史》33：362—363。欧阳修称其为沈斌。有关"死事"章节，参见戴仁柱在欧阳修《新五代史》（英译本）中的评论。

[⑤]《通鉴》284：9284；随后是在《契丹国志》3：28 中的记述。

[⑥]沈赟曾是李继岌伐蜀大军中的得力干将，在军中他一定认识张砺（《旧五代史》33：457，95：1266；《新五代史》33：362）。有人推测这里是将沈、赵二人进行比较。

无怨无悔，并且相信会因忠于道义而永垂不朽。否则一个人为苟活而变节，即使他的良心未受谴责，也会遗臭万年。除《辽史》以外，所有文献中都出现了这段对话①，所以并不单单是 11 世纪的人强调沈赟的观点。但是沈赟的行为在 10 世纪会被认为很另类，而且当时人们并没有像后世一样将他奉作楷模。

虽然战争的结束方式完全取决于赵延寿，但为何取决他的原因发生了变化。在战争第二阶段末，一封无从稽考确切日期的书信邀请赵重新效忠于后晋。最终，赵延寿在战争第四阶段的前夜回应了这封信：赵延寿说他"思归中国"，但需要发大军接应。②欧阳修和司马光没有将赵延寿的行为视作通敌，而是将此视为赵延寿与其本应归属的政权之间的交流。对于这一部分，《辽史》的记载模棱两可，其中赵延寿说"我陷虏久"，然后说"宁忘父母之邦"。这有两种解释：一是"我陷虏久，宁（怎能）忘记父母之邦"；二是"我陷虏久，宁（宁愿）忘记父母之邦"③。不管以上对文献的哪一种解释，都将满足《辽史》未来不同读者群的需求。

在此，如果赵延寿自己的感受是难以琢磨的话，那么 11 世纪的文献则是很清晰的：晋军虽然掉进了赵延寿设下的圈套，但德光还是让他失望了。最早的《赵延寿传》说德光许赵以"南朝"皇位，之后《通鉴》补充说赵为此在辽晋战争中拼尽全力。④然而，当德光在中渡桥被晋军压制时，旋即许诺晋将杜重威代替赵延寿为中原之主，以此来劝其投降。这似乎是因为《通鉴》所记载的

---

① 《辽史》4：55；也见《旧五代史》83：1101。
② 特别是参见《旧五代史》84：1118；《新五代史》72：896，52：595；《通鉴》285：9306；《辽史》76：1248。
③ 《辽史》76：1248。"宁"字有歧义。
④ 《旧五代史》98：1311；《通鉴》283：9256。

"赵延寿威望素浅,恐不能帝中国"①。但其他文献对此意见不一。最早和最晚的《赵延寿传》均记载德光给了他与杜重威后晋降军的全部或部分指挥权。然而,《通鉴》却记载无论是赵延寿还是杜重威都没有得到皇位或军事领导权,这说明德光表里不一。在德光背弃对两位将领的承诺后不久,自己便在汴州称帝。②

赵延寿感到被愚弄了,但张砺与其站在了一边。赵延寿担心时间一久德光许诺他称帝一事将不了了之,所以请张砺代其提醒德光。张砺以册立赵延寿为皇太子的方式提醒德光,却未能成功。③ 据《新五代史》记载,此事完全是由 938 年冯道将冠服引入辽朝引起的:

> 德光将视朝(947),有司给延寿貂蝉冠,砺三品冠服,延寿与砺皆不肯服。而延寿别为王者冠以自异。砺曰:"吾在上国时,晋遣冯道奉册北朝,道赍二貂冠,其一宰相韩延徽冠之,其一命我冠之。今其可降服邪!"卒冠貂蝉以朝。④

按照他们那时的品级,947 年授予他们的冠服是符合唐代朝服标准的。而且,在这一时期的朝廷中,张砺获得的新职位和他之前的职任在唐代职官系统中同为三品。但两人都要求获得更高的职位:赵延寿要求德光许诺他的皇位,张砺要求辽南面官的

---

① 《通鉴》285:9318。
② 《旧五代史》85:1126,137:1835;《通鉴》286:9327—9330;《辽史》4:58—59。但笔者在《游牧者的需求:劫掠、入侵与 947 年辽的征服行动》一文中认为德光在此问题上别无他选,就像他不得不选石敬瑭一样,他希望授权他人管理南朝。
③ 《旧五代史》98:1312;《新五代史》72:897;《通鉴》286:9339;《契丹国志》3:36;《辽史》76:1248。
④ 《新五代史》72:898。《辽史纪事本末》5:116 在《考异》中删节了《新五代史》的这段记载,增加了辽代蕃人的朝服之制;《辽史纪事本末》12:289《考异》引用了《宏简录》以及《东都事略》的记载。

最高职位。但两人无一实现自己的抱负。

欧阳修强调赵延寿和张砺的性急，但司马光记载的一些事件，则从较为积极的一面来描述赵延寿。司马光认为赵延寿并非我们今天所看到的那样，是一个野心勃勃的好战者。并且连同对其他一些事的记述，《通鉴》在总体上表达了对张砺的认可。在征伐后晋都城的最后时刻，《通鉴》首先注意到了张砺为德光提供的建议：

> 今大辽已得天下，中国将相宜用中国人为之，不宜用北人及左右近习。苟政令乖失，则人心不服，虽得之，犹将失之。①

良臣的建议未被统治者采纳，但事后证明是对的，这是《通鉴》中一个传统的主题。因为在《通鉴》的记载中，德光被迫北归主要是因为他来自北方的随从和核心集团的傲慢与破坏行为失去了民心。

后晋降将张彦泽不费吹灰之力为辽占领了汴州，并且纵兵大掠两日；司马光将张砺的建议系于张彦泽纵兵大掠前。② 然而，后两种文献《辽史》与《契丹国志》的张砺的传记颠倒黑白。两书将纵兵大掠归罪于《契丹国志》称为"蕃"的北朝将领，这些蕃将随后听从了张砺的建议，因而也就意味着由北人率领的纵兵杀掠刺激了张砺说出反对北人治理南朝的话。《契丹国志》和《辽史》的记载表现出张砺情系故土，倾力避免家乡惨遭蹂躏的心情。

---

① 《通鉴》285：9319—9320。该段充实了《旧五代史》本传的记述，98：1314："此胡用法如此，岂能久处京师？"注意在这段记述中，看重的是这些人做了什么，而不是看重他们的文化类别。

② 《通鉴》285：9322。

德光在某一方面也做得不错,因为虽然他拒绝了张砺的建议,但在进入汴州的两天里,他亲自听取了张彦泽恣意横行的大量罪状,将其移交给受害者接受残酷的惩罚。德光迅速取得了后晋君主未能取得的成就,加强了他理应统治南朝的形象。

赵延寿在决定后晋降军的命运上,也扮演起了说服皇帝的良臣角色。杜重威的军队非但不愿投降,而且举声恸哭、咬牙切齿,所以为防哗变,德光要将他们屠杀殆尽。①《通鉴》从赵延寿最早的传中选取了一段他与德光的对话,其中赵延寿首先诱使德光去问他的观点,然后他向德光建议派晋军戍边对于防御后晋的南面和西面边界有益,使得德光大呼:"善!惟大王所以处之。"②在此,《通鉴》保留了《旧五代史》中赵延寿积极的一面,而且《契丹国志·赵延寿传》中的《论》甚至说这展示了赵延寿的"忠诚天性"。③ 在《旧五代史》中,这只是又一个良臣题材的新故事,但在《通鉴》中,它则用来帮助建构此时流行的叙事话语,即构建了文臣善谏与武将劣行的强烈对比:文臣向肯纳谏的君主(不管是否北人)建言,而武将(他们通常为南人,必然率领南朝军队)往往造成破坏。

德光北归,随行的几位臣僚中就有张砺。对此《通鉴》采用了较为客观的记述方式,这与《新五代史》的负面记述形成了鲜明的对比。欧阳修首先记述了当德光看到因战争而井邑荒残时,他说:"致中国至此,皆燕王(赵延寿)为罪首。"又顾张砺曰:"尔亦有力焉。"④这暗示着张砺身为一个以正直而著称的官员,应当尽力

①《通鉴》285:9318—9319;也见《旧五代史·杜重威传》109:1435。

②《通鉴》286:9331—9332;参较《旧五代史》98:1312。

③ 相反,《通鉴》胡三省注质疑其可信度,言赵延寿志在帝中国,赵所言旨在觇德光之意。

④《新五代史》72:899。

阻止这种破坏。司马光也记载了此次德光对张砺的指责,但这个故事显然有违先前张砺建言德光莫失民心的记述。对人物的描绘在《契丹国志》中再次发生变化,对赵延寿是负面的,而对张砺则是极为正面的。因此,叶隆礼和《辽史》的编纂者都删去了德光批评张砺失职的这一记载。

此后不久,德光死于新的辽中京(镇州)附近的路上。继位过程十分复杂,对后晋的征伐也使即位情况十分混乱。《旧五代史》记载德光任命赵延寿为中京留守,他随即赴任,掌管了包含后晋在内的"南朝军国事"。但一周后,赵延寿被德光的侄子兀欲囚禁,世宗通过假传德光遗训登上皇位。① 这种事很普遍,君主过世后,他的遗命也就很难再被继续执行了。

《新五代史》倒是对此有详细的记述,但欧阳修的这个版本仍是一个典型且复杂的皇位继承故事。在这个故事中,兀欲和德光随行人员中的核心人物也赶赴镇州,在那里赵延寿要求兀欲交给他镇州城门的钥匙。兀欲拒绝了他。赵延寿的谋士说:"契丹大人聚而谋者讻讻,必有变,宜备之。今中国之兵,犹有万人,可以击虏;不然,事必不成。"②"虏"大概指的是契丹贵族的上层,这些贵族可能反对赵延寿权知新征服的南朝军国事,但这并不是谋士劝赵延寿"击虏"的唯一原因。兀欲显然不是德光的子嗣,那么为皇位而互相残杀是可以预见的。即使没人要取代赵延寿权知军国事一职,这样的互相杀戮也很可能影响赵延寿控制的地区。赵延寿的犹豫不决给了兀欲在宴会上让其束手就擒的机会。在《新五代史》中,兀欲只是说德光未留遗命,但即使没有遗命,也无人

---

① 《旧五代史》98:1313,99:1329,100:1331;《新五代史》73:901—902;《通鉴》286:9356—9358;《契丹国志》4:42—43,16:165;《辽史》76:1253。
② 《新五代史》73:901。

反对兀欲宣称他的叔叔已许诺他知南朝军国事。这就免去了赵延寿权知南朝军国事的职位,而且兀欲明确想要控制辽帝国的南部,并想以此使自己成为德光的继任者,从而控制整个辽帝国。

在《通鉴》的叙述里,赵延寿的垮台更多的是咎由自取,并且这事有更严重的因由。司马光补充了关键的内容,赵延寿在率军回辽途中已不抱幻想,他宣布将不回北朝。后来,德光死,《通鉴》注意到主要人物均率军前往镇州,其中第一个便是赵延寿。"延寿欲拒之(这些主要人物),恐失大援,乃纳之。"[1]赵延寿不知契丹贵族已密奉兀欲为主,所以当司马光记载赵延寿宣布自己权知南朝军国事并将兀欲作为一名普通将领来奖赏时,他已在不经意间挑战了兀欲的位置。《通鉴》的记述虽未明确指出,但已暗示赵延寿认为自己是帝国皇位的有力竞争者,至少是南朝皇位的有力竞争者。

司马光给这个故事最后补充的内容再次加深了这一印象。他像欧阳修一样,也记载了赵延寿的谋士劝其应对突变要未雨绸缪,但就《通鉴》的上下文来看,几乎没有透露出一丝对赵延寿准皇位构成威胁的线索。虽然与《新五代史》的记述一样,赵延寿仍犹豫不决,但在《通鉴》中他最终决定举行一场典礼庆祝称帝。虽然他被谋士李崧说服未行此事,但这一记述将德光先前许给赵延寿南朝皇位一事,发展到了它逻辑的极致。

这与赵德钧不合时宜地力图接管后唐惊人的相似,这意味着直至继承权在上京被确定,赵延寿可能还一直在衷心地努力维护南朝的秩序。[2] 司马光也暗示他同样关注新任的辽汴州节度使

---

[1]《通鉴》286:9356;也见《契丹国志》4:42。

[2] 936 年,相似的情况也发生在赵德钧身上;参见史怀梅《谁欲为帝?——赵德钧、幽州与辽》。

萧翰。兀欲即位后不久，萧翰让李嗣源的一个儿子掌管包括征伐在内的一切南朝军国事，以便自己能够北归，因此萧翰也就避开了后汉皇帝刘知远的进攻。《通鉴》中也记载了有关如何应付如此复杂时局的讨论，并且李崧得出一个颇有借鉴意义的结论："事理难测。"自赵延寿年轻时起，政局突变，所以他的一位谋士告诫他，"虏意不同"①。

从赵延寿的主人死亡，直至一位合适的新主人出现在他面前，赵延寿只能效忠于自己。从辽晋联盟将边疆地区整合成为两个不同的政治单位开始，一直到辽晋两国开战，选择一个新的效忠对象的机会与后唐时期相比要少得多。赵延寿显然更想成为一个拥有至高无上权力的君主，但如果他无法成为皇帝，那么他需要使自己成为北朝或南朝皇帝的合法继任者，或者需要军事实力和战略地位来作为后盾，以他年轻时期节度使的方式在双方边境之间成为一方诸侯。赵延寿从同时期孙方简的例子中受到启发。孙方简通过在北朝与南朝皇帝之间各持两端、摇摆不定，在两年时间里一直享有对定州的高度自治权。但是当南北二主决意对孙方简之流加强控制时，孙方简最终被迫大幅倒向后汉。②"自治"已经不是那么容易操作了，除独立之外，也只能完全顺从而已，那就需要比大多数节度使更为果敢、更有实力才行。③

赵延寿常常面临重大抉择因而变动频繁，相比之下张砺所处

---

① 《通鉴》286：9357。

② 对于刘知远而言，实际情况也是如此；《孙方谏传》见《旧五代史》125：1649—1651；《新五代史》49：560。

③ 定难军的李氏便是一个例外，他后来建立了党项人的国家西夏；参见邓如萍《剑桥中国辽西夏金元史：西夏》，154—180。北汉则是另一个例外，虽然它的独立对辽的依赖较重。

的环境则变化较小。《旧五代史》只是简略地记述了赵延寿被兀欲囚禁,而《通鉴》则增加了戏剧性的成分,为赵延寿被捕增添了紧张气氛,并为兀欲提供了当面斥责汉臣的机会,其中兀欲第一个斥责的便是张砺。

> 兀欲召延寿及张砺、和凝、李崧、冯道于所馆饮酒。兀欲妻素以兄事延寿,兀欲从容谓延寿曰:"妹自上国来,宁欲见之乎?"延寿欣然与之俱入。良久,兀欲出,谓砺等曰:"燕王谋反,适已锁之矣。"又曰:"先帝在汴时,遗我一筹,许我知南朝军国。近者临崩,别无遗诏。而燕王擅自知南朝军国,岂理邪!"下令:"延寿亲党,皆释不问。"间一日,兀欲至待贤馆受蕃、汉官谒贺,笑谓张砺等曰:"燕王果于此礼上,吾以铁骑围之,诸公亦不免矣。"①

兀欲对张砺所说的话表明张砺似乎也牵涉进了赵延寿的谋反活动,这反映了张与赵的关系密切,德光谴责张砺与赵延寿要夺取南朝政权以及张砺为赵延寿求职一事也说明了这一点。欧阳修似乎进一步明确了这种关系,与《通鉴》记载相反,他发现在赵延寿被囚禁后,张砺是被兀欲罢免的主要对象之一。②

一直延续至《契丹国志》都有暗示张赵二人关系密切的记载,但是很明显到《辽史》就没有了。《辽史》记载了张砺随德光北归,撇清了张砺与赵延寿试图夺取皇位的联系,即便《辽史》出现了对这一事件的记述,也与张砺无关。对整个事件的省略,并且代之 *141*以兀欲因赵延寿"以翊戴功"而授其枢密使的记载,则意味着《辽

---

① 《通鉴》287:9358。《契丹国志》4:42 通常补充了《通鉴》遗漏的记述。
② 《新五代史》73:902。

史》想掩盖此事。①

《通鉴》的记述再一次展示了赵延寿对权力的渴望，但赵延寿由于缺乏城府，最终被排挤出辽朝的政治核心，未能实现愿望。《辽史》悄无声息地将他排除在外，这样既维护了他的声誉，又表明了他失去了在辽的政治价值。② 这是赵延寿和张砺首次亲历辽朝的权力交接，此时在如此巨大的政治文化环境差异下，他们显然措手不及。在这样一种情况下，受他们各自的政治地位所限，他们对忠的不同理解不足以使他们在这些事件中发挥实际作用。

虽然《辽史》本纪称赵延寿死时为南京留守、魏王，但他很可能是死于被囚禁后的一两年内。不管是何种死法，他都比张砺活得要长，张砺的耿介备受史家推崇，但这也使他成为别人的死敌。947 年，张砺卧病于镇州，辽将萧翰以兵围其第。据《旧五代史》言：

> 翰见砺责之曰："尔言于先帝，云不得任蕃人作节度使，如此则社稷不永矣；又先帝来时，令我于汴州大内安下，尔言不可；又我为汴州节度使，尔在中书，何故行帖与我？"砺抗声而对，辞气不屈，翰遂锁砺而去。镇州节度使麻答寻解其锁，是夜以疾卒。③

《通鉴》又进一步补充了萧翰对他的谴责："谮我及解里于先帝，云解里好掠人财，我好掠人子女。今我必杀汝！"④张砺回复

---

① 《辽史》76；1248。
② 这与后来掌握实际权力的人，特别是与韩德让形成了鲜明的对比；《辽史》82；1289。
③ 《旧五代史》98；1315—1316。
④ 《通鉴》287；9365；也见《契丹国志》16；162。据其《辽史》本传（76；1245），解里力图阻止张彦泽杀掠汴州。

道:"此皆国家大体,吾实言之。欲杀即杀,奚以锁为!"[1]张砺并非因病而亡,而是"愤恚而卒"。后来的两种文献《契丹国志》和《辽史》也采纳了这一说法。[2] 最后,司马光强调了张砺对道义的执着追求,他可以为此赴死,这与萧翰未开化的行为形成了鲜明对比,萧翰要对张砺的死负责。《通鉴》这一细小的改动传达了这样一层含义:张砺维护了自己核心的道德观念,而萧翰的行为如同野蛮人。但是,不管别人如何看待张砺,司马光本人既未将张砺的正直归结为他是汉人,也未将萧翰的横行无道归结为他是契丹人。实际上,司马光一直将与萧翰一样同为契丹人的太宗德光描述为各方面都符合标准的君王,但他花了大量笔墨谴责汉人赵延寿。

边界与忠:文化或政治?

虽然张砺和赵延寿在他们职业生涯初期曾多次易主,但936年之后他们再也没有这么做。虽然张砺的确尝试过,赵延寿也曾试着成为君主,但直至辽太宗耶律德光去世,两人一直衷心为之效力。虽然他们都觉得应当获得更大的认可,但他们没有一个表现出对效忠于谁的选择和行为而后悔,没有一个表现出返回南朝的强烈渴望。

一首罕见的出自辽南人赵延寿之手的诗,为我们了解他的感受提供了一些线索。

　　黄沙风卷半空抛,云重阴山雪满郊。

---

① 《通鉴》287:9365;《契丹国志》16:162。
② 颇具讽刺意味的是,萧翰后来反抗兀欲,于949年一月被处死;《辽史》5:65。

探水人回移帐就,射雕箭落着弓抄。

鸟逢霜果饥还啄,马渡冰河渴自跑。

占得高原肥草地,夜深生火折林梢。①

这首诗确有唐代边塞诗典型的朦胧特征,表达了某种忧郁,当然更主要的是表达了对平静的渴望。② 如果这表达的是赵延寿的真实感受,那么他似乎对自己现在平静的生活很满足,并不感到沮丧和不安。

虽然赵延寿和张砺也许觉得他们的行为没有什么问题,但这一观点并不被他们同时代的人认可。然而韩延徽和张砺为南朝效力时,他们并未因几易其主而得到包括文献记载在内的任何负面评价,但是 936 年赵和张做出的选择则导致他们遭到批判,不管是实实在在的批判还是含蓄的指责,均来自他们那个时代的人和史家。

两个人都遇到的问题是 936 年政治形势的剧变(虽然并非不可避免)。虽然后唐将梁与太原的晋政权纳入一个皇帝的统治下,并开始限制节度使的权力,但割据地方的藩将们仍是朝廷一个严重威胁。③ 在极端的情况下,节度使甚至可以夺取整个帝国,例如李嗣源在 926 年所做的,当然还有 936 年的石敬瑭。辽晋联盟使得石敬瑭可以进一步削夺他辖域内节度使的自治权。虽然相较于南朝,德光的政权更为稳固,但这也为德光提供了一

---

① 《太平广记》200:1508;《全五代诗附补遗》9:155;《全辽文》4:69 以"重"代"动"。《全五代诗附补遗》称此诗为《塞上》;陈述,《全辽文》称其为《失题》,但言该诗"咏契丹御景色也"。在《太平御览》中无题。

② 参见詹玛丽《岑参》、胡若诗(Hu-sterk)《好恶之间:唐代诗人的"夷狄"观》("Entre fascination et repulsion"),参较林可(Linck)《中国边塞诗中的边界观》("Visions of the border")。

③ 参见王赓武《五代时期北方中国的权力结构》,134—143。

个用以喘息、巩固政权的机会。直至943年辽晋交恶,辽所面对的不再是一个像936年那样一触即溃的节度使联盟,而是一个在某种程度上充满凝聚力的国家,这个国家支撑了一场全面而持久的战争。

战争明确了选择,因为邻国和联盟变为了敌人,并且这种改变也带来了对忠的评价的变化。赵延寿和张砺在战争中越境入辽,他们的选择,或者至少是赵延寿父子的选择,决定了石敬瑭挑战南朝皇权的成功和德光的介入。假如赵延寿和张砺后来没有深陷与南朝的战争,这是可以被接受的。

我们可以看到同时代的人对他们行为的不满,从沈赟在祁州对赵氏父子激烈并且戏剧化的斥责中可以看到这一点。对这一斥责的记述在我们现存最早的文献中占有重要地位。因为在这一时期能够表达出这种忠的观点极为罕见,所以能出现这种声音具有重要的意义。虽然持与沈赟类似看法的人极少,但是按照记载,赵延寿和张砺在战争中及之后的所作所为,说明了在该时期的文本创作中,已开始出现这样的观念:即赵延寿和张砺很可能在战争中"站在了错误的一边"。然而,韩延徽和其他人在辽初创时就已入辽,在战争期间继续为辽效力并未受到谴责,但是赵和张就要对在战中为辽效力承担责任。

当韩延徽选择为辽效力而非为幽州效力时,他的行为并没有产生立竿见影的重要政治影响,因为他那时年轻,虽然有野心,但只是个小人物,而且阿保机的政权才具雏形。虽然从长远来看,韩延徽对辽立国贡献较大,但就短期而言,韩仍是自己行为的主要受益者。韩延徽的越境与张砺早期选择由梁转向为太原效力相似,那时张砺也是初出茅庐的年轻人。但相反,赵延寿和张砺在936年做出的选择,以及由此在10世纪40年代产生的结果,

144

在政治上都不可能是中立的。因为他们的选择是将一段已有的稳定的忠诚关系改换成另一段忠诚关系，而不是简单地建立一套无须打破先前稳定关系的新的合作关系。

那么，赵延寿与张砺的差异之一就是身份：地位越高，决定的影响力就越大，所以如果决定被认为是错的，那么相应承担的过失也就越大。但是两个主要政权的政治形势已被固定下来，双方先是盟友，后是敌人，这也在两者之间画出了一条更为清晰的界线。双方让忠诚的改变立即变得更加明显、更加重要。这普遍提高了改变忠诚的风险。政治仍是导致这种态度转变的决定因素。不过，当可以评价某人"应当"做这个选择而不应当做那个选择时，道德色彩不可避免地开始悄悄介入其中。我们在沈赟斥责赵氏父子时再次看到了这一点。

赵延寿和张砺积极为南朝的敌人效力引发了新一轮对道德的关注，这可以在《通鉴》中李恕给赵延寿之子赵匡赞的一些建议中看到。这位建言者李恕是赵延寿的旧臣，他建议赵匡赞离开辽加入后汉新政权，但是赵匡赞担心因为父亲的行为而被后汉拒绝。李恕说："燕王入朝，岂所愿哉！"①李恕意识到赵延寿的选择是有问题的，但是这也暗示了如果赵延寿是被迫这么做的话，那么他的选择也是可以原谅的。虽然这话并没有太大的说服力，但似乎刘知远还是接受了李恕为赵延寿开脱的这个理由。当然，刘知远的决定也受到这样一个可能性的影响：如果他不接受赵匡赞的效忠，那么他将会在与后蜀争夺臣僚的竞争中失去赵匡赞。这个世纪的前 30 年时间里，两者一直为此你争我夺。

但重要的是直至 10 世纪中叶，易主行为都没有被夸大为道

---

① 《通鉴》287：9382。

德问题。因为刘知远接受赵匡赞的效力表明,无论何时只要政治
形势提供选择的可能,主人对臣僚的选择仍是一个平常的并且完
全可以被接受的行为,因此 947 年辽离开后,这种情况再次出现。
也只有在战争的特殊情况下,在两个已建立的国家间改变立场,
并且改变立场的那些人所作的决定具有重要的政治意义,这才可   145
能引起官僚阶层中少数人的关注。随着后周的建立以及辽决定
支持北汉在太原抵抗后周,这种情况直至 951 年才可能出现。在
辽晋战争期间,所有我们看到的对易主行为的忧虑仅局限于那些
想法与众不同的人的范围内。

也许更让人意外的是,11 世纪的文献几乎不关心赵延寿和
张砺越境为辽效力的对与错。正如我们所预期的那样,对他们行
为的最直接评判来自欧阳修。他关注的恰恰是越境的问题,并且
删去了那些展示张砺早期个人忠诚和赵延寿阻止屠杀晋军的记
载,而增加了对他们摧毁南朝的错误行为的指控,同时用冠服的
故事来强调他们二人的虚荣做作。然而奇怪的是,欧阳修既没有
指责赵延寿挑起伐晋的战争,也没有宣称他是为了皇位的承诺才
打的仗(即使后一件事已出现在《旧五代史》中);而且,在《新五代
史》中兀欲的即位只是展现了赵延寿缺乏城府,并没有表现出赵
延寿积极谋求皇位的一面。这其中的教训也许是:"当你胡乱插
手自己没把握的事情的时候,后果便是如此。"但即便如此,似乎
对于欧阳修而言,这只是一个判断失误的问题,并非是一个不道
德的问题。

司马光在他的书中对张砺的评价是正面的,强调他不惜以死
来捍卫至高无上的原则,但是对赵延寿则有大量的指责。《通鉴》
详述了赵延寿无力抵抗后唐掌权者,首次提到了他对伐晋的热
情,网罗了德光死后对赵延寿争夺皇位的争论。但是《通鉴》也保

留了赵延寿挽救晋军的记载,并且以后晋定期向其馈赠礼物来突出他的重要性。最重要的是,司马光记述的几件事情展示出赵延寿是一个以恰当的方式向主人进谏的良臣。

所以这幅图景是复杂的。虽然赵延寿越境入辽受到批评,但此事遭到反对与辽朝君主的品行无关,因为德光能认识到赵的良臣之才,说明他也是值得良臣为之效力的明君。这里不是在评判德光的道德,而是在评判赵选择为南朝的政敌效力,此事是否正当?赵延寿使对北朝与南朝政权的界定更加泾渭分明,但是对于司马光而言,南北双方的这些差异是长期存在的,也是最重要的。如果他当时所关注的这些差异阻碍了他对一个多世纪前的事物的认识,对此我们不应当感到惊讶。然而,贤明可敬的德光已经故去,但对司马光而言,德光毕竟是敌人,这也是赵延寿不应当为德光效力的原因。

但是这样的评判依然不涉及文化内容而且完全不涉及"族性"因素。无论是赵延寿还是张砺,他们对于征伐那些与自己有同样文化倾向的人毫不感到愧疚,其他人也没有这方面的问题。大唐帝国领地内的藩将们数十年间相互攻伐,涉及的只是政治利益、军事实力和经济资源,无关其他。文化属性,更别提我们所说的族性了,没有一个是他们考虑的因素。即使当张砺建议不要"北人"治理南朝时,他担心也只是特殊的契丹贵族小集团的统治,或者至少担心的是北人的文化身份会让被征服者抵制他们的政治权威。

但如果文化认同不是做决定的一个因素,那么文化差异则是,并且它会成为一个影响个体生存环境的因素。张砺试图离开辽给出的理由显然是一个极好的例子,而赵延寿明显无法理解辽朝继承之争的实质则是另一个例子。他是辽南面官系统中最高级别的官员,但他从未经历过辽的皇位继承。按照唐朝的模式,他既没有料到契丹贵族遵循的是完全不同的规则;也没有料到,像他这样地位的人,会被完全排除在皇位继承整件事之外。

在《契丹国志》,更多的是在《辽史》中,我们可以看到它们的关注点相当不同。虽然《契丹国志》几乎照搬《通鉴》的记述,但《契丹国志》暗示了是契丹的劫掠致使张砺提出以南人治理南人的建议,而没有简单地将张的建议放在对契丹掠夺后晋都城的记述之前。这意味着到了 13 世纪中期,南宋与蒙古交战,文化边界意识增强。对于《辽史》而言,文化认同也是一个问题,这表现在《辽史》删节了张砺"臣本汉人"的表述上。但是删除这一表述的原因是政治而非道德。汉人必须被塑造为一个热心为"非汉人"的君主效力的仆从,在这方面赵延寿被描绘得有过之而无不及。147与其他文献相比,他被《辽史》塑造成了一位良将,元代的《赞》说他"功勋卓著"。《辽史》删去了所有赵延寿在德光死后不愉快的事情,但在对赵延寿早期要求立储的评论时也在一定程度上表达出了一种尴尬:"若延寿之勋虽著,至于觊觎储位,谬矣。"①

对于张砺,但更多的是对于赵延寿而言,实际上在他们生活的时代,对他们易主行为的评价就已发生了变化。我们所掌握的文献反映了这些在叙述上的变化:最早期的文献开始将道德问题考虑进越境行为中,但至少直到 13 世纪才将文化认同考虑进去。然而在 10 世纪后半期,对越境的看法开始转变,已较为接近后来史家的态度,正如我们将要在李瀚与王继忠的故事中所看到的那样。148

---

① 《辽史》76:1253。

第6章 画一条线——对忠的重新定义

> 在那时,拉罗舍尔市(La Rochelle)市长是一位机智的
> 人,妥善经营着自己的事业;同时,他本质上还是一个善良的
> 法国人,就像他表现出的那样。时机一成熟,他便在咨询与
> 他一样聪明的市民后,推进自己的施政纲领。
>
> ——傅华萨(Froissart),《法国编年史》(*Chronicles*)

从947年李瀚越境到1003年王继忠越境,在这半个世纪里,
边疆的含义在一些方面发生了巨大的变化。在10世纪中叶,李
瀚能施展才干的前提是,说服一名官员易主对于地缘政治具有重
要意义,但到了1003年,不管是地方官吏还是朝廷大员,个人对
于忠的选择不再对边界的变动产生任何影响。

947年大部分官员被留在镇州,李瀚是被兀欲挑选继续赴辽
的后晋官员之一。李瀚在后唐和后晋任文职,在辽以其文学才能
而重获任用。李瀚与我们以上三位研究对象相识,但他从未与王
继忠谋面,因为王继忠1003年才入辽,距李瀚去世和宋朝建立已
有40年。那时局势大变,南方的诸侯都被宋朝收编了,不肯归顺
者都被镇压了。宋已经历了两次顺利的政权交接。与他的先辈
不同,王继忠对其他政权一无所知,他从未经历过改朝换代。毫
无疑问对于宋的统治精英来说,没人与他们争夺南方的统治权;

因而他们才能转而集中精力与邻国辽争夺政治边界的位置和
归属。

在这个已发生巨变的世界里,王继忠的例子有些特殊,实际 *149*
上在澶渊之盟有效地阻止长久以来的越境行为之前,他是最后一
批越境入辽者。王继忠虽因促成澶渊之盟而闻名,但他也是第一
个真正感受到澶渊之盟影响的人,因为盟约迫使他无法还乡。因
此,他身处在两个"世界秩序"之间的过渡阶段。李瀚与王继忠两
个个案身上表现出来的模糊和不确定,可以说明后来对忠的理解
和期待,挑战着最初这些文本作者对忠的理解。

虽然李瀚不是最早一批入辽者,但有关他的记载零散且混
乱。① 有关李瀚的记载,除一个有其清晰独立的史源外,其他均
没有,这些记载很可能是从不同的史料中抄缀拼凑而成的,所以
我们无法推测有多少编纂者臆加的成分在里面。王继忠的材料
也同样存在史源分散的问题,不过他和李瀚在《宋史》中均有
传。② 编纂《李瀚传》的材料很可能是由其在南朝的家兄李涛提

---

① 有关李瀚的文献:《旧五代史》51:694,76:1009,77:1013,79:1043,82:1091,84:
1108,112:1482—1483,119:1586;《新五代史》29:320,73:902;《通鉴》278:9095,
282:9218,284:9273,287:9364,290:9479,294:9601;《契丹国志》4:43;《辽史》4:
60,6:70,47:779、782,103:1450(《传》);《宋史》208:5349,262:9062—9063(《传》)、
9066;《辽诗话》A:15b;《辽诗纪事》4:9b;《辽史拾遗》21:399—400;《辽史拾遗补》
5:123;《辽文萃》1:3a(29);《辽代文学考》A:30a;《全辽文》72;《全唐诗》11:770:
8748;《全唐文》861:12a;《全五代诗》12:265;《全五代诗附补遗》11:203;《宋史新
编》72:5a。《长编》于 977 年与 979 年记有李瀚,"瀚"可能作"瀚",但我们所说的李
瀚死于 962 年。

② 有关王继忠的文献:《隆平集》18:686—687(《传》);《长编》45:971,49:1066—1067,
51:1125,52:1137,54:1190、1192,1196,57:1265、1268—1269,58:1278—1279,
1282—1283、1285—1286、1291、1294、1296;《东都事略》42:647—648(《传》);《契
丹国志》7:63、67,13:143,14:152;《辽史》14:158、160,15:172、179,16:185,47:
789,81:1284—1285(《传》)、1286、1287(《论》),85:1314、1316,88:1340,115:
1521;《宋史》7:121、125—126,257:8951,278:9465,279:9471—9472(《传》)、9493
(《论》),280:9507,281:9520,285:9614,287:9658,290:9705,9710,324:10474。

供的,而《王继忠传》的材料很可能源自两种 12 世纪的私人著述。[1] 以上二人未见于正史的诸多记载,被收于清代的《辽史纪事本末》以及在此之前的文献中。李澣自己的作品在其死后被收入《丁年集》,不幸的是该书已亡佚。但是,《玉壶清话》(1078)保存了其中的一首诗。[2]

忠贞至死？947 年辽征服以后的李澣

李澣是李回的曾孙,李回在唐武宗朝(840—846)为相,是李氏皇族的远亲。[3] 因此,李澣获得了最好的教育,而且无须为官也可以任意游走于上流社会。《宋史》本传记载他幼时便能"慕王、杨、卢、骆为文章",说明他的文学才能似乎是与生俱来的。他的骈文被当作公文的典范,而他本人也在各种史书记载中广受赞誉。[4]

李澣最重要的特点是他的文学才能。当他在后唐秦王李从荣幕府效力时,他是一个前途光明的进士,但 933 年十二月初秦王政变,他受到了牵连。虽然李澣那时在河南为官,但还是与其

---

[1] 《东都事略》(1186)与《隆平集》(1142)对王继忠的记述几乎一致,并且两书的主要史料并非来自《宋史》(参见海格在吴德明《宋代书录》中撰写的《东都事略》解题,90)。

[2] 这里的李澣并非如《四库提要》与《全唐诗》所言,其为儿童蒙学书籍《蒙求》的作者。唐代《蒙求》在日本的古钞本与敦煌残卷本证实了宋代文人认为该书的作者为另一个更早的李澣是完全正确的;毕索娟《世所仅见的辽版书籍——〈蒙求〉》。

[3] 参见胡三省注(《通鉴》278:9095)。《李回传》见《旧唐书》173:4501—4502,但未见于《新唐书》。

[4] 例如,《五代史补》3:6a—b。宋初文人苏易简(958—996)也称其"词藻特丽,俊秀不群";《辽史拾遗补》5:123 引《续翰林志》;《辽史纪事本末》18:346。有关初唐四杰,参见倪豪士(Nienhauser)《印第安纳大学传统中文手册》(*Companion to traditional Chinese literature*),尤其是 105—108。

他人一同被贬。对李瀚来说值得庆幸的是随后李从厚即位,李瀚很可能在 934 年一月前已被召回朝廷,负责撰写起居注。① 如果 *150* 没有权力的更迭,即便李瀚有才,也很难说他还要在卑微的地方职任上待多久。李瀚必然见证了李从珂(934)和石敬瑭(936)的即位,并且趁着石敬瑭即位后用人之际成为翰林学士。② 数月后,也许是对李瀚文学才能的认可,他虽身为八品"拾遗",但仍被授予了五品官的绯袍和鱼符。③

这也是在石敬瑭 940 年废翰林学士、端明殿学士和枢密院学士后,李瀚立即重获任用并有所升迁的原因。然而,令人奇怪的是,11 世纪的文献注意到李瀚"好饮而多酒过,高祖以为浮薄。天福五年(940)九月,诏废翰林学士"④。其他文献也说李瀚"轻薄,多酒失,上恶之,丙子(十月十七日),罢翰林学士"⑤。虽然在文献中没有明确李瀚与废翰林学士之间的因果关系,但已明显暗示了这层关系。⑥ 但很难说清这一记述与李瀚升迁之间有怎样的因果关系。

李瀚好酒是一个较为普通的癖好,这种癖好通常与非凡的创造力联系在一起,战国末楚国的屈原就是典型的例子,离李瀚较近的典型例子就是唐代诗人李白和杜甫。可能发生于 940 年的一则故事说道:

---

① 《宋史》262:9062;《通鉴》278:9095(他被贬谪是在 933 年十一月十四日)。

② 《旧五代史》76:993—1000。

③ 唐代文人韩愈在其《董公行状》中注意到,皇帝以其谨愿,使其为翰林学士。转引自《汉语大辞典》9:888。

④ 《新五代史》29:320;也见《旧五代史》79:1042。

⑤ 《通鉴》282:9218。

⑥ 元人胡三省强调了这层内在的联系;《通鉴》282:9218。通过对比"李瀚之酒失,罢之是也,因而罢翰林学士,非也",胡暗示李瀚酗酒仅是石敬瑭罢免其周围儒生的借口。

澣登科,在和凝榜下。与座主和凝同为学士,会凝作相(940),澣为承旨,适当批诏。次日于玉堂旧阁(澣)辄开和相旧阁,悉取图书、器玩去,留诗于榻上云:

座主登庸归凤阁,门生批诏立鳌头。

玉堂旧阁多玩珍,可作西斋润笔不?

人皆笑其疏纵。①

不过,李澣却因为他人的推荐而获益。943 年辽与后晋之间爆 *151* 发战争,像冯道一样受人尊敬的高官们加倍努力复置枢密院,为的是卸掉他们无法胜任的额外负担。② 他们在 944 年实现了愿望,桑维翰仍任枢密使,统领朝廷百官,两周后复置翰林学士。③ 李澣再次因他人的政治动议而获益,因为他是与桑维翰一起官复原职的许多"亲旧"之一,而且被升为五品官。这些人在之后的辽晋战争中制定着方针政策,后来又因都城沦陷而在 947 年向德光投降。

德光打算携所有后晋官员北归,但他死后,他的侄子兀欲需要巩固皇位,这使得带着这么一大批行进缓慢的随从继续北归变得不再现实。德光已选出了一批文采卓著的官员伴随左右。这些人中包括宰相冯道、李崧与和凝,但也有一些博学多才的年轻文人,如李澣。④ 张砺实际上从与他们一起为后唐效力开始就认识所

---

① 陈继儒(1558—1639),《古今诗话》,引自《辽史拾遗》21:399;在《辽史纪事本末》18:346 中略有删节。

② 参见史怀梅《剑桥中国五代宋史:五代》。

③ 此事系于 944 年六月,分别为六月二十八日与七月十六日。《通鉴》284:9273;《旧五代史》82:1091;《新五代史》29:320。

④ 桑维翰在张彦泽劫掠汴州期间被其所杀。展示其他有才能之人的《传》及现存文献有:冯道——《旧五代史》126:1655—1666;《新五代史》54:612—615;《全五代诗附补遗》9:150—151。李崧——《旧五代史》108:1419—1421;《新五代史》57:653—655。和凝——《旧五代史》127:1671—1674;《新五代史》56:639—640;《全五代诗附补遗》11:191—199。

有这些人,因而也一同随行,也许他还充当了临时通事。这些人被兀欲召至所馆饮酒,席间赵延寿被抓[①],但当兀欲加速北归时,留下了三位宰相,仅带了一小部分人随行,其中就有李澣。[②] 据《五代史补》言,李澣"(北主)以其才,特留之"[③],从归上京,授翰林学士。[④]

虽然 951 年李澣再次通过易主行为获益,但他没有尽忠报主。是秋,兀欲支援北汉攻打后周失败,其间兀欲遇刺身亡,由其堂弟耶律璟即位,是为穆宗,他升李澣为四品官。[⑤] 耶律璟迅速得到了怠惰和行为乖张的恶名,此时南朝正处在一位立志开疆拓土的君主统治下,这样的统治者自唐以降已不复见。李澣将自己对上一任北朝皇帝 * 的忠诚移交给下一任北朝皇帝,并且直到那时他似乎都十分乐意为辽的君主效力。然而,现在他甘愿冒险与后周联系,计划携辽南京节度使及其辖地转投后周,以此表忠。

很显然,我们可以看到七条有关李澣叛逃活动的记载,但是大多只讲述了部分情况。[⑥] 事情基本是这样的:952 年李澣说服 [152]

---

① 仅《通鉴》287:9358 提及和凝。参较《契丹国志》4:42;《旧五代史》100:1331。

②《通鉴》287:9377 将此事系于 947 年九月。其他官员重新效忠于南朝。此处仅《契丹国志》提及李澣。我们并不清楚兀欲为何当时从几乎整个后晋的官员中选择这些人随其北归。德光曾抱怨官吏废堕(《辽史》4:60),并且先前听从建言,先令有职事的要员随行。

③《五代史补》3:6b。

④《辽史》103:1450。

⑤《辽史》47:779。

 * 译者按,"北朝皇帝",作者原误作"南朝皇帝"(southern emperor),揆上下文此处应作"北朝皇帝"(northern emperor)。

⑥《辽史》(6:70;103:1450)关注的是李澣谋南奔被发觉之后的事情,这意味着辽方可能从未深入了解整个事件。《宋史》李澣本传(262:9063;也见《通鉴》290:9479)提供了一个相对完整的记述,李澣传的作者使用的史料很可能来自李氏家族。然而《册府元龟》(完成于 1013)提供了最为详细的记载,这些记载被收录进《辽史纪事本末》,其中包括三封信:《辽史纪事本末》18:345—346,该书也从《通鉴纲目》中引了相关记载。这些信件也被收录于《辽文萃》3:4b、7b—8a,5:10a,以及《全辽文》4:72。

契丹节度使萧海贞（亦称眉古得）转投南朝，并且李澣通过定州孙方简秘密与后周联系此事。《旧五代史》本纪中简明扼要地说："壬寅（七月十二日），前翰林学士李澣自契丹中上表，陈奏机事，且言伪幽州节度使萧海贞欲谋向化，帝甚嘉之。"①

除此事外，萧海贞并不为人所知，至于他为何这么做，史书中也没有给出一个令人满意的解释。《册府元龟》说他"慕"中原（也许渴望去那里）②，但这确实不足以使身居高位的契丹贵族想要易主；即使倾慕中华的东丹王耶律倍也只是到了生死攸关之际才逃离辽的。③ 最有可能的是政治原因。萧海贞的姐姐嫁于辽帝兀欲。在耶律璟刺杀兀欲后，萧海贞作为后族直系成员之一，非常担心自己在辽的安全。诚然，新皇帝虽派其到幽州南京任职，但对于萧海贞而言福祸难测。

无论萧海贞的动机是什么，李澣的作用就是让萧确信会获得后周的救援，甚至支持。然而，两人似乎谁也未付诸行动。直至定州的间谍田重霸到来，他将李澣的一封信交予节度使孙方简。孙方简通知后周的郭威，此后田重霸直接将李澣的信件交予后周。至此，萧海贞显然想让郭威出兵，为此他向后周提供了一份被辽扣留的使节名单以示诚意。但是李澣报告郭威，实际上在他送出信件时萧海贞仍犹豫不决，这显然是因为萧海贞没有得到后周的回应。李澣向萧的属下展示了一道郭威所下诏书，以此说服了萧继续与田重霸联系。④

李澣的信件表明他在劝说萧海贞易主上下了很大功夫，当然

---

① 《旧五代史》112：1482。
② "慕"同时有"渴望"与"倾慕"两层含义。
③ 《旧五代史》41：570；《通鉴》277：9052；《辽史》3：32。
④ 《辽史纪事本末》18：345—346。

这么做都是为了后周的利益。田重霸也给李澣带来了一封信,信中表明了家兄李涛在后周的"家问",李澣回信催促李涛要快速行动才能为南朝争取到最好的结果:

> 今皇(耶律璟)骄骖,惟好击鞠,耽于内宠,固无四方之志。观其事势不同以前,亲密贵臣尚怀异志;即微弱可知……乘其乱弱之时,计亦易和。若办得来讨,唯速;若且和,亦唯速。将来必不能力助河东也。①

《宋史》在记述此事时强调的是李澣在此事上的主动性,因此在他附给南朝的信中说:"澣乘间讽海贞以南归之计,海贞纳之。周广顺二年(952),澣因定州孙方谏(简)密表言契丹衰微之势……"②《册府元龟》的记述则暗示田重霸的到来起了决定性的作用,但《宋史》给人这样一种印象:李澣已为易主做好准备,正将后周拉入计划。而且《宋史》补充说李澣被要求继续为后周提供情报。因而,《宋史》所传达出来的李澣忠于后周的信息得到了强化。

然而,我们应当考虑到李澣很可能并不愿继续为后周效忠。以上的证据透露出,李澣的主要目的是想让萧海贞在割据一方的边疆藩镇中享有与定州孙方简同样的地位,因为与李澣首先接触的孙方简,先是成功地将他的忠诚及其藩镇在 946 年献给了辽,然后又于 948 年献给了后汉。幽州的地理位置优于定州,更易于在两个政权间各持两端(见图 10),并且幽州从 8 世纪中叶开始就已从南朝政权中独立出来。随着郭威领导的后周蒸蒸日上而耶律璟统治下的辽停滞不前,萧海贞为表忠心欲携其所辖的整个

①《与兄涛书》引自《全辽文》5:10a 及《全辽文》4:72。也见《全唐文》861:13a。
②《宋史》262:9063。

辽南京地区转投后周。

　　如果真是这样，那么李澣与后周的关系则纯属偶然，并非原先就计划好的。正如我们所见，直到 10 世纪中叶，要求与邻国建立宗藩关系仍是寻求藩镇割据的那些人惯用的伎俩。建立这种关系的标准方式就是邀请宗主国进攻现在的君主。萧海贞不仅要求郭威保护其安全抵达后周，而且要求他进攻辽。既然从抵辽伊始，李澣看到的只是事业上的按部就班而不是平步青云，那么现在他已经发现成为割据一方的边疆节度使的左膀右臂获得的好处，是朝廷里的中级文官无法获得的。

　　不管李澣出于什么目的，他的所有努力都是徒劳的，因为"壬寅（七月十二日），重霸至大梁，会中国多事，不果从"①。虽然《辽史》本纪将后周侵袭北汉系于同一日②，但实际上，后周早已开始应付来自慕容彦超的挑战。③ 如果萧海贞按其所说带着南京来投奔郭威，他应该很高兴，但是此时郭威根本无法两线作战。④

　　但是至此，时机已过。《辽史》虽然没有提及间谍或是与后周联络的事情，却记载了七月二日，李澣、萧海贞等"谋南奔"一事被发觉，此事也许发生在郭威拒绝萧海贞寻求帮助的 10 天之前，可能在田重霸离开后不久。⑤ 没有任何一点迹象表明此事超出这几个人的范围，这说明《辽史》要将这件事的负面效应降到最低，就像我们已经看到的对张砺和赵延寿所做的那样。要不然就是，

①《通鉴》290：9479。

②《辽史》6：70。

③ 始于 951 年十二月。《通鉴》290：9469 及以后；《旧五代史》112：1479 及以后。

④ 他也可能是有意避免与辽直接产生摩擦。三个月后，他诏令北面沿边州镇自守疆场，不得入北界俘掠。

⑤《辽史》6：70。如果以信使日行 300 里（150 公里）的速度飞驰前行，那么上京与汴州相距 1 100 公里需七日。但两地实际距离更长，田可能走得更慢。

辽朝也许从未知晓他们的完整计划。

不管怎样,李澣对待逃离辽是认真的,但是他知道这并不容易。他在上京,但为了接近边界且不被怀疑,所以"(他)托求医南京,易服夜出,欲遁归汴(州)"①。

李澣离后周还有150公里的时候,在半道上的涿州就被边境徼巡者所获,送回南京。(有人不禁要问,田重霸至少三次越境入辽并且很有可能到了上京,那么他是如何躲过徼巡者的?)李澣被贬为下吏*,不过"(澣)伺狱吏熟寝,以衣带自经;不死,防之愈严。械赴上京,自投潢河中流,为铁索牵掣,又不死"②。

李澣的离去和归来与韩延徽和张砺形成了鲜明的对比。促使李澣试图自杀的直接原因是他逃跑失败,但没有任何迹象表明他的反应会如此激烈。虽然我们很容易想到,他可能是无法承受为异族契丹效力带来的煎熬③,但很明显直至李澣因谋南奔被抓前,他都没有为辽朝的皇帝效劳而担忧过,这意味着李澣的逃跑和自杀行为是他为了逃避耶律璟的惩罚,并非表示他仍效忠于南朝。

辽穆宗没有处死李澣,那是因为他的一位同僚高勋救了他。高勋与李澣同时入辽,那时高勋正任枢密使。④ 高勋屡言于穆宗:"(澣)本非负恩,以母年八十,急于省觐致罪。且澣富于文学,方今少有伦比,若留掌词命,可以增光国体。"⑤这与先前解释南人为何离开辽的原因是一样的,高勋以李澣孝顺老母为由替其开脱,以此反驳李澣被视为忘恩负义、无异于不忠的行为。

---

①②《辽史》103:1450。

 * 译者按,"下吏"实指下狱审理,作者误解为贬为下级官吏。

③ 参见孟广耀《辽代汉族儒士的"华夷之辨"观念》,尤其是67。

④《附录》♯91。本传见《辽史》85:1317。

⑤《辽史》103:1450。

虽然这只是一个常见的借口，但高勋也确实有充分的理由，那就是李澣非凡的才华。但是从韩延徽，甚至从张砺那时开始，也就是从15年前开始，时局悄然已变。虽然君主曾经迫切需要所有他们能找到的（即便资质平庸的）文人为其效力，但是现在这只能被简单地理解为耶律璟对李澣的欣赏。处死李澣只是一个小损失，对于辽朝政治机构的发展来说无关大碍。因此，高勋呼吁的是穆宗的宽宏大量而非政治上的需要。

李澣逃脱了死罪，仅被杖打。在面对耶律璟时，他不再试图自杀。他的同谋就没那么幸运了。萧海贞和四名契丹臣僚在几周后被处死。与南朝一样，那些身处权力核心内部的人被认为比身处外部的人更危险。与947年的赵延寿一样，李澣未被处死是因为他的死活已无足轻重。

与其他文献相比，《辽史》强调的是李澣不愿为辽效力，只有《宋史》提到的是他真心想逃跑。这个故事反映出的耶律璟，与元代史官对他无情的记述是一致的。元代史官详述了他的荒淫无度，甚至认为在其统治时期"变起肘腋，宜哉"①！高勋的介入可能表达的是良臣能够给暴君一个好的影响，但是从这个记述中很难看出，是否有意要突出高勋与其主人之间汉人与非汉人的区别。

虽然李澣在穆宗的暴戾恣睢中幸存下来，但他被禁锢在群山环绕的奉国寺内，遭受"艰苦万状"②。六年后，高勋再次施以援手，向穆宗推荐他道：非李澣无可秉笔为太宗德光书写功德碑者。

156

---

① 《辽史》6；77—77；87（译者按，作者注释有误，应为《辽史》7；87）。
② 据现存碑文记载，奉国寺可追溯至1020年，迄今仍在辽宁义县。李澣被禁锢于此是唯一证明该寺建立较早的证据，参见夏南悉《辽朝的建筑》，88，引自竹岛卓一《遼金時代の建築と其佛像》，54。同时，也要对梅维恒（Tracy Miller）先生表示感谢。

因此李澣被释放,任宣政殿学士,官至三品。不久,他于 962 年去世。

李澣草就的功德碑很可能是他作过的最重要的文章:据《辽史》记载,直至穆宗对该文章表示认可,他才获释。因此,他虽然需要一个举荐者以便有机会展示自己的才华,但似乎最终还是李澣自己的才能为他赢得了自由。虽然在《辽史》中只提及了李澣的文学才能,但《论》中强调学习对于这一区域内所有政权的重要性。元代的汉人史官反映了文以教化蛮夷思想的复兴,这正是10 世纪初大为缺失的,甚至是完全没有的。然而,对于高勋而言,向穆宗推荐李澣的文才更可能是给老同僚重新证明自己的一次机会,而不是教化契丹主子的一种方式。

李澣死后不久,家兄李涛强调了李澣为南朝尽忠的决心。李涛将李澣的文章收入《丁年集》,该文集的命名与汉朝官员苏武(前 143—前 60)有关。苏武时值壮年(丁年)首次受命,出使匈奴,被扣留 19 年而未降,因此苏武被塑造为一个虽身陷胡虏仍为南朝尽忠的典范。李涛编纂的这部文集不仅为李氏家族光耀门楣,还展示了李澣在为北朝效力和著文的同时,仍念念不忘要为后周皇帝效力。

虽然李涛的努力既维护了家族荣耀,又表现了自己以弟弟为荣。但李澣积极与南朝建立联系,仍与早期辽南人的行为形成了鲜明的对比。即便李澣积极与南朝联系,但他还是接受了高勋提供给他的官复原职的机会,重新为辽效力。他既接受了重新在辽朝为官的机会,同时又公开表达了继续为南朝效忠的决心。不管李澣的哥哥希望表达的是什么,李澣自己最终拒绝了非黑即白的道德标准,而是选择了一条灰色的现实之路。他这么做,也预示了南宋忠义之士的选择,他们大多数没有选择以身殉国,而是或早或晚地放弃归隐后为元效力。[1]

虽然我们最终只能猜测李澣为辽效力的感受，但是我们可以

157 对比同一时期他与韩延徽的行为。作为辽的重臣，韩延徽必定在10世纪40年代协助辽运筹过伐晋一事，而且我们确实没有发现任何韩延徽反对推翻南朝的劝言，他忘记了要保护南朝免受辽侵袭的承诺。如果李澣唆使萧海贞是因为他真的心系南朝，那么他与韩延徽的想法则大相径庭。但如果李澣这么做纯粹是从政治角度考虑的，希望自己能在自治的幽州政权内平步青云，那么他与韩延徽则没有什么不同。也许两人最大的区别在于，韩延徽从未做过任何让人质疑他忠于辽的事情[2]，然而，李澣背叛北朝，却没有为后周殉国，他对南朝略显表面的忠诚，可能只彰炳在文献对此的一再强调中。实际上，他的行为依然是模棱两可的。

李澣的经历在个人层面上反映了10世纪上半叶政治发展带来的环境变化。辽政权已不再缺少汉臣。辽为了建立管理机构招募了最早一批的抵辽者，而这项工作已于947年基本完成，因而一个毫无建树、不得人心的皇帝能够成功在位18年而没有亡国。这与耶律璟的暴戾性格一同预示着逃跑者必不再被宽恕。同时在南朝，辽征服带来的创伤促进了中央权力的恢复，令南北阵线愈加分明，这也要求人们更加明确地选择自己的立场。王继忠就是这一新形势的产物。

---

[1] 谢慧贤，《王朝之变：13世纪中国的忠义问题》。

[2] 韩延徽致仕在耶律璟执政的应历年间（951—968），很可能就在953年德光母亲述律后（现在称为应天皇太后）死的那一年。她因支持其第三子代替其孙兀欲继承德光的皇位而被放逐至上京，虽然韩延徽可能与其过从甚密，但他似乎并未卷入皇位之争。《辽史》5：63—64；74：1232。

变节：王继忠的越境与澶渊之盟的影响

　　王继忠是一名武将，自幼为宋真宗效力。然而，韩延徽、张砺和赵延寿来自地处边疆地区的河北，王继忠来自更南一些的宋的首都开封（先前的汴州）。[①] 韩延徽、张砺和李瀚凭借自己的才能获得任用，而 5 岁的王继忠在其父戍守莫州瓦桥关战死后，便以父荫在宫中补了一个东西班殿侍的闲职。[②]

　　赵延寿父子可能从未想到李嗣源会登上皇位，但是王继忠从他被任命的那一刻起就知道他的仕途要好于一般人。王继忠第一个实职是储君宋真宗赵恒任命的。据《宋史》记载，王继忠的谨厚赢得了赵恒的信任，赵恒于 997 年即位，王继忠随他至开封；同样，后唐的李嗣源在其成为皇帝后，也将赵德钧与赵延寿一同带入朝廷。[③] 主仆关系兴盛于后唐以降的历任政权，与数十年前一样，效力于皇储的藩邸仍旧是一条重要的升迁途径。到了 10 世纪末，随着藩镇势力的削弱，在皇储的藩邸效力则显得更为重要，这成为获得皇帝和储君青睐的唯一来源。就如同 10 世纪 30 年代初李从荣未对李嗣源构成威胁一样，王继忠所效力的皇储也不会被认为对前任构成威胁，所以王继忠无须在逃离职任或承担逃跑带来的后果之间做出选择，而这些是赵延寿和李瀚所要面对的。总之，王继忠享受着在"单一"政权下生活的好处。

158

---

① 《东都事略》42：647；《隆平集》18：686；《宋史》279：9471。《辽史》81：1284 言不知何郡人。

② 《东都事略》42：647；《隆平集》18：686 称其为殿直或殿直侍。虽然任该职者有时为太监，但王继忠已娶妻生子。在《宋史》279：9471 中，并没有很明确地表达出王继忠父亲的死与此次任命存在因果关系。

③ 《东都事略》42：647；《隆平集》18：686；《宋史》279：9471，287：9658。

赵恒即位不久,率军亲征契丹,王继忠迅速升至云州观察使,于 1001—1002 年甚至累迁至负责战场事宜的职位。[1] 这一职业生涯既反映了军事在宋初的重要性,又反映了从赵匡胤开始的变化:朝廷高官很少再亲自上阵,更不用说皇帝亲征了。[2] 随着像王继忠一样的官员统帅边疆地区的军队渐成主流,那么这些朝廷官员发现自己无须再面对越境的选择,这就解释了 947 年以后个人越境为何大规模减少的现象。

南北双方的文献从两个完全不同的角度对王继忠入辽一事做了详细的记述。《辽史》轻描淡写地记述了他的被俘过程:"统和二十一年(1003),宋遣继忠屯定之望都,以轻骑觇我军,遇南府宰相耶律奴瓜等,获之。"[3]南方系统的文献则完全抛弃这样一个客观的记述。南方的文献强调了辽"万骑南侵"宋北部边界,随着后来南方文献每一次的复述,王继忠的英雄气概一再被放大。

因此,与《辽史》形成鲜明对比,12 世纪的文献高度赞扬了王继忠的英勇。其实,王继忠所部只是王超、桑赞和周莹所率军队的其中一支,但没有任何文献提及宋的这支主力防御部队及其高级将领们。据这些文献所载,王继忠显系孤身一人率军抗辽。

159

> 咸平末,契丹入寇,继忠帅定武出战于望都之北,自以被遇厚恩,力战图报,而服饰稍异,戎人识之,转斗累日,援兵不至,遂陷虏中。初谓已死,赠大同军节度使。[4]

---

① 《长编》45:970,49:1066;51:1125,52:1137。也见《东都事略》42:647;《隆平集》18:686;《辽史》81:1284;《宋史》279:9471。
② 参见沃西《以外交求生存:吴越的对内对外关系,907—978》,66—67、195 及其后、238 及其后。
③ 《辽史》81:1284。也见《辽史》14:158,85:1314、1316。
④ 《东都事略》42:647;《隆平集》18:686。

《长编》的记载更加详细，《契丹国志》完全抄自《长编》，有两
处改动（《契丹国志》用<>括号表示）和大量删节（用{}表示）：

> {丙子(5 月 20 日)}，契丹入寇<攻宋>，定州行营都部
> 署王超{遣使召}镇州桑赞、高阳关周莹{各以所部军来援。
> 超先发步兵千五百人}逆战于望都县，翌日，至县南六里，{与
> 敌遇，杀戮甚众。}副部署、{殿前都虞候、云州观察使}王继忠
> {常以契遇深厚，思毕力自效，与敌战康村，自日昳至乙夜，敌
> 势稍却。迟明复战，敌悉众攻东偏，出阵后焚绝粮道。继忠
> 率}麾下{跃马驰赴}<死战>，素炫仪服，{敌}<契丹>识
> 之，围数十重，{士皆重创。殊死战，}且战且行，旁西山而北，
> 至白城，{陷于敌}<继忠为契丹擒>。{超等即引兵还定州，
> 遣使入奏。}①

《长编》的记载相对公允。它没有夸大王继忠的作用：《长编》
解释得很清楚，王只是主力部队中的一支，而且未明言有援军可 160
期。另一方面，《长编》给出的战斗细节展示了王继忠直面排山倒
海的敌军，突出了他的英勇，因此暗示了他的忠诚。《契丹国志》
删节后的记述虽然仍将王继忠作为大军的一部分，但通过只保留
对战斗第二阶段王继忠英勇奋战场面的生动描述，进一步突显王
的英勇。

虽然《宋史》王继忠本传照抄了《长编》的部分记述，但《宋史》
通过对其润饰更进一步增加了王的英雄气概。② 它记述此事以
辽军大举入侵为背景，将王继忠塑造为宋方第一个迎敌的将领：
"咸平六年(1003)，契丹数万骑南侵，至望都，继忠与大将王超及

① 《长编》54：1190；《契丹国志》7：66—67。
② 《宋史》279：9471—9472。

桑赞等领兵援之。继忠至康村,与契丹战……"①在辽方切断宋方饷道后,"超、赞皆畏缩退师,竟不赴援,继忠独与麾下跃马驰赴"。其他将领畏缩不前,弃王继忠性命于不顾,而王继忠"跃马驰赴"更增添了他的英雄气概。

这种一再赞扬王继忠的观点与辽方审慎的记述形成了鲜明的对比。在辽方的记述中,王继忠是在侦测辽军时被俘的,双方没有任何激战,王继忠也没有做顽强的抵抗。实际上,北方系统的文献暗示了他没有反抗的机会。《辽史》希望尽量弱化王继忠被俘所引发的抗争,这也是意料之中的。因为从辽的立场出发,无疑是要尽可能地展示出越境没有什么痛苦;同样,从宋的立场出发,则是要突出王继忠做出了最英勇的抵抗。

这些记载将王继忠与早期的越境者完全区别开来,据说早期的那些人都是在非暴力的(虽然并不总是自愿的)情况下越境的。当然,他们越境的环境也都是由战争造成的,但是没有人表现出丝毫积极抵抗的迹象,所谓的抵抗就是要么像张砺和赵延寿一样拿起武器,要么对他们四人来说就是不与敌方合作。甚至,李瀚在面对复职机会的时候都没有拒绝为辽效力。作为一名武将,虽然王继忠遇到武力抵抗的机会要比文官多,但是王继忠所处的环境也是造就他英勇抵抗的一个因素。虽然武将赵延寿将为北朝效力看作自己的一个机会,但是名字意为"继续效忠"的王继忠认为,以誓死输忠的方式履行对宋的责任则更具吸引力。

宋廷的反应体现了当时对这种行为的赞赏。赵恒认为王继忠已战死沙场,在其死后追封他为大同军节度使,同时以王继忠

---

① 参较《宋史》7:121。王超本传与桑赞本传未指责两人畏缩,并且王超本传详细记载了对其退师的调查,并将全部的责任推卸给了两位裨将,从而保全了王超与桑赞的声誉。《宋史》278:9464。

当年首次被任命的官职恩荫其子。[①] 边疆地区的人们对王也是赞赏有加，正如《辽史拾遗》所言："彼土(河间)人士或称之曰：'古人尽忠，止能忠于一主，今河间王(王继忠)结南北欢好，若此可谓尽忠于两国主。'"[②]明显这是 1005 年后不久的一种看法，这似乎反映了在边疆区域内的那些人对澶渊之盟带来的稳定生活的感激之情。然而，这立即就招致 11 世纪官方史家的反对："然则继忠身陷异国，不能即死，与夫无益而苟活者异矣。"[③]后来的史家对时人观点的强烈"批判"反映了他们越来越质疑王继忠的行为道德，因为对官方的史家来说越来越难以想象在一个什么样的世界里王继忠的选择是讲得通的。

实际上，与王继忠同时代的一些人已经对他的命运表现出了矛盾的心理。《宋史·赵安仁传》记载王继忠越境后，一位宋朝官员姚东之"屡称其材"。但是赵安仁说："继忠早事藩邸，闻其稍谨，不知其他。"[④]赵安仁对王继忠的才能不予置评，更不消说对他的品德了，特别是《赵安仁传》后面说赵安仁有"切中事机"之才，但他却用一种模糊的方式来称赞王继忠，实际上是对王的一种谴责。

在 11 世纪讨论越境入北朝的道德问题以及如何对待这一问题时，人们有时将王继忠作为参照物。11 世纪初，宋朝官员贾昌朝在为一个被西夏俘虏之人刘平辩护时创立了一套实用主义的观点。边吏诬告刘平降敌，要处死其全家以示惩罚。贾昌朝回复道："汉族杀李陵，陵不得归，而汉悔之。先帝厚抚王继忠家，终得

①《东都事略》42：647；《隆平集》18：686；《长编》54：1193；《宋史》279：9472。
②③《辽史拾遗》20：392，引自《王文正公笔录》。
④《宋史》287：9658。此非越境入辽为宦官者赵安仁(《辽史》109：1481)。

162继忠用。平事未可知，使收其族，虽平在，亦不得还矣。"①这样一种开明的思想方式其着眼点就是使越境的官员归来，或者至少使他们仍能为我所用。贾昌朝的言论表明在 11 世纪初仍然流行着对忠的另一种解释，于是这让已经不解于王继忠及其家族行为的人更加困惑。

11 世纪 70 年代后，欧阳修和司马光的作品表达出一种对改变忠诚严加批判的态度，但是并不是所有与他们同时代的人都持有与他们一样的道德标准。编纂于 1078 年的《玉壶清话》就记载了一位占卜者对后来的宋真宗讲述的有关王继忠的预言："此人可讶，半生食汉禄，半生食胡禄。"②赵恒（真宗）此时一笑而过，当然后来的记载印证了占卜者的话。虽然这一记述表现出赵恒过于相信王继忠对于自己的忠诚，但也同时表明命运安排是造成他越境行为的一个因素，这就减少了王继忠为越境入辽所应负的责任。因为他无法控制事态的发展，所以他不应遭到严厉的谴责。

在此后王继忠的记述中，我们知道他力图返回家乡："继忠服汉服，南望天阙，称未死臣，哭拜不起。"这一画面感人至深，将王继忠描绘为一个对宋忠贞不贰之人，这种对宋的忠更进一步缓和了对他越境行为的质疑。即使他已通过为辽效力而不是为宋殉国违背了明确的忠诚原则，但他称自己为"未死臣"展示出了他对忠义思想的认同。

11 世纪，欧阳修与司马光强硬的观点尚未成为正统的忠的观念的一部分。然而到了 14 世纪，在忠的问题上不再留有任何被质疑的空间，两部正史中《论》的部分对王继忠的评价极低。

---

① 《宋史》285：9614。
② 《玉壶清话》4：3b，引自《辽史拾遗补》5：119。

《宋史》的《论》中很清楚地说他"(愿)以死自效",但是因为王效力于辽,所以作者得出"大节固已亏矣"的结论。[1] 这样一个结论与王继忠本传中强调他的英雄气概是明显不符的。而且,《辽史》的《论》称:"继忠既不能死国,虽通南北之和,有知人之鉴,奚足尚哉!"[2]他的失误就在于束手就擒,而没有战死沙场,或者杀身殉国,在此这些彻底抹杀了他起到的积极作用。

163

元朝辽宋金三史的主要编修者欧阳玄很有可能撰写了两书的《论》,因而两书的观点极为相似。不管作者是谁,毫无疑问就元末官方史学的立场而言,几乎无人替王继忠的行为辩护。[3] 此时对忠诚行为的理想要求,比起 10 世纪实际践行得更为严格,对越境行为的评价也比欧阳修和司马光的更为严苛。相反,韩延徽和张砺、赵延寿和李澣,在他们各自的传中对于他们的评价普遍是积极的。王继忠却在边界以及边界观念被强化的时候被标记为最后一个重要的越境者。而且,也许是因为,14 世纪,新儒学思想成为正统学说,这一时期正史中《论》的作者希望王继忠成为新儒学思想所阐发的"新的世界秩序"的先驱,而他们对王未能完成这一使命感到异常失望。

以上的一系列观点阐释了,从王继忠入辽到元代修撰正史的这段时间内,人们对忠诚行为的态度及其变化。虽然早期越境者对后世有关忠的讨论有一定的促进作用,但是五代时期复杂的政治环境使得在那一时期很难对忠做一个清晰的判断。此外,《旧五代史》编纂者均是从其他政权入宋的,他们的身份就使得他们

---

① 《宋史》279:9493。

② 《辽史》81:1287。

③ 但在《宋史》中,欧阳玄是以一种在元代以前较为普遍的方式肯定了宋代的忠义之士。

不愿对自己的同僚过于苛刻。① 我们发现只有到了 11 世纪的宋代，才能看到对五代时期易主行为无情的批评。在那时，即使有像欧阳修一样的史家全面否定五代时期的官员，但其他对于忠的解释仍旧能够发出声音。与欧阳修同时代的司马光对冯道的评价和批评就相对温和。②

效力于辽

　　王继忠被俘后的行为表明他不打算回到宋朝。他随即接受了户部使一职，效力于耶律隆绪麾下（辽圣宗，982—1031），《辽史》将此归因于承天皇太后知道王继忠的价值，让他首次获得了辽的任命。③ 与韩延徽的例子一样，皇族中的女性对从南朝入辽者的职业前景影响极大。皇太后为王继忠联络了一桩好婚配，与康默记家族联姻，该家族入辽较早，在辽的官场上已扎下牢固的根基。④ 王继忠婚后育有一子，但是他在南朝已有三个或者甚至四个儿子，虽然他在宋朝的妻子仍活着，但是她已无法像赵延寿的妻子一样被送至王继忠身边，因为她身处非盟友的敌境。这桩婚姻似乎证明了王继忠愿意待在辽朝。

　　据说为了对这些扶持表示感激，王继忠尽心尽力，尤其是在促成澶渊之盟的谈判上。⑤ 如果我们相信南方系统文献的记载，

164

---

① 参见周军《徐铉其人与宋初"贰臣"》，126 及其后。
② 《新五代史》54：611—612；《通鉴》291：9511—9513。
③ 《长编》57：1268；《契丹国志》7：67；《辽史》81：1284。关于承天，参见杜希德与蒂兹《剑桥中国辽西夏金元史·辽》，87—91。
④ 《辽史》81：1284。
⑤ 王继忠在澶渊之盟中的作用在此未受重视，但也有许多中文论著对此进行讨论，包括蒋复璁，《澶渊之盟的研究》（译者按，作者原作"Song Liao Shanyuan mengyue"似误，一是蒋氏似乎未撰写过此篇文章，二是《参考文献》也未列《宋辽澶渊盟约》）；王民信，《辽宋澶渊盟约缔结》；以及施瓦茨-席林，《澶渊之盟》，特别是 40—50。

那么王继忠获得了辽的信任后,"乘间言和好之利",这恰合皇太后想要结束宋辽纷争之意。① 他草拟书信让宋派使节前来谈判,当宋的主要使节被宋的边官滞留时,他进一步写信确保使节被放行,此后双方很快达成了和平誓约。②

克里斯蒂安·施瓦茨-席林指出,王继忠与宋的首次通信不仅解释了结束战争的原因,而且证明了他为辽效力的行为是合理的。③ 韩延徽也为他从太原越境归辽提供了正当的理由,即他要逃离政敌的魔爪。韩延徽自信这个理由是能够被接受的,虽然韩觉得有必要对自己的行为做出解释,但他并未对自己的行为道歉。王继忠似乎就没有那么自信了。首先,他描述了被俘时孤身一人战斗的情形,强调了他英勇抵抗、营帐未备、资粮未至、士卒疲劳、持续作战至第二日,以及增援部队未出现,这些导致了他被俘。他又说:

> 非唯王超等轻敌寡谋,亦臣之罪也。北朝以臣早事官庭,尝荷边寄,被以殊宠,列于诸臣。臣尝念昔岁面辞,亲奉德音,唯以息民止戈为事。④

王继忠不仅解释了他做了什么,并且试着为此开脱。他对战

---

① 《长编》57:1268;《契丹国志》7:67。
② 《长编》57:1268—1269、58:1278、1283、1285—1286、1291;《契丹国志》7:67;《宋史》7:125—126、279:9472、9520;《辽史》14:160、81:1284。南方系统的文献说澶渊之盟以后宋方的使节附赠礼物给王;《东都事略》42:647;《隆平集》18:687(译者按,作者原误作《隆平集》18—687);《长编》62:1391;《宋史》279:9472。《辽史》王继忠本传将馈赠礼物一事记于双方谈判开始之前,那么就将开启双方和平谈判置于了馈赠礼物的背景中。如果《辽史》所记无误,那么南方的文献记载王打开信札则首先暗示了他仍旧活着,这就意味着宋朝承认了自己的记载有意忽略了一些自己已经知道的事情。
③ 施瓦茨-席林,《澶渊之盟》,41。
④ 《长编》57:1268。译文参考了施瓦茨-席林《澶渊之盟》,110。

165 斗的详细描述打消对他胆小懦弱的指控,他通过坦承自己也应该承担责任,减少了他对上司的批评。王继忠声称他本人仍对主人效忠,这使赵恒相信王继忠没有忘记自己对他的恩惠。王继忠为了呼吁双方熄兵止戈这一唯一目标,他不仅为普遍的厌战情绪而呐喊,而且暗中倡导君臣当为百姓福祉而弭兵求和的儒家思想。[①]

如果我们承认王继忠确实写了一些与《长编》记载相似的东西,那么这说明他自己所认可的忠诚行为的标准比我们前期的研究对象所实际践行得更为严格。在早前几十年里,越境被认为是一种常见的行为,殉国才是罕见的,但是现在王继忠觉得自己离人们心目中忠的标准越来越远,所以即便他为自己的越境行为辩护,但仍然还要为自己没有殉国而道歉。与许多后来被归为投敌者的人一样,他对自己所做或是未做的事情表示了愧疚。[②] 虽然我们不确定王继忠所述能否反映他的真实想法,但是这恰好表明了宋对澶渊之盟以及对王继忠的矛盾心理。从宋方来看,和平的积极方面反映在宋方努力展示王的英勇和他仍继续效忠于宋上,但是对王的英勇和效忠的不确定性长期以来贯穿在文献编纂的过程中,则表明王继忠最终没有通过宋的道德测试。

---

① 这一理由再次作为 1644 年之前明代文人为满人效力以及国民党投靠日本者如汪精卫之流的理由,在以上两例中仍可以选择继续为防守的一方效力;参见魏斐德《洪业——清朝开国史》与傅葆石《消极、抗日与通敌:沦陷时期上海的思想抉择,1937—1945》。当然到目前为止,道德忠诚一直是新儒家的核心价值,并且通常以应试以及指导民众运动的方式被反复灌输。王继忠便缺少这样一个明确的准则指导他的行为。何天明在《澶渊议和与王继忠》中也持与之相似的观点。

② 参见傅葆石对于上海日据时期通敌者负罪感的讨论,参见《消极、抗日与通敌:沦陷时期上海的思想抉择,1937—1945》,126—133 及参考文献。17 世纪的诗人吴伟业也后悔未能为明崇祯帝殉国;魏斐德,《17 世纪的浪漫派、节义派与殉道派》,639。还有很多例证。

《辽史》的记载也指出开启和谈对普通民众有益。《辽史》在此记载,宋朝使节给王继忠带来弧矢、鞭策作为礼物,以及皇帝求和的札子。王继忠打开札子有曰:"自临大位,爱养黎元。"最重要的是,札子结尾言:"汝可密言,如许通和,即当别使往请。"①从宋廷要求王继忠传递信息来看,宋正以传统的方式邀请辽南人代表南朝的利益行事;李瀚和赵延寿也同样经历过这一切。

王继忠的密报已引发了许多有关王继忠是否为赵恒派至辽的间谍的讨论,既然《辽史》都记载了宋方要求王继忠密报一事,也就表明这根本就不是一个秘密了。② 南北双方的文献中都记载王继忠对开启和谈极为重要,但各有解释。《辽史》暗示宋只是试图用王继忠的内部消息去确定何时提请议和最有可能成功,而南方的文献则表明王继忠代表辽首次与宋接触时多次表示要忠于南朝,而且王继忠一开始并没有获得赵恒的信任。③ *166*

因为王继忠的行为促成了双方和平共处的最终目标,所以与其说王的行为在那时是一起间谍事件,不如说这代表了后来的文献记载、史家以及正史的编纂者对王的行为的不确定性,他们不确定王继忠到底为谁效力以及他到底忠于谁。南方的文献说澶渊之盟达成后,双方定期交聘,宋使经常给王带礼物。这都是有例可循的:韩延徽和赵延寿也定期收到来自南朝的礼物。早期的这些礼物说明接收者位高权重。虽然王继忠于 1019 年成为辽朝的枢密使,但是以他在 1005 年的品级定期收到礼物是不合理的,

---

① 《辽史》81:1284。札子结尾开头的话也可以理解为:"如果辽人同意的话,你可以自行与辽协商通和一事。"但这仍旧意味着王要告知宋何时遣使为佳。

② 蒋复璁《宋真宗与澶渊之盟》认为王继忠被俘是宋计划在辽廷培植一个间谍。王民信《澶渊之盟的检讨》驳斥了此说。

③ 施瓦茨-席林认为这很可能是赵恒为顾全面子的一种策略,参见《澶渊之盟》,42。

除非是为了表彰他在促成宋辽和平中所做的努力。王继忠公开接受礼物，假如是因为他帮助宋而获得宋的酬谢，那么他帮助宋达成和平一事也只能是与辽共同谋划的。

据南方文献记载，王继忠曾公开表达非常渴望回到宋朝。① 他在收到宋的礼物时必然恸哭，而且通过宋使恳请宋主召其归国。我们可以看到早先那些越境者试图通过各种手段南归，但这是第一次请求被正式召回国。假如在宋辽双方刚刚达成和平协议之时，那么王的请求似乎是合理的，因为这仍有前例可循：当辽晋双方互为友邦时，赵延寿的妻子就被允许在双方之间迁移。然而，辽晋联盟是建立在尊卑等级秩序上的，辽宋双方则不同，直至1005年两国在严格遵守誓约后，敌对的双方才勉强实现平等的关系。誓约规定双方应遣返越境逃亡者，文献中明确地说宋朝皇帝因为履行誓约而拒绝了王继忠的请求。原来的分界线，只有当人越过时才会被注意到，现在拒绝王继忠的入境请求，就赋予了分界线长期的实际效用，也显示了赵恒恪守双方誓约的决心。

同时，赵恒在内心深处并不反对王继忠归宋，据《长编》记载，他也传递出这样的信息"（辽）国主若自许卿归，则当重币为谢"②。对这样一种自愿归宋的倡导意味着在澶渊之盟初期辽宋之间的关系有多么不稳定。我们有个明显的感觉就是，誓书的条文虽已确立，但仍有许多基本的法则需要去制定，赵恒不想在双方达到平衡前成为扰乱局势的人。因此，王继忠为自己如此努力才实现的和平局面付出了代价，颇具讽刺意味的是，这一和平局面却阻碍了自己愿望的实现。面对归宋无望，王继忠只能继续为

---

① 《东都事略》42：647；《隆平集》18：687；《长编》62：1391；《宋史》279：9472。
② 《长编》62：1391。

辽效力。

王继忠在辽颇受器重,他以地方高官的身份为辽效力,并且作为一名将军率军征伐高丽。① 在为辽圣宗效力 19 年后,他于1022 年致仕,同年去世。宋方文献自然略去了这些,但《辽史》增加了一件轶事,在这个故事中王继忠坦率地说出自己的想法并认为道德应高于学识,由此展示了一个儒家官员的典型特征。我们知道王继忠只是简单地重申了在别处被普遍接受的观点,并且他的观点可能受到了他那个小集团利益的影响。②

不确定性

像韩延徽和张砺一样,我们后来的两位研究对象来自同一个发展时期的不同阶段。通过对比李瀚与王继忠的例子,我们发现忠的观念的发展与传播过程是这样的:无论怎样,人们对保持政治忠诚不变的期望越来越高。虽然李瀚与萧海贞的结盟被看作是李仍效忠于南朝的证据,但是这也可以被看成李瀚为了实现一个边疆政权独立的理想做的最后一搏。相反,对于王继忠而言,主动投向一个新主人的想法是完全无法想象的。我们无法确定李瀚有多不愿为辽效力,但至少我们可以确定的是,但凡有其他可能的选择,王继忠就不会为辽效力。

李瀚和王继忠,与我们前期的研究对象之间也形成了鲜明的对比。李和王一开始所处的圈子就比韩延徽、张砺、赵延寿的要高。韩、张、赵三人出生在边疆地区,善于抓住机会,愿意尝试新

---

① 有关伐高丽,参见杜希德与蒂兹《剑桥中国辽西夏金元史:辽》,87—91。
②《辽史》88:1340。

鲜的事物。他们从 10 世纪上半叶的政治混乱中获益，他们取得的成就靠的是自己。到李瀚时，这些"新人"获得快速升迁的时期即将结束，因为边疆地区的政治渐趋稳定，这就减少了因易主而得到擢升的机会。同时，北南双方制度的成熟、朝廷人员流动的减少都意味着，特别是在辽，无须为获得个别人的效忠而煞费苦心。然而，对韩延徽和张砺不好则可能给辽朝的建立造成巨大的损失，但处死李瀚只是辽帝国文坛的一个小损失，因为即使庸君在位，这个帝国也仍能有效地运转下去。

在一系列前后相继的文献中，可以看出对李瀚和王继忠的评价走向了截然相反的方向。随着时间的推移，李瀚的品质得到了越来越多的正面评价，因为李瀚至少在表面上为南朝从事间谍活动，这逐渐抵消了他的罪责。相反，对于王继忠的记载展现出了对他的行为越来越矛盾的心理，甚至当事人自己以及与之同时代的人已对他的行为产生了质疑。

《旧五代史》的记载在对李瀚的普遍赞誉与他仍效忠于南朝之间做了一个平衡。李瀚虽有文学才能，但是值得注意的是，《旧五代史》没有提及他的道德品质。虽然《新五代史》对李瀚没有足够多的关注，但也寓褒贬于叙事。《新五代史》通过暗示李瀚的醉态与石敬瑭废置翰林学士之间的联系，揭示了李瀚的道德缺失。他的间谍行为未能使之将功补过，因为欧阳修根本没有提及这些。然而，《通鉴》的记载在李瀚的醉态和道德缺失之间找到了一个平衡点，它以一种新的方式详细记述了他的间谍活动，既反映了他的道德缺失，又展示了他仍效忠于南朝。《宋史》对李瀚的间谍活动记述更多，这意味着他可能在某段时间充当了南朝在辽的间谍（《册府元龟》的记载最为详尽，展示了李瀚为后周效力达到了怎样的程度）。或许令人惊讶的是，《宋史》提及他逃跑一事只是一笔带过,但是《宋史》删掉对李瀚醉态的记述,则意味着他的道德不再受到质疑,这等于为李瀚树立了一个名垂千古的正面形象。我们能够在一些文献中看到对李瀚动机的不确定性的记载,但是这种不确定性已从官修的《宋史》中消失,这一 14 世纪官修的《宋史》宣称李瀚是"自己人"无疑是为他身为辽朝官员进行辩护。

南方系统文献中对王继忠的记述反映了大家对越境行为的态度越来越严苛。《东都事略》和《隆平集》展现了王继忠的美德超越了自己的父亲,并且以与辽奋战回报朝廷的厚爱。宋方认为他已英勇就义,但是后来辽让他求和,他成为澶渊之盟的缔造者。他以希望回家的方式表达自己对南朝继续效忠的愿望,但正是这个誓约阻碍了他实现愿望。《长编》对王继忠极力避免被俘以及他要求回到南朝给予了最为详细的记述。虽然他并未被安排去求和,但他鼓励辽寻求和平的谈判。而且,在他的信中讲到他为自己在辽任职而苦恼,并为效力于辽而愧疚。虽然《契丹国志》忽略了这封信,但《宋史》收录了它。《宋史》似乎也致力于消除对王继忠越境行为的谴责,它强调了王继忠面临的危险,并且指责了其他将领的怯懦。所有这些文献显然没有对王继忠内在的道德品质进行评价。我们发现《宋史》对他评价最多的就是说他赢得了宋朝储君的信任。王继忠缺少其他值得称赞的品质,他所有的名声都来自他被俘时的抵抗和对澶渊之盟所做的贡献。除《契丹国志》外,在其他文献中,王继忠心系南朝都是确凿无疑的,但是从评论王继忠的人数以及他们的矛盾心理来看,王继忠未能以死殉国一事给后来的评论者造成了巨大的困扰。

相反,《辽史》用了一贯的处理方法来记述王继忠的越境行为。很明显王继忠的越境没给他带来什么痛苦,他以为辽效力而闻名。他是有道德的儒家官员,品行正直,维护道德,尽职尽责,敢言直谏。① 只有与南方系统的文献相结合,我们才能揭示出王继忠所处环境中更为复杂的一些方面。他在促成澶渊之盟谈判中所起的关键作用意味着他有跨坐在新出现的边界两边的能力,这为时人说他"尽忠于两国主"提供了佐证。王继忠代表南朝为其效力,是对韩延徽及其家族心系南朝传统的继承,但是他对南朝的依恋似乎更为强烈,主要是因为他想身体力行另一种忠的理念。

早期的越境者往往自主行动,而且有很大的选择空间,但王继忠能够为两个国家效力,却是宋辽日益强化的对立形势造成的。王继忠不同于他的前辈,因为他帮助双方确立了一条正式的政治与领土的边界,这条边界反映了他所认可的与忠相关的政治边界;然而,他的前辈只是在跨越它时,这些政治边界线中的某一条才能体现出它的存在,并且这些边界线正在慢慢获得相应的领土和其他一些方面的东西。但是当王继忠想回到南朝最终被拒绝时,他像早期的越境者一样,显然非常乐意为辽效力。王继忠没有辜负他的名字"继忠"二字,并且他的例子表明对忠的概念的阐释已完成由实用主义到理想主义的转变,这种实用主义是在可以有多种选择机会的背景下产生的,而理想主义是在彻底限制选择的背景下产生的。对于王继忠本身而言是不幸的,他恰好赶上了这一转变;后来的评论者并不认为他的行为有多么值得同情。

虽然大部分早期的越境者都没有遭到南方文献的批评,反而他们心系南朝被一再强调,但是王继忠在《辽史》和《宋史》本传的

170

---

① 有关王继忠敢言直谏的品质,参见王对圣宗派遣萧合卓伐高丽的建言,即从王继忠直谏圣宗至圣宗不纳到最后证明其建言的正确。《辽史》81:1285—1287,88:1340。

《论》中遭到 14 世纪正史纂修者的谴责。辽宋二史《论》的作者坚决反对宋代为王作传之人为突出他的英勇抵抗所作的努力，并且他们既不相信王继忠随后在宋辽和平中起到的作用，也不相信他要返回家乡的渴望。王继忠与其他越境者不同的地方在于，王是为基盘已定的王朝效力之人，这就决定了 14 世纪的史家会如何看待他。毋庸讳言，对 14 世纪的人来说，抛弃一个稳定的王朝是违背道德的最严重罪行。因此，对于这些史家来说，越境行为本身就是不可饶恕的，而他们在言及王继忠其他一切与之相关的事情时，都是戴着有色眼镜的。他们考虑的不再是王继忠是如何越境的，或是此后他做了哪些好事，他们唯一关注的就是他的确越境了。王继忠对于创造元末史家生存的世界贡献巨大，在那个世界里政治、疆域和文化的边界得到清晰地划分，并以此塑造着人们的行为。虽然王继忠促使了这些情形的出现，但他当时无法南归一事，以及在三个半世纪后，官修史书认为他虽保有对宋的忠诚却做得不够时，都说明他又多么不容于他所创造的这个世界。如果王继忠要使元朝那些正史《论》的作者满意的话，他必须以死殉国而不是越境入辽。但如果他真这么做了，那么 14 世纪的世界看起来将会是另外一番景象。 *171*

结论 边界的确定——从古至今

> 我们的美德随着时间而变得更有价值。
>
> ——威廉·莎士比亚(William Shakespare),《科利奥兰纳斯》(*Coriolanus*)第 4 幕,第 7 场

在 10 世纪头几十年里,存在于边疆地区的多个政治中心,使人们倾向于用一种高度实用主义的方式对待边界和忠诚。忠诚与边界,既取决于个人需求,又受制于政治环境,而在边疆地区的各政权之间的边界,则由军队将领和地方官员个人鉴机而变的忠诚所决定。虽然在 900 年之前的北方,空间上、政治上与观念上的"边界"并不一致,但是到了 1005 年澶渊之盟时,三者有更多的重合之处。在那时,两个强有力的国家同时发展起来,它们在很大程度上能够有效地控制他们宣称的属于自己的民众和疆域,所以人们无法再以一个世纪前司空见惯的方式行事。早期边界与忠诚之间的关系已被颠倒过来:忠不再能决定边界的位置,相反,人们实际处在敌对的辽宋两国边界的哪一侧,决定了人们效忠的对象。因为决定边界线位置的权力已由边疆地区的个体转向国家这个主角,所以越境的意义也就发生了改变。既然最高层已经划定了地理边界,对于那些要亲身跨越的人来说,选择新主人曾经是一个相对简单的问题,现在却变成了较为复杂和困难的

事情。忠不再能决定边界线的位置，相反边界线左右了忠的
归属。

10 世纪对忠的理解的变化

　　人们空间上的迁移，有力地说明了他们选择效忠谁的基础已
经发生改变。10 世纪初，政治分裂使得关系型的忠在这一时期
占据支配地位或是以互惠互利的模式出现（在这种模式中易主是
正当的），或是以等级差异的模式出现（在这种模式中，要求明确
表达对特定个体的效忠），而后者，通常对统治权威有较高的道德
要求。在这种关系型忠的定义下，那些越境入辽者的行为显得相
当正常；他们的行为并不被认为是对主人的背叛，而恰好符合那
时可以选择为不同的人效力的传统。像韩延徽和张砺仕宦早期
那样的人，以他们优质的服务从卖方市场中获益颇多，而且由于
他们的行政能力和道德节操而倍受赞誉。

　　10 世纪中叶，辽与宣称拥有整个边疆地区南部的后晋建立
起正式的宗藩关系，这种关系一直保持到辽晋联盟破裂双方进入
恶战前。虽然对于忠的理解在这一时期没有显著变化，但是改变
忠诚所要承担的风险加大，因为政治单位变得更大，联盟使得南、
北朝能够更有效地对百姓宣示他们的权威。因此，936 年赵延寿
与其父做出不再效忠于后唐的决定，不仅意味着损失一两个节
镇，而且意味着一个王朝的落幕。即使赵氏父子索取的回报是对
整个王朝的统治，而不仅是获得一城一池以及辽朝的恩赐，那么
他们仍然是以互惠互利型忠的模式作为选择效忠的依据。在那
时，辽晋联盟双方直接沟通，避免了忠的进一步改变，因而赵延寿
在辽拥有一份成功的事业。辽允诺辽晋战争后给予赵延寿慷慨

的回报，确保了赵在战争中展示出了他互惠互利型的忠。与 936 年一样，947 年一位重要的将领再次选择背叛后晋，这给后晋带来的不仅是军队或节镇的损失，而是一个政权的灭亡。这个将领就是杜重威，他也将忠理解为互惠互利型的忠，试图抢先从辽手中换取王位作为他投降的回报。随后，他再转而效忠后汉，希望获得刘知远给予他的藩镇自治权。但是在政治凝聚力不断增强的这一时期里，我们发现不受限制的互惠互利型忠的模式已得不到普遍的认可。我们发现将领和士兵宁愿赴死，或者至少顽强抵抗，也不愿投降，例如 936 年晋阳的张敬达和 947 年杜重威的部下；并且我们在最早的文献中发现，当时已有人对赵延寿为辽效力进行了谴责。

在 10 世纪末，因辽宋两国相互敌对的加深，选择主人的自由受到限制。到 11 世纪初，辽朝皇帝已被明确地视为宋的敌人，无法再成为那些心存不满或野心勃勃的南朝官员投效的选择。想以忠的名义为辽效力是不可能的事，因为对忠的理解已发生了巨大的变化。忠不再是君主争抢的商品，下级将领也不再能为了实现自己的政治、个人和家族目标，对于效忠于谁收放自如。忠反而变成了官员对君主应尽的责任，这不仅包括政治忠诚还包含地理上，乃至情感上的忠诚。此时，忠指的是等级差异型的忠，这就意味着无论怎样都不允许改变效忠的对象。

但是等级差异型的忠并没有转变成我们所理解的在女真金征服之后出现的忠义概念。李澣带着幽州投奔后周和他后来试图自杀，可能表现了他即使在被俘时也仍然以等级差异型忠的方式来效忠于一个相当抽象的南朝。但他的行为，同样可以理解为是以互惠互利型忠的方式从一个新的边疆政权中谋求利益。当然也有极力避免被辽朝暴君惩罚的原因。中华帝国晚期的忠义概念无论在语言上还是行动上都有其明确的含义,所以质疑李澣的诚意,是将他放在旧的理念框架内,而不是将他作为新的理念的先导。

无疑王继忠想要回到故乡为宋效力,但是决定权不在他的手中。王继忠心系故土,他渴望将自己的政治忠诚投向自己的祖国,但这种渴望是基于他与宋真宗长期的私人关系,还是基于忠于一个更为抽象的天子职位或是宋朝,不甚明朗。而且,王继忠顺从命运的安排所透露出的悲哀,意味着在宋初选择变得越来越难。10 世纪中叶,赵延寿已遭到当时人的批评,因为他所效力的政权被某些人,当然仅是被某些人视为敌国;到王继忠那时,对宋的臣民来说,任何南朝人都不应将辽视为主人。所以王继忠的选择不是在几个合理的选项中做出选择的问题,而是一个道德问题。

174

即便如此,他与同时代的人对忠的理解仍旧没有完全展示出从忠义到通敌的渐变过程。① 虽然王继忠为没有杀身殉国感到羞愧,但他仍然为辽尽忠职守。如果说王继忠的政治行为是为"夷狄"带来了和平或是潜移默化地给他们带来了文明,那么他也可以被认为是忠义之士。这样的辩护在后来那些为金或元效力的人中变得很普遍。② 如果将王继忠看作彻底的忠义之士,那就意味着与他同时代的人清楚什么是忠,但我们看到的是早期对他的评价呈现出的矛盾心理。最典型的评价就是他"可谓尽忠于两

---

① 谢慧贤《王朝之变:13 世纪中国的忠义问题》提出了从忠义转变到通敌这一连续过程的概念。

② 例如,蓝德彰,《中国的文化主义和根据元代所做的类推:17 世纪的概观》;包弼德,《求同:女真统治下的汉族文人》;王成勉(Chen-main Wang),《洪承畴的一生——易代之际的经世者》(*Hung Ch'eng ch'ou*)。

国主"。最终，王继忠仍旧是一名在过渡阶段中身体力行等级差异型忠的实践者。

所以，虽然在 10 世纪初，易主行为既不特别出格也没有造成太大困惑，但到了 1005 年，同样的行为，就不只是跨越了政治边界，还触犯了道德和情感的边界。最初简单的政治忠诚、个人忠诚和实际忠诚的问题，到 12 世纪就演变成对于忠诚的考量，成为社会身份定位的核心问题。

从实用主义到永恒真理：史书编纂中的辽南人

我们看到了在史书编纂中对越境行为态度的变化产生的影响：到了 10 世纪，人们在"忠"的问题上已经没那么多选择，而从后来文献因袭前人对"忠"的解读也已无法看到原来表"忠"其实还可以有别的方式。与此同时，我们发现后来的文献试图拯救这些人，为这些人的行为辩护，因为后来的史家倾向于将越境看作是个人行为，而且认为有必要为这些人挽回声誉。即便对当时的越境者来说，也没觉得有必要这样做。10 世纪以后，随着文化认同的逐渐增强，对忠的定义也逐渐严格。正如我们看到的：在有关五代的最早记录中，植根于文化差异的情感联系并不是一个突出的主题，只是在其他主题中若隐若现。随着文献被不断地重写，这种情况发生了改变。当宋朝明确要收复失地的复仇意识需要一个更为清晰的"他者"来证明后澶渊之盟时代的军事征伐是合理的时候，那么把文化认同变得更有政治涵意的时机就成熟了。

比起那些单独的记载，这些有关逃离、试图逃离和回归的一175 系列记述，较为清晰地揭示了这些活动在边疆地区的演变过程。它们更是我们用来理解不同时期文献在"忠"的问题上争执的重要载体。我认为忠的概念在 10 世纪经历了巨大的变化,但是我们未必能从早期的文献中发现它。虽然早期与后来的记载大致不差,但并不完全一致,所以当我们比较两者之间可能极小的编纂变化时,我们最能够看清忠的概念是如何变化的。早期史家认为无须解释和辩护的一些问题,却在后来文献的字斟句酌中透露出这恰是后来史家关注的内容。因此,当后来的文献强调赵延寿作为一个南人在辽晋战争中站在北朝一边时,我们知道早期的史家对赵延寿应当站在哪一边的问题可能并不这么看;但态度变化的程度取决于不同性质的问题。例如,当《新五代史》和后来所有的文献都删去了《旧五代史》中对张砺恪守孝道的详细记述,可能就意味着 11 世纪的文献已将孝作为一种自身必备的美德,因而无须专门记述。但文化认同可能直到纂修《辽史》的时代才成为问题,因为几个世纪以来的文献均一字不落地因袭了张砺宣称他是汉人的表述,《辽史》却故意删去了这一表述。通过这些文本,我们已经可以看到 10 世纪人们对忠的态度,不过我们更要以此为出发点,去看 10 世纪之后各阶段史书编撰中体现出的态度变化。

首先,11 世纪的文献《新五代史》和《资治通鉴》提出的观点就有了一个清晰的变化,因为欧阳修和司马光不只是沿用原先的记载,而是有意识地要对历史做出解释。他们对忠这个题目采用了不同的处理方式。"忠"对欧阳修而言是个重要的主题,因而欧阳修以此来选取和组织材料。众所周知,他创立了传的一个新类别——忠义传,但同时欧阳修拒绝为任何一个辽南人立传,他仅在《四夷附录》中对辽南人做了简单的勾勒。① 虽然有时候这些

---

① 有关《忠义传》,参见戴仁柱在欧阳修《新五代史》(英译本)中的评论。戴仁柱刻意选择没有译出《四夷附录》。

材料对于历史记载至关重要,但将越境者收入《四夷附录》是为了对他们进行有力的谴责,之所以记录他们就是由于他们为被欧阳修视作敌人的那些人效力。在韩延徽的例子中我们能够非常清楚地看到这一点,他能被载于史籍多亏了欧阳修,但《新五代史》没有展示韩延徽在辽构建唐制这最值得称道的一面,而是仅将其视作周边草原民族的征服者。而且,极有可能是欧阳修收集了这些散逸在别处的故事,并从负面来刻画这些人,例如"冠服事件"中的张砺和赵延寿。

司马光则勾勒了一幅更具同情心和情感微妙的画面。他把欧阳修贬入《四夷附录》的大量有关北方的材料都收入《通鉴》的正文中。《通鉴》和稍后的《契丹国志》不仅将这些人与其他有作为的官员一视同仁,而且强调了他们的道德品质。这些人中就包括韩延徽,他在面对阿保机时守节不屈,未向其鞠躬,为此他被留之不遣,辱以牧圉,在926年韩还为阻止后唐使节姚坤被处死而直谏阿保机;这些人中还包括张砺,他含蓄地批评了那些对925年郭崇韬被杀应负责任的人,因而得到《通鉴》的赞扬,《通鉴》还记述了他因谴责权贵不道德的行为而招致怨恨并因此罹难的事。在《通鉴》和《契丹国志》中还记载了赵延寿在947年敢言直谏拯救后晋降军的事,并不是因为司马光对所有辽南人都持赞赏的态度,而是欧阳修批评得过于严厉的地方,司马光就像对待《通鉴》中其他历史人物一样都给予了较为公允的评价。司马光对于历史的记载更令人满意,因为他的记载反映出了10世纪对越境为辽效力的矛盾心理。

虽然司马光对冯道的评价立场强硬,但他并没有在此强调冯道投降以及947年他为德光效力这个问题,我们注意到这点是非常重要的。他反对的只是一般意义上的变节,与所投向的新君主的文化属性无关。司马光发现行为本身的好与坏,与这一行为的主体与客体的政治和文化属性无关。即便如此,对欧阳修来说,问题的关键仍在于政权的正统性而非文化认同:忠诚只应当属于他认为正统的政权。在他看来,除宋之外,10世纪没有一个政权是合法的;辽与五代十国也一同被排除在外。①

　　从以司马光的方式续写的《续资治通鉴长编》到舛误颇多的《契丹国志》,南宋的文献质量参差不齐。《长编》虽然提供了对于忠的评价的丰富信息,但囿于目前的研究范围,我们无法对该书中体现的忠的观念做一个完整的评述。至于《契丹国志》,在面对女真征服和蒙古威胁的情况下,也许可以认为该书采纳了这样一种忠的观念:这种观念开始逐渐关注与文化立场有联系的忠,这是我们更为熟悉的一种行为模式。911年,刘守光在建立短命的燕政权时出现了“斧锧事件”,《契丹国志》的作者戏剧性地(也可能是错误地)赞颂了韩延徽在此事件中的勇气。叶隆礼通过忽略其他的事件,强调张砺在925年为其被谋杀的主人恸哭,以此表现张的忠贞,并且他还颠倒一系列事件的顺序,意在指出正是北朝而非南朝的杀掠致使张砺建言:治理南朝还得用“中国人”,而且他删除了德光谴责张砺应当对辽晋战争造成的破坏负有部分责任的话。叶隆礼既沿用了《通鉴》中赵延寿身为南人攻打南朝的绝大部分负面材料,也承袭了王继忠身为南人通过促成和平而为南朝效力的绝大部分正面材料。叶隆礼对材料的选择似乎说明,对有些人来说,为辽效力是无法避免的,但是他们高尚的节操以及为了南人同僚的利益所做的努力足以使他们广受赞誉。

　　最后要说的是,元修正史既满足了蒙古皇帝的要求,同时又

_177_

―――――――――――

① 刘子健,《欧阳修:11世纪的新儒家》,111—112。

表达了那个时代的观念：忠的标准已经牢固树立，政治组织和社会交流也完全被国家规定的身份等级制度规范起来。也许因为纂修得十分仓促，在这些正史中很难看到任何有关忠的编纂原则。《辽史》和《宋史》传中的《论》很可能是由元朝史官所作，虽然有时这些《论》强烈批判了辽南人的易主行为，但从正文叙述来看，还是有所平衡的。例如，《辽史》为韩延徽的越境辩护，而且详细记述了李瀚试图自杀一事；《宋史》突出了王继忠英勇抵抗直至被俘。① 但《辽史》与《宋史》的记述方式有些不同，所以把《辽史》单独拿出来，并将它与整个南方的文献进行比较，对我们来说是非常有用的。

南方文献与《辽史》对"心系南朝"情感的描写

当我们将所有文献，包括《辽史》放在一起阅读时，可以看到对待边界和边界概念不同态度的糅合。此时可以看到，对从南方政权转投辽，南方的文献表现出越来越多的忧虑，因为南方文献越来越强调这些人心系南朝。南方文献抓住各种机会强调任何对南方政权效忠的行为，这主要表现在对辽南人力图返回南朝的记述上。其中，我们研究的四个个案中，只有赵延寿没有表现出希望离开辽。

张砺的例子清晰地说明了，一系列史书强调的重点是如何变化的。正如我们所见，《旧五代史》呈现了一幅张砺最完整的肖像，在这个肖像中张砺作为一个有血有肉的个体展示了诸多美德。他试图回到南朝被认为体现了他为南朝效忠的程度，但是当

---

① 王继忠也为自己辩白，见《长编》57；1268。

他被俘时,他似乎完全放弃了回到南朝的想法。虽然《旧五代史》以此完美地为《张砺传》画上了一个句号,但这在张砺的整个传中所占分量并不大。《新五代史》则更关注张砺的变节和他为辽效力一事。当然《新五代史》也记载了张试图南归,但并没有以此进一步说明他效忠南朝的品质。而且,欧阳修还增加了德光因南朝遭受破坏而对他的指责。但是到了《通鉴》这里,删去了大部分有关张砺早期生活的记载,仅保留了他个人效忠于不同主人的少量证据。《通鉴》压缩了对他所拥有的其他诸多美德的记载,而是突出他力图逃离辽一事,以此说明他一直效忠于南朝。《契丹国志》进一步对《通鉴》的记载做了删节,不管这些被删节的部分展示的是张砺好的还是坏的一面,张砺试图南归一事更为突出了。

因此,在越来越简略的张砺的个人画像中,他故事中持续存在最久的基本元素正是那些展现他心系南朝的事情,他对北朝的观点可以解释这一点:"臣华人,饮食衣服皆不与此同,生不如死,愿早就戮。"当然这也很可能是张砺在文化方面仍将自己认同为汉人,但我认为,对张砺来说,这不必然等同于他的渴望,更不用说觉得有义务居住在特定的地方,效力于特定的政权,或者忠于和他有同样文化属性的君主了。然而,南方的文献似乎愈来愈注重展示张砺虽然已为辽效力多年,但实际上仍心系南朝。这样的叙述,使南朝人在地理、政治、道德和情感上易于接受。

就像早前我们所注意到的,《新五代史》对韩延徽的记载有整整一半篇幅都是关于他离开辽又返回辽的。《新五代史》对他的记载以阿保机兴奋地宣称韩延徽"自天而下"结束,这暗示了韩延徽最终还是愿意效忠于辽的。然而,《通鉴》和《契丹国志》在此增加了一封韩延徽写给晋太原解释他为何给辽效力的信,该信不仅为自己的行为辩护，而且通过他允诺辽不复南侵表明了他心系南朝。这是对欧阳修暗示他改变忠诚最有力的反驳。反而，我们看到了这样一位南人，虽然他返回北朝，但最终仍旧效忠于南朝，并且以南朝的立场行事。

李瀚和王继忠属于另一种完全不同的类型。我已在第6章对他们心系南朝的记载做了讨论，因为在他们的个案中，很难将这个问题与史家对他们品格的普遍赞誉分开。虽然我已指出为什么早期的研究对象韩延徽、张砺心系南朝的程度和本质值得怀疑，但似乎这确实为宋代的史家找到可以借题发挥的依据。《通鉴》和《契丹国志》通过不断强调他们一直心系南朝表明辽南人仍然具有他们原先的那些优点。然而，在《宋史》中这种观点似乎正在改变，因为对于我们后来的研究对象李瀚和王继忠来说，《宋史》除展示他们效忠于南朝的优点外，完全没有提及他们任何其他的优点。在《宋史》《长编》和其他南宋以及元的文献中，似乎也对王继忠这个处于临界点的个案的态度变得越来越矛盾了。

《辽史》呈现出一系列相当不同的观点。《辽史》既保留了张砺敢言直谏的事情，也保留了他站在道德立场上反对萧翰的事情，总的来说张砺在《辽史》中是以一个良臣的面貌出现的。最重要的是，在此只能看到他效忠于德光，虽然《辽史》也记载了张砺企图逃跑，但他在为自己开脱的时候，并没有表示他宁愿死也不愿留在辽朝。对于韩延徽而言，他所构建的辽的管理体系被《辽史》一再地强调，以致人们以为是他以一己之力创造了这一体系。《辽史》在这里强调了韩延徽的尽忠职守，但反映他孝顺的事例则被删去，一同被略去的还有一切能反映他心系南朝的事例，比如他承诺辽不复南侵太原，比如他拯救汉人的性命，仿佛这些都未曾发生过。此外，我们注意到《辽史》不再明确地说在他返回辽后获得更大的优待,而是明确地说阿保机认定韩延徽必定会回来,并且与早期的文献记载不同,《辽史》记载阿保机对于韩的归来既不感到惊讶也不过于高兴。反而是,韩延徽宣称要效忠于阿保机。在此,韩延徽完全将自己的忠诚投向了辽,虽然他也以诗表达了离开家乡的忧伤之情。

于是我们就不奇怪为何南方史书对赵延寿刻薄,而《辽史》对他宽容了。《辽史》不仅夸大了他在辽晋战争中取得的战绩,而且忽略了同时代人对他的谴责,例如在祁州被围的沈赟,并且《辽史》根本没有提及赵试图继承德光皇位一事。赵延寿不仅完全效忠于辽,而且未被责难。

李澣的形象不是很清晰,早期的记载并没提及他是何时入辽效命的,《辽史》只是说他"归辽"。然而,《辽史》先是记载了李澣应其兄李涛之邀欲逃离辽境,然后莫名其妙地加入了李数次试图自杀的记载。这些记载表明《辽史》默认了李澣心系南朝。因此,在这些相同的记述中,我们发现李澣虽然忠于辽,但明显更忠于南朝。至于王继忠,《辽史》通过简单记述他在侦察时被俘,忽略了他的英勇以及其中蕴含的忠诚。《辽史》说他用积极为辽效力来回馈辽对他的好,后来我们看到他随辽军征伐高丽。这都是王继忠改变效忠对象实实在在的例证。

虽然《辽史》删去了一些反映越境者心系南朝的事例,但仍保留了不少其他事例。如果那些心系南朝的事例也能用来证明越境者忠于辽的话,那么《辽史》就不会把它们删去。因此,《辽史》对心系南朝表现出一种出乎意料的宽容。至少一些编纂《辽史》的汉人同情那些一直心系南朝之人①,当然还有一种可能是蒙古

180

①　谢慧贤,《王朝之变:13世纪中国的忠义问题》,71。

的皇帝已像辽朝的皇帝那样理解了文化效忠的含义①。但也可能是,《辽史》要强调的是南朝与北朝君主互动的积极作用,赵延寿就是典型例证。又或许是,《辽史》希望通过类比的方式,展示14世纪的汉人与高等级的蒙古人或是西方和中亚的色目人之间的界限是可以被打破的。也许我们可以清楚地看到,整部《辽史》都给人以成于众人之手的印象;而且由于《辽史》的编纂时间较晚,仓促成书,材料相互抵牾,则更加深了我们这种印象。② 自相矛盾的观点在《辽史》中都能得到保留,使其成为一个内容相当丰富的文本,使我们能够对其进行更深的历史挖掘。③

　　10世纪以来一系列历史记录对什么才是"忠"存在异议,这表明了关于"忠"的两种不同概念体系(从10世纪关系型的忠到帝国晚期"忠义"与"通敌"二元的主导理念)缓慢而不稳定的转变。虽然那些为辽效力之人都是在剧烈的政治动荡时期从南朝越境入辽的,但是由于宋与其他北方邻国的对立,导致忠的道德标准变得日益严苛,因而他们的故事很快就被重写了。

181

超越族性与民族

　　自10世纪末以降,分别统治边疆地区南部和北部的王朝之

---

① 目前对元代审查程度的讨论,参见谢慧贤《记忆与官方的史学:宋代效忠者的编史工作》,598—604。她在《王朝之变:13世纪中国的忠义问题》中又重述了这个问题。

② 有关在中国史书中能出现多种不同的观点,参见侯格睿(Hardy)《古代中国史家能对现代西方理论有所贡献吗?——论司马迁的多重叙事》("Can an ancient Chinese history contribute to modern Western theory?")、倪来恩(Moloughney)《衍生、互文与权威:历史一致性问题及其叙述》("Derivation, intertexuality and authority")。

③ 虽然魏特夫与冯家昇在1946年出版的《中国社会史:辽(907—1125)》一书证明了《辽史》中的历史资料所蕴含的巨大价值,但在该书出版前他们已经提出了这一个观点。

间逐渐产生了政治分歧,这些分歧是伴随着南北差异的突显而产生的,南朝尤为强调这一差异。① 虽然双方不断强调南北差异,但两者在政治上越来越具有相似性,因为 947 年以后,唐的某些习惯和制度已深深植根于辽。② 尽管两者文化趋同,但后来的史家着意凸显宋辽两国长期的对立,只能说明那个时期更看重文化身份的认同;强调文化差异虽然只是为政治服务,但文化认同明显开始趋近现代族性认同的概念。但是很明显,如果要在 10 世纪早期寻找族性认同意识的萌芽,就相当于将一系列族性概念范畴强加在对这些东西完全不了解的那个时代的人身上。

族性这一概念假定群体形成的起源是政治动员和基于地域的文化联系,但这无助于我们理解群体的发展。如果说政治性群体由族群的归属感促成,那就很难说是物质利益还是个人联系在起作用,特别是在那些文化因素不是很明显的群体中。如果说族群形成与特定地域有关,那么有一种政治类型就很难理解,如某个首领依赖军镇中的个人关系网络形成统治,但对本该依附于他的地区没有完全的控制权。简言之,如果你一开始就只想着族群,那么你就会推定族性在人们行为中扮演决定性的作用,因为这就是族群应有的特点。因此,当族性成为问题的一部分时,其实它已经是答案的一部分了。

然而,将忠作为我们进行分析的主要对象,我们能够看到各种不同的文化群体和政治群体是如何缓慢而又随意地汇聚到一起形成宋辽之间二元对立关系的。宋辽双方互为对方外部的"他者",首先只是不含任何文化冲突的敌对双方,然后逐渐才有胡汉

---

① 史怀梅,《从边疆地带到边疆区域:10 世纪中国北部的族群认同在政治上的应用》。
② 杜希德与蒂兹,《剑桥中国辽西夏金元史:辽》,77 及以后。

之别。从一个角度来说,这也许能够让我们找到构成族性的不同
要素,但更为重要的是,这让我们能够跳出民族和族群的窠臼,去
思考 11 世纪以及后来忠的发展情况。而且,只考虑忠本身让我
们能够看到它并非是静止的;以前通常只有在特殊情况下,才会
考虑"忠"这个问题,但随着国家实力在南北两边不断增强,忠逐
渐承担起了意识形态的重任。最重要的是,试着以一种对当时人
很重要的观念来观察事物,有助于我们更好地理解那些人与我们
相似或不同的观念和行为方式。

我们也能够看到,"忠"的不同实践方式是如何推动政治发展
的。最初,忠于谁可以决定疆界的位置,也可以增强一个政权的
力量。后来,"忠"的标准发生了改变,这种改变加强了国家的权
威,因而决定边界性质和位置的变成了国家,而不再是下面的臣
僚。这也确保了由此达成的国家间的协定能够得到有效执行。
国家确立了自己的边界,因而它们无须再顾忌追随者们是否仍效
忠于自己,所以它们可以减少对这些人的关注。既然无须取悦这
些节度使、刺史以及将领,那么关注的重点便转向了对这些区域
及其物产的管理上,这就使国家对领土主权的要求走向了前台。
"政体"在五代的概念就是一个君主和他属下组成的网络,这个网
络是通过忠这个纽带维系的,而忠则是与各种各样源源不断的利
益捆绑在一起的。现在取而代之的是国家体系,它们各据一方,
分割各种资源。这种划分得到了盟约的认可,双方的分界线也在
彼此交换的地图中得到了尊重。因此,领土成为忠应当放在哪里
的主要决定因素。

将"忠"作为我们讨论的起点,有助于我们从新的角度认识这
一时期的身份认同问题。只有在遇到选择或挑战时才能看清人
们对于身份的认同。一个官员面对敌军要么抵抗要么投降。换

句话说,他不得不决定他效忠于哪里。哪一个对他更为重要:是文化属性还是政治忠诚,是物质利益还是抽象的道德原则,是军事优势还是百姓福祉,是自身利益还是众多追随者的利益?在如此众多的忠诚选项之间做出选择使得官员能够以特殊的方式,也许是先前无法想象的方式,做出选择。因此他有机会调整自己的认同,程度可大可小。无论结果如何,他的选择总是产生于一个政治、社会以及意识形态环境中,在这个背景中可供考虑的选项只有那么一个特定的范围。做出效忠于谁的选择,当时对"忠"的理解只是诸多决定因素中的一个而已,但是这个因素决定了其他因素在当事人心目中的地位。因此,通过分析对"忠"的理解与实践的变化,可以发现"忠"的理念,有些时候(如在危机中)可以将军事利益和抽象的道德原则置之度外;而有些时候,则首先需要考虑这些原则。

　　在某些情境下的选择是否被认为符合道德要求,可以说是随着观察者所处环境中所认可的选择范围的变化而变化。随着时间推移,可供选择的范围也发生了改变,所以就像我们所看到的那样,人们在文献中对历史上的那些选择进行了重新评价。在10世纪上半叶,道德行为的下限是任何人不得肆意伤害他人;虽然残虐不仁的行为违背道德,但改变政治忠诚并不有违道德。到1005年,王继忠觉得自己站在了政治边界错误的一边,感到异常痛苦;他认为站在正确的一边很重要。虽然与他同时代的人无法对他的行为做一个道德评判,但他们发现了一种解决方法,那就是证明他对惠及民众的和平局面起了很大作用。然而,可供选择的范围发生了一系列巨大的变化,对于后来的史家来说王继忠的行为是不可原谅的。

　　在10世纪越过任何一处政治边界既没有违背道德,也没有对文化认同构成威胁。但不是所有人都能适应异域文化，不适应才是常态。就像在德光对张砺试图南归的反应中我们所看到的，很明显对辽朝的第一代统治者来说，应该尽可能让入辽效力的南人有宾至如归的感觉。直到 10 世纪末至 11 世纪初开始强调文化差异，这才成为一个问题。即使王继忠与周围人的文化差异没有让他在政治上备受责难，那也让王继忠之属身陷痛苦的境遇中，因为他们在道德和感情上饱受政治立场错误的折磨。坚持道德原则和文化认同，虽然对王继忠一生的发展没有什么帮助，也没影响到后来对他的评价，但在中华帝国晚期的语境中，文化身份的认同越被看重，它们就越被广泛地用来为侍奉异族征服者这样在政治和文化上的背叛行为辩护。

本书认为，如果仅仅从领土意义上去认识边界，从族群的角度去看待身份认同，从道德的视角去理解忠诚，那么就无法清楚揭示 10 世纪唐宋剧变中政治、文化和道德的复杂现实。我不去从民族国家的叙述角度分析问题，只是尝试讨论"忠"这一概念，10 世纪的人据此安排他们的生活，做若干决定。通过考察"忠"在不同时代的含义，可以将 10 世纪的行为与后来的解释区分开来，因此这就使我们有可能更好地理解一个被埋藏在几个世纪不断叠加的说教历史下的世界。在本书的分析中，无论是在个人层面与辽的关系，还是国家层面与辽的关系，对我们深入理解 10 世纪都至关重要。我们在此只关注从南朝越境入辽的行为，于是只能得出下面的结论：既然我们已经知道 10 世纪的"忠"是怎样的，那么我们就应该知道越境入辽与越境到其他地方没有本质区别。所以，我们下一步的任务就是探讨"忠"的理念和行为在整个边疆地区是如何起作用的，这必定会引发对中国边界和疆域性质的新的讨论。

附 录

以越境先后为序

- 序号：试图越境或越境未遂的行为均放在括号内，不以序号标注。且本表不收入欺骗性质的越境行为。

- 越境类型：V＝自愿越境，D＝被迫越境，N＝非自愿越境，A＝联盟时期的越境；越境者被进一步划分为：C＝平民，M＝军人，X＝平民军人混合型，R＝返回者。

- 越境类型的划分：不同史源给出的越境原因不同，除本表采纳的越境原因外，其他原因均放入方括号内。

- 史料：一是，以史料给出时间为准；二是，以史料编纂时间先后为序排列备注内容，因《辽史》(*LS*)内容涵盖整个时期，故将之排在首位，随后依次为《旧五代史》(*JW*)、《通鉴》(*TJ*)、《新五代史》(*XW*)、《长编》(*CB*)、《宋史》(*SS*)。

- 民族：H＝汉，Sh＝沙陀，Turk＝突厥，Kit＝契丹，Bo＝渤海。

- 备注：备注直接引自史料，为便于阅读略作改动，所以与正文用语有所不同。例如，以"契丹"指称辽，以庙号指称皇帝本人。

序号	姓名或描述	时间	越境地点	类型	出处	民族	传	备注
1	9.5万人	902:7	代北,河东	NC	LS 1:2			在劫掠中被俘；筑城以居。
	众多人口	?	?		TJ 266:8677			阿保机言："我为长九年，所得汉人颇众。"
2	偌房	903:10	蓟州	NC	LS 1:2			在劫掠中被俘；筑城以居。
3	韩知古	903:10?	蓟州	N	LS 74:1233	汉	LS 74:1233	太祖平蓟俘被俘，知古六岁；后授其官职。韩知古入辽的时间似乎要早于此。否则他大小根本无法做他们做的那些事。韩人入辽的时间很可能是在886年至右。见唐统天《韩知古入辽年龄商榷》。
4	康默记	903:10?	蓟州	N	LS 74:1230	汉?	LS 74:1230	太祖侵燕得之；隶麾下。
5	赵霸	904:9	武州桃山	N	LS 1:2	汉?		战争中被俘。
6	李克用	905:10	晋太原	A	LS 1:2	沙陀	JW 25:331 之后	联合进击刘仁恭；救数州。
7	平民	905:10	幽州地区	NC	LS 1:2			在劫掠中被俘；筑城以居。
8	刘守奇与所部数千人	907:7	平州	VM	LS 1:3	汉		刘守光其兄，率军来降，置于平卢城；先逃至辽，后逃至河东。
					TJ 266:8677			
9	李存勖	908:4	河东	A	TJ 266:8694	沙陀		遣使略阿保机，求骑兵攻梁。
10	刘守文	909:3	沧州	A	LS 1:4	汉		乞兵讨其兄守光，守光击溃之。
		909:5			TJ 267:8710			重贿契丹以兵讨守光；为守光摘。

续 表

序号	姓名或描述	时间	越境地点	类型	出处	民族	传	备注
11	众多守光的军士	911—913?	幽州	VM	TJ 269:8808			因苦于守光残暴；系于916年左右。
					JW 137:1828			因苦于守光残暴。
			幽州，涿州		XW 72:886			因苦于守光残暴。
12	张希崇	911:8?	平州	NR	TJ 276:9023	汉	JW88:1147	在为刘守光守御平州时被俘；率2万余口于928年八月南归（JW 39:541，928:2下注释，阿保机912年春亲征幽州。
13	士民	约912:1?	北部边疆	NC	TJ 269:8808			守光被围于幽州时为契丹所掠。
			幽州		JW 137:1828			守光被围于幽州时为契丹所掠。
			边疆		XW 72:886			阿保机乘间入塞掠夺；依唐州县置城以居之。
14	韩延徽	约912:1?	燕的使节	NR	TJ 269:8810	汉	参见第4章	阿保机怒其不拜留之；使牧羊马，受其官职。
					XW 72:890			阿保机怒其不拜留之；使牧羊马，受其官职。
15	韩延徽	约913:12?	晋太原	V	TJ 269:8810	汉		逃避王缄潜之；以其为相。
					XW 72:890			逃避王缄潜之；以其为相。
	[刘守光]	913:10	燕[幽州]	[A]	TJ 268:8777	汉	JW 135:1799	攻晋太原，求援于契丹，契丹不救。]

续　表

序号	姓名或描述	时间	越境地点	类型	出处	民族	传	备注
16	齐行本与男女3000人	915:6	幽州	VCR	LS 1:10	?		率其族及部曲请降；逃至幽州；周德威纳之。
17	卢国用	916:4	幽州	VR	LS 1:11	汉		来降；926年十月奔唐，LS 2:23。
18	李嗣本及其节镇	916:8	蔚州—振武	NX	JW 28:388	?	JW 52:709	城陷，嗣本陷于契丹。参较 LS 34:396, 阿保机攻蔚、新、武、妫、儒州俘获不可胜纪。
			蔚州—振武		XW 5:43; 72:887			攻陷蔚州时被掳。
			蔚州—振武		TJ 269:8805			城陷，李被掳。
			朔州		LS 1:11			城陷，李被掳。
19	李存勖叔父	916:12	太原	A	TJ 269:8810	沙陀		以叔父事皇帝。
20	李存勖叔母	916:12	太原	A	TJ 269:8810	沙陀?		以叔母事皇后。
21	卢文进及所部	917:2	新州	VMR	LS 1:11	汉	JW 97:1294	来降；为辽攻新州。
					JW 28:389			杀节度使，叛逃入辽；引契丹之众寇新州；926年十月南归，JW 37:511, TJ 275:8994。《通鉴》言，帅其众十余万，车帐八千乘于南归。936年十二月奔南奔吴，TJ 280:9166。又见 JW 137:1828—1829。

续　表

序号	姓名或描述	时间	越境地点	类型	出处	民族	传	备注
22	刘殷				XW 72:887			因残暴统治杀节度使,叛入辽,契丹攻占新州。
		917:2	新州	[D]	TJ 269:8812			卢不愿杀节度使;晋遣兵追讨,逃入契丹,引契丹攻新州。
		917:3		D	LS 1:12	?		卢文进部将;被任命为新州刺史。
					JW 28:389			卢文进部将;被任命为新州刺史。
					TJ 269:8814			卢文进部将;被任命为新州刺史。
					XW 72:887			卢文进部将;以其守新州。
23	宋瑶及所部	920:10	天德	DMR	LS 2:16	?		被围,投降;赐礼弓矢等;更其军名。
24	宋瑶及其家属,城池	920:10	天德	NX	LS 2:16			叛,城陷,被掳;徙其民。
25	张文礼(又称王德明)	921:7	镇州—赵	A	TJ 271:8866—8868	汉	JW 62:829	遣间使于户文进求援于契丹;晋遣兵讨之;张惊惧而卒。
		922:4			LS 2:18			李存勖围镇州;张求援,契丹援军败之。
26	王处直	921:10	义武	A	TJ 271:8868—8869	汉	XW 39:419	使其子郁略辽以乞援军攻之;子郁囚处直。
				[VR]	XW 5:44;72:888			叛附于契丹,其子郁囚处直,都降于梁。
27	王郁及所部	921:10	新州	VMR	LS 2:17	汉	LS 75:1241	内附;赏赉甚厚;还宜州卒,LS 75;1242。

续 表

序号	姓名或描述	时间	越境地点	类型	出处	民族	传	备注
	王郁	921:11		[A]	TJ 271:8870			素疾其弟继其宗，以镇州金帛美女贿赂辽；契丹保机作为联军南下。
		921:12		[V]	JW 29:399—400			诱阿保机寇幽州，引军涿州，陷之。
		921:11		[A]	XW 72:888			以镇州的金帛美女贿赂攻涿州。
28	平民		檀、顺、安远、三河、良乡、望都、潞、满城、遂城等（十余城）	NC	LS 2:17			劫掠中被俘，徙内地。又见 LS 34:396。
29	李嗣弼及涿州城	921:12	涿州	DX	LS 2:17	沙陀	JW 50:683	以城降。
				[N]	JW 137:1829			城陷被俘。也见于 JW 29:399，未载刺史名。
					TJ 271:8870			围涿州，拔之，李被擒。
30	李存勖 200 骑兵	921:12	幽州附近	NM	LS 2:17			覆辽军后，辽军反击，被擒。
					JW 137:1830			侦察部队，被俘。

续 表

序号	姓名或描述	时间	越境地点	类型	出处	民族	传	备注
31	无名幽州裨将	921:12	檀州	N	LS 2:17			交战中被擒。
32	张处瑾	922:4	镇州	A	TJ 271:8868	汉		张文礼子，继其父志悉力拒晋。
		922:5			LS 2:18			继续效忠辽。
33	胡琼	922:4	蓟州	N	LS 2:17	?		州陷被擒。
34	赵思温	923:1	平州	N[R]	LS 2:18; 3:27	汉	LS 76:1250	州陷被擒；其子诸以幽州内附，不许，TJ 281:9189。
35	张崇	923:1	平州	NR	LS 2:18; 3:27	?		州陷被擒；926年七月叛入后唐，LS 2:23。
36	裴信父子等数十人	923:4	幽州东或南	NM	LS 2:18; 3:27	?		交战中被擒。
	[李继韬]	923:12		[VR]	TJ 272:8908—9	?	JW 52:706	闻梁灭，欲走契丹，与随从辩论，决定不入辽。
37	李继达	923:12		V	TJ 272:8909	?	JW 52:708	尽杀其妻子，将奔契丹，从骑皆散，乃自刎。
38	献俘	924:9	辽西南	NC	LS 2:20			南府宰相(耶律苏)献俘。
39	姚坤	926:7	晋使	NR	TJ 275:8989—90	?		被韩延徽救后南归。
40	王都及其节镇	928:3	义武一定州	VX	LS 3:28	汉	JW 54:731	以定州来归，929年二月定州陷落，王都自焚，TJ 286:9027。

续　表

序号	姓名或描述	时间	越境地点	类型	出处	民族	传	备注
41	王威	约928		V[R]	JW 137:1832			作乱,求援于辽;929年平叛。
					XW 72:891			作乱,求援于辽;为王晏球败。
42	张彦超及其城	932:11	蔚州	VXR	TJ 282:9204	汉		避其兄王都之难,亡在契丹;大宗请使袭其王父处直土地。
					TJ 278:9080	沙陀	JW 129:1706	与石敬瑭有隙,契丹附后汉,947年归附后汉;JW 129:1706(译者按,作者原误作706)。
43	阳城	934:11	阳城(武州)	DM	LS 3:36			被围,城降。
44	洼子城	934:11	洼子城	DX	LS 3:36			城降;括所俘丁壮籍于军。
45	捉生	935:12	金瓶泺(区域)	NC	LS 3:37			被化哥、宿鲁里、阿鲁扫古等契丹将领所捉。
46	桑维翰	936:5	敬瑭随从	V	TJ 280:9143	汉	JW 89:1161	求援于辽。
					XW 8:79			认可求援于辽。
47	刘知远	936:5	敬瑭随从	V	XW 8:79	沙陀		认可求援于辽。
48	石敬瑭	936:7	河东	A	LS 3:38	沙陀		唐主派兵讨石敬瑭,求救于契丹。
				[V]	TJ 280:9146			求救于辽,愿为臣子,割地。
					XW 8:79; 72:892			求援于辽。

续 表

序号	姓名或描述	时间	越境地点	类型	出处	民族	传	备注
49	杨光远及所部	936			JW 137:1833			被张敬达围,乞师,愿为臣子。
		936;闰11	晋安寨	VMR	LS 3:39—40	沙陀	JW 97:1290	杀张敬达以降,救晋高祖。
					JW 48:666;76,992;137:1833			杀张敬达以降辽,被斥为恶汉儿。
					XW 8:75			杀张敬达,叛,降辽。
					TJ 280:9157—9158			劝张敬达降,斩敬达首,上表降于契丹;被斥为恶汉儿,军队悉以归晋。
50	安审琦及所部	936;闰11	晋安寨	VMR	LS 3:39—40	沙陀	JW 123:1614	杀张敬达以降晋高祖。
					TJ 280:9157—9158			劝张敬达降,未忍杀他;军队悉以归晋。
51	高行周	936;闰11	晋安寨	DR	TJ 280:9157—9160	汉	JW 123:1611	支持张敬达,降于晋安寨,劝赵德钧降。
52	符彦卿	936;闰11	晋安寨	DR	TJ 280:9157—9160	汉	JW 56:760	支持张敬达,降于晋安寨;效于晋高祖。
53	丁审琦及其忻州	936;闰11	忻州	VX	TJ 280:9158	?		拒绝随吕琦去镇州,降于辽。
54	德钧步兵万余	936;闰11	团柏谷	DM	LS 3:39			追及步兵万余,悉降之。
55	赵德钧及所部	936;闰11		[A]	TJ 280:9155—9156	汉	见第5章	遣赵延寿助辽联合反唐;辽欲许德钧之请。
					JW 137:1833			求立己为帝。
			昭义	[V]	JW 76:992			晋高祖接受德钧父子降。

续表

序号	姓名或描述	时间	越境地点	类型	出处	民族	传	备注
			潞州	V	JW 137:1833			出降于辽,辽太宗锁之。
			高河		TJ 280:9159—9160			拜晋高祖于马首,辽太宗至潞州。死于937年,TJ 280:9161。
			潞州	[N]	XW 8:79			叛于唐来降,锁之以归辽。
			潞州		XW 72:893			辽太宗执德钧父子以归。
			团柏谷附近	[DM]	LS 3:39			追及德钧父子,乃率众降。
56	赵延寿及所部	936:闰11		[A]	TJ 280:9155—9156	汉	参见第5章	赵延寿靖辽联合唐,辽欲许延寿之请。
			昭义	[V]	JW 76:992			晋高祖受德钧父子降。
			潞州	V	JW 137:1833			出降于辽,辽太宗锁之。
			高河		TJ 280:9159—9160			拜晋高祖于马首,辽太宗至潞州。
			潞州	[N]	XW 8:79			叛于唐来降,锁之以归辽。
			潞州		XW 72:893			辽太宗执德钧父子以归。
			团柏谷附近	[DM]	LS 3:39			追及德钧父子,乃率众降。
57	张砺	936:闰11	潞州	D[R]	TJ 280:9161	汉	见第5章	在赵延寿军中;契丹主复以翰林学士。逃归,TJ 281:9170;复为契丹所获。

续 表

序号	姓名或描述	时间	越境地点	类型	出处	民族	传	备注
58	乔荣	936:闰11	团柏谷附近	D	XW 72:898	?		遣其酋赵延寿，并延寿迁于辽；德光重其文学。
59	沙彦珣及其节镇和军队	936:12	大同	VX	TJ 283:9253	?		河阳牙将，从延寿入辽，以为回图使。
		937:2			LS 3:40			出迎辽太宗，留之，不使还镇。
60	彰国节度使及其节镇	936:12	大同	VX	TJ 280:9169 LS 3:40			迎见辽太宗，留之不遣（无法进一步确认节度使的身份）。
61	安叔千及其节镇	936:12	振武	VX	LS 3:40	沙陀	JW 123:1622	迎见辽太宗，留之不遣。（据 JW 48:661，可知其为振武节度使。）
62	吴峦及大同城	937:1	大同	DXR	LS 3:40	汉	JW 95:1267	闭城拒辽命，围其城，密降辽太宗；效力于子晋高祖。
63	郭崇威	937:2	应州	DXR	TJ 281:9169	?		十六州官员之一。耻臣契丹，挺身南归。
64	赵氏	938:9	洛京	V	JW 77:1018	沙陀		辽使取赵氏以归。
					TJ 281:9190			赵延寿妻，后唐公主。辽使取赵氏以归。
	[杨光远]	938:11	天雄	[A]	TJ 281:9194		见上	桑维翰请分杨光远的军队，光远由是怨望，密以略自诉于辽。[

续 表

序号	姓名或描述	时间	越境地点	类型	出处	民族	传	备注
65	图籍	938:11	幽、蓟、瀛、莫、涿、檀、顺、妫、儒、新、武、云、应、朔、寰、蔚	NC[R]	LS 4:44			晋高祖献十六州，946年十一月束城（河间）等回归晋，TJ 285:9314（TJ 280:9154。注意到这些回归晋的或是行政上的交割，因为十六州已在辽控制下，后来回归后晋的束城也被算在内）。
66	折从远	938:11	府州（十六州）	DR	TJ 284:9273	汉	JW 125:1647	府州剌史，仍任其职，944年六月反对徙河西之民实辽东而叛，TJ 284:9273；947年四月入冀汉，TJ 286:9352。
67	杨彦询	941:9	晋使	NR	TJ 282:9228	汉	JW 90:1186	几近故杀；941年十二月被遣归晋，LS 4:50；TJ 282:9232 言，听杨彦询还。
68	叛民上户30	941:12	朔州	NC	LS 4:50—51			安从进叛晋，诛城中丁壮，其余皆为蒙古只部曲。
69	石延煦	943:8	晋庭	A	LS 4:53	沙陀	JW 87:1141	晋出帝将其送至辽作为人质。
70	晋谍	943:11	晋庭	N	LS 4:53			俘获晋谍，知晋有贰心。
71	杨光远	943:12	青州	A	TJ 283:9256		见上	密告辽，晋境内大饥，公私困竭。
		944:1			JW 82:1084			反晋。
					XW 72:894			叛晋；晋兴师问罪。

续　表

序号	姓名或描述	时间	越境地点	类型	出处	民族	传	备注
72	邵珂	944:1	贝州	V	LS 4:53	?		贝州军校,贝州被围,开南门纳辽兵;太守吴峦自杀。
					TJ 283:9260—9261			对节度使不满,遣人密言契丹,引契丹自南门入;托慰其民。
73	周儒及博州	944:1	博州	VX[R]	TJ 283:9264	?		与杨光远通使任丘;抚慰其民,TJ 284:9266。
		944:1			XW 9:93			叛降于契丹。
		944:2			JW 82:1086	?		与杨光远潜约,军士67人逃离辽(这已被计算在内)。
		944:2		[DX]	LS 4:54			攻博州,周儒以城降。
74	蔡行遇	944:1	马家渡(译者按《通鉴》作马家口)	N	TJ 283:9264	?		在战争争中被俘。
		944:2			JW 82:1086			
75	杨承信	944:1	青州	A	LS 4:59	沙陀	SS 252:8857	遇伏兵,被俘,重伤,坐备中导样至幕帐。支持父亲反晋,兄杨承勋,杨承信国。
76	尹居璠及将吏27人	944:3	德州	NX	TJ 284:9268	?		麻答随主力后撤陷德州,擒刺史尹居璠居璠。

续　表

序号	姓名或描述	时间	越境地点	类型	出处	民族	传	备注
		944:4			JW 82:1089			城陷被擒。
		944:5			LS 4:54			城陷被擒。
77	张晖	944:7	晋使	NR	LS 4:54	汉	SS 272:9318	奉表乞和，留其不遣；迎汉太祖。SS 272:9318。
78	城成	约944	澶州、邺都之间	NM	TJ 284:9286			澶州、邺都相去150里；两者筑城以应南北。
79	杜知敏	945:1	榆林店	NR	TJ 284:9281	?		战争中被擒，被其城主慕容延超所杀。
80	几名晋将	945:1（译者按《新五代史》作正月，作者误作二月）	榆林（店）	NM	XW 72:895			战争中被擒。
81	千百华人	约945:5	天雄军	NC	TJ 284:9292			杜（重）威不救故驱华人。
82	晋谍	945:12	云州	N	LS 4:56			为邯律阿剌所获。
83	刘廷翰	946:4		NR	TJ 285:9304	汉	SS 260:9025	杜威随军将，市马于边，孙方简执之，献于辽，延翰逃归。

续 表

序号	姓名或描述	时间	越境地点	类型	出处	民族	传	备注
84	孙方简及其寨	946:5	易州	VMR	LS 4:57	渤海?	JW 125:1649	请内附。
		946:6	狼山		JW 84:1115			孙方简乞降,据狼山归辽。
		946:4			TJ 285:9303—9304			以寨自保,晋庭不副其意,举众降于辽,请为乡导以人寇。948年三月,叛辽,投汉,以扞契丹。
		946:6			XW 9.96			叛附于辽。
85	戍兵千余人	946:11	栾城	DXR	TJ 285:9316			不觉辽军至,狼狈降之,黥晋人面,纵之南走。
	骑军千人				XW 72:896			栾城县被破,皆降于辽,黥降晋人面,纵以南归。
	骑卒数千				LS 4:58			攻下栾城,但获晋人,黥而纵之。
86	安叔千	946:11?	邢州	VX	LS 4:58		见上	己密表输诚,授金吾卫上将军。
		947:1			TJ 286:9327			己累表输诚,授左卫上将军。
87	张祚等	946:12	杜威信使	N	TJ 285:9317	?		来朝廷告急,为契丹所获,朝廷与杜威军前声言两不相遇。
88	杜(重)威及所部	946:12	中渡	VMR	TJ 285:9318—9319	汉	JW 109:1433	谋降契丹,军士恸哭,以太傅为大傅,947年七月,投汉,以锦袍衣威,以其及其后。 TJ 287:9368

续 表

序号	姓名或描述	时间	越境地点	类型	出处	民族	传	备注
					JW 99:1324, 137:1835			降于契丹。
					XW 9:97			叛降于契丹。
				[DM]	JW 85:1123			率诸军降于契丹。
					XW 72:896			被围,举军降。
89	20万众	946:12		[VM]	LS 4:58			率所部来降;授其守太傅、邺都留守,分降卒之半付重威,半以隶赵延寿。
	李守贞及所部	946:12	中渡	VMR	TJ 285:9318—9319	汉	JW 109:1437	谋降契丹,军士绚哭,以其为司徒。947年七月,投汉,TJ 287:9368 反其后。
					XW 9:97			叛降于契丹。
				[DM]	JW 85:1123			率诸军降于契丹。
					XW 72:896			被围,举军降。
90	20万众	946:12		[VM]	LS 4:58			率所部来降。
	宋彦筠	946:12	中渡	VMR	TJ 285:9318	汉	JW 123:1623	谋降契丹,军士绚哭;仍领旧职,LS 4:58。(译者按:《辽史》4:57 曰言:"宋彦筠堕水死。")

续 表

序号	姓名或描述	时间	越境地点	类型	出处	民族	传	备注
91	高勋	946:12	杜威部队	D	TJ 285:9318	?	LS 85:1317	晋诣契丹；仍领旧职，LS 4:58译者按，然《辽史》4:58末言及高勋。
92	张彦泽及所部	946:12	相州	VM	JW 85:1123—1124	奚厥	JW 98:1305	降于契丹后，受契丹命，大掠晋都城；斩于市，JW 85:1126。
					JW 99:1324			受契丹命，陷晋京城大梁。
					TJ 285:9320			遣其取晋都城大梁。
					XW 9:97			叛降于契丹。
	20万众			[DM]	XW 72:896			被围，举军降；遣其先入晋京师。
		946:12		[VM]	LS 4:58			率所部来降；仍领旧职，持诏入汴；斩于市，LS 4:59。
93	王周及其城	946:12	恒、镇州	DXR	TJ 285:9319	汉	JW 106:1391	闻杜威已降，亦出降；辽入恒州；辽 285:9319节度使。
94	王晖及代州	946:12	代州	DX	TJ 285:9319	沙陀?	SS 261:9049	辽袭代州，其以城降；后汉史弘肇复取代州，斩王晖，TJ 285:9344（王晖来自大原，可能为沙陀）。
		947:2前		[V]	JW 99:1325			叛归辽；后汉史弘肇复取代州，斩王晖。
95	晋军	946:12	易州	DM	TJ 285:9319			杜威投降后，诱诱易军来降，刺史郭璘不能制，为耿崇美所杀。

续表

序号	姓名或描述	时间	越境地点	类型	出处	民族	传	备注
96	李殷及其节镇	946:12	义武	[VXR]	TJ 285:9319	汉	JW 106:1395	义武节度使。降于契丹。为孙方简所代。
		946:11		DXR	LS 4:58			后有契丹主力部队，镇州被围，以城降，加入辽军。
97	方太及其节镇	946:12	安国	VXR	TJ 285:9319	汉	JW 94:1244	安国节度使。降于契丹；为麻答所代，授其职；947年四月，被叛军迫请其为郑王；潜奔洛阳；归晋阳（汉）前被杀。
98	皇甫遇	946:12		D[R]	TJ 285:9320	汉	JW 95:1259	杜威之降，皇甫遇初不预谋，不受辽命，自杀。
99	李崧	946:12	大梁—汴	VR	TJ 285:9323	汉	JW 108:1419	不进酒于被俘的晋帝。947年九月，自镇南归，TJ 287:9377。
		947:1			LS 4:59			命其为板密使，于947年四月与太宗北归，LS 4:60。
					JW 137:1835			命其为西厅枢密使。
100	李彦韬	946:12	大梁—汴	V	TJ 285:9323	汉	JW 88:1146	不欲见被俘的晋帝，947年一月，随晋帝北迁。TJ 286:9332；JW 85:1126；LS 4:59。
101	高行周	946:12	澶州地区	VR	TJ 285:9324		JW 123:1611	诸契丹牙降；复其节度使职 JW 123:1613。

续表

序号	姓名或描述	时间	越境地点	类型	出处	民族	传	备注
102	符彦卿	946:12	澶州地区	VR	TJ 285:9324		SS 251:8837	诣契丹牙帐降；遣彦卿归镇，SS 251:8838。
103	文武群官	946:12	东京	DR	TJ 285:9325			仍就其职。947年六月，奉表来迎刘知远（汉），请求其原谅，TJ 287:9366。
104	王白	946:12?	大梁—汴	D	LS 108:1476	汉	LS 108:1476	汴京陷落时为晋司天少监，授其官职。
105	魏璘	946:12?	大梁—汴	D	LS 108:1476	?	LS 108:1476	以卜名世，太宗得于汴；流乌古部。
106	冯道	947:1	邓州	VR	TJ 286:9330	汉	JW 126:1655	自邓州人朝，契丹主素闻其名，以其为太傅。947年四月，以镇州南归，TJ 287:9377。
					LS 4:59			以其为太傅，947年四月，随太宗北归，LS 4:60。
					JW 137:1835			以其为太傅。
107	和凝	947:1		DR	LS 4:59	汉	JW127:1671	以其为翰林学士，947年四月，随太宗北归，LS 4:60。TJ 287:9377将此将事系于947年九月。
					JW 137:1835			以其为宰相。
108	赵莹	947:1		D	LS 4:59	汉	JW 89:1169	以其为太子太保，从晋帝北迁。

续　表

序号	姓名或描述	时间	越境地点	类型	出处	民族	传	备注
					TJ 286:9332			从晋帝北迁。
					JW 85:1126			从晋帝北迁。
109	刘昫	947:1		D	LS 4:59	汉	JW 89:1171	以其为太保，未北迁，其年夏以病卒，JW 89:1173。
110	冯玉	947:1		V	LS 4:59	汉	JW 89:1173	赂略张彦泽以表太子少保，从晋帝北迁。952年其子亡归，王优恚而卒，JW 89:1174。
					TJ 286:9332			从晋帝北迁。
					JW 85:1126			从晋帝北迁。
111	晋少帝	947:1		N	JW 85:1126	沙陀		北迁。
					LS 4:59; TJ 286:9332			
					XW 10:100; 72:896			
112	皇后李氏	947:1		N	JW 85:1126	沙陀	JW 86:1133	北迁。
					LS 4:59; TJ 286:9332			

续　表

序号	姓名或描述	时间	越境地点	类型	出处	民族	传	备注
113	太妃安氏	947:1			XW 72:896			
				N	JW 85:1126	?	JW 86:1133	北迁。
114	姜冯氏	947:1			LS 4:59；TJ 286:9332			
				N	JW 85:1126	?	JW 86:1133	北迁。
115	石重睿	947:1			LS 4:59；TJ 286:9332			
				N	JW 85:1126	沙陀	JW 87:1141	皇弟。北迁。
116	石延煦	947:1			LS 4:59；TJ 286:9332			
				N	JW 85:1126	沙陀	见上	皇子。北迁。
117	石延宝	947:1			LS 4:59；TJ 286:9332			
				N	JW 85:1126	沙陀	JW 87:1142	皇子。北迁。
					LS 4:59；TJ 286:9332			

续 表

序号	姓名或描述	时间	越境地点	类型	出处	民族	传	备注
118	宫嫔 50 人,内官 30 人,东西班 50 人,医官 1 人,控鹤官 4 人,御厨 7 人,茶酒 3 人,仪鸾司 3 人,军健 20 人	947:1		N	JW 85:1126			北迁。
	宫女 50 人,内官 3 人,东西班 50 人(未知其职),医官 1 人,控鹤官 4 人,庖丁 7 人,茶酒司 3 人,仪鸾 3 人,健卒 10 人				LS 4:59			北迁。
	后宫左右从者百余人			DR	TJ 286:9332			北迁。
119	州将	947:1		DR	JW 85:1127			承契丹命,仍就其职。947 年六月,相继来降于汉。
120	侯益	约 947:1	岐州	D[R]	JW 101:1344	汉	SS 254:8879	受契丹命,仍就其职。948 年二月,闻后汉高祖进洛阳,求援于蜀。

序号	姓名或描述	时间	越境地点	类型	出处	民族	传	备注
121	赵赞	约947:1	蒲州	D[R]	JW 101:1344	汉	JW 98:1313	赵延寿子。受契丹命，仍就其职。948年二月，闻后汉高祖进洛阳，求援于蜀。
122	马胤卿	约947:1?	青州	N	LS 105:1461	汉	LS 105:1461	坚守不降，城破被执，徙其族于医巫闾山。
123	文武诸司吏、诸军卒数千人，宫女官数百人	947:3	大梁—汴	N[R]	TJ 286:9350			与皇帝北迁，参校 TJ 286:9348,947年二月将返回者也算在内（此处返回者也算在内）。
	诸司僚史、嫔御、宦寺、方技、百工				LS 4:59—60			悉送上京,大部分大约在954年南归,JW 85:1129。
124	梁晖及相州	947:3	相州	DXR	TJ 286:9351	?		契丹攻相州,梁晖请降,契丹主赦之,许以为防御使,复乘城拒守。
125	妇女	947:4	相州	NC	TJ 286:9351			克相州,悉杀城中男子,驱其妇女而北。
					XW 72:899			男子无少长屠之,妇女悉驱以北。
126	李澣	947:4	恒州	N[R]	LS 4:60	?	见第6章	随太宗北迁。
		947:5			TJ 287:9364			随太宗北迁。剩下的文武百官及士卒悉留于恒州。JW 112:1482—3,TJ 290:9479,952年六月记载了李澣个人信息;谋奔南者 LS 6:70。

续　表

序号	姓名或描述	时间	越境地点	类型	出处	民族	传	备注
127	徐台符	947:4	恒州	NR	LS 4:60	？		随太宗北迁。
		947:5			TJ 287:9364			随太宗北迁。剩下的文武百官及士卒悉留于恒州；TJ 287:9371—2,未出现；948年五月,逃归,JW 101;1348；TJ 288:9393,系此事于948年四月。
128	后宫、宦者、教坊	947:5	恒州	N	TJ 287:9364			随太宗北迁。剩下的文武百官及士卒悉留于恒州。
129	1 090 118 户	947:4	后晋地区	NC	LS 4:60			归顺凡76处。
130	李从益	947:5		D	JW 100:1331—1332	沙陀	JW 51:696	萧翰请其知南朝军国事；为汉皇帝杀。
					TJ 287:9362—9363			萧翰请其知辽南朝军国事。
				[V]	XW 10:101			萧翰请其知辽南朝军国事。
131	王淑妃	947:5		D	TJ 287:9362—9363	汉	XW 15:158	为辽朝摄政,不悦,群臣拜殿下,为后汉皇帝所杀。XW 15:160。
132	王松	947:5		DR	TJ 287:9362—9363	汉？	XW 57:660	以其为辽南朝宰相；汉高祖怜之,但使解职,XW 57:660。
133	赵远	947:5		DR	TJ 287:9362—9363	汉	SS 262:9065	以其为辽南朝宰相；请李从益去伪号,称梁王,SS 262:9066—9067。

续　表

序号	姓名或描述	时间	越境地点	类型	出处	民族	传	备注
134	翟光邺	947:5		DR	TJ 287:9362—9363	汉	JW 129:1698	以其为辽南朝板密使；任职于后汉。JW 129:1698—1699。
135	王景崇	947:5		VR	TJ 287:9362—9363	汉	XW 53:603	厚赂高模翰以求用，以其为辽南朝宣徽使；取库金养赴汉高祖，拜其为右金吾大将军。
136	刘祚	947:5		D	TJ 287:9362—9363	?		传卫军都指挥使。
137	杜重威及其节镇	947:7	引道	VXR	TJ 287:9369	见上		自附契丹，负中国；948年一月燕其尸于市。TJ 287:9384。
138	杜弘璘	947:7		V	TJ 287:9369	汉	JW 109:1437	杜重威子。遣弘璘质于麻苔以求援。
139	定州人	948:3	定州	NC	TJ 288:9389			麻苔趋定州人养城北去。
140	李守贞	948:3		A	TJ 288:9391		见上	有轻朝廷之志，遣人结契丹；949年七月被杀。TJ 288:9411。
141	晋公主歌者	948:4		N	JW 85:1128			辽世宗驰取晋少帝幼女而去，以赐禅奴。
	晋公主	948:4			TJ 288:9393			辽世宗驰取晋少帝幼女而去，以赐禅奴。
142	赵氏	949		N	JW 85:1128	?		述律王子（穆宗）取晋少帝宠姬赵氏而去。

续 表

序号	姓名或描述	时间	越境地点	类型	出处	民族	传	备注
143	聂氏	949		N	JW 85:1128	?		述律王子（穆宗）取晋少帝宠姬聂氏而去。
144	俘获甚众	949:10	贝州高老镇、邺都、南宫、堂阳、深州	NC	LS 5:65			辽遣诸将率兵掠地。
145	大量人口	950:10	安平、内丘、束鹿等	NC	LS 5:65			辽世宗自将南伐。
146	戍兵500与内丘县	950:11	内丘县	DM	JW 103:1375			内丘城小而固,契丹攻之,五日不下,急攻,投降。
				[V]	TJ 289:9443			五日不下;叛应契丹,引契丹入城。
147	潘聿撚	951:1	横海	V	TJ 290:9455	?		弃镇随世宗北归,以其为西南路招讨使。
148	刘崇	951:1	河东	A	TJ 290:9455	沙陀		求援于辽以抗周。
		951:6			LS 5:66			为周所攻,遣使北称"侄",乞援。
149	姚汉英	951:2	周使	N	LS 5:66	汉	LS 96:1402	以书抗礼,契丹留之。
		951:5			TJ 290:9460			契丹留之。

续　表

序号	姓名或描述	时间	越境地点	类型	出处	民族	传	备注
150	华昭胤	951:2	周使	N	LS 5:66	?		以书抗礼;契丹留之。
151	慕容彦超	952:1		A	TJ 290:9473	沙陀	JW 130:1716	不愿北迁;(也从南方)乞援抗周。
152	丁壮数百	952:9	冀部	NC	JW 112:1484			时契丹闻周军至;望见周军鼓噪不已,契丹尽杀之。
			冀州		TJ 291:9482			所掠冀州丁壮,望见周军鼓噪不已,契丹尽杀之。
153	中国民	952:10	河北	NC	TJ 291:9484			契丹瀛、莫、幽州大水,中国民先为所掠,得贵者十之五六;诏所在赈给存处之。
154	刘汉章及其城	953:9	齐州	VX	TJ 291:9496	?		契丹寇乐寿、刘谋应契丹;不克,伏诛。
155	周军	954:3	高平	DM	TJ 291:9506			官军败绩,余众已降契丹,周使其回,杀之。
156	周军俘房	954:6	忻口	NM	LS 6:72			赴烈献俘。
157	北汉民	954:7		NC	LS 6:72			为辽军误掠者,遣使来请,悉诏归之。
	[陈处尧]	956	南唐使节	[N]	TJ 293:9562,6			效力于辽,死于辽。[南唐并不直接涉及领土事宜,陈处尧之事较为奇特。
158	赵安仁	958:4?	深州乐寿	N[R]	LS 109:1481	汉	LS 109:1481	自幼被俘;抵候。

277

续 表

序号	姓名或描述	时间	越境地点	类型	出处	民族	传	备注
159	北汉使节	约963:12	北汉朝廷	NR	CB 4:114			遣使重贿往谢，被执。971年正月使南归，CB 11:241。
160	北汉使节	约963:12	北汉朝廷	NR	CB 4:114			遣使修贡，被执。971年正月使南归，CB 11:241。
161	四次遣使	964:12	北汉朝廷	NR	CB 5:140			贺正旦、生辰、端午，被执。971年正月使南归，CB 11:241。（使节各次出使并未单列。）
165	易州民	965:11	易州	NC[R?]	CB 6:160			引起宋人辽境掠夺生口与契丹交换易州民。
166	白昇	965	北汉朝廷	NR	CB 6:161	?		请释遣前使，被执。971年正月使南归，CB 11:241。
167	刘继文	965	北汉朝廷	NR	CB 6:161	沙陀		再次请释遣前使，被执。971年正月使南归，CB 11:241。
168	李光美	965	北汉朝廷	NR	CB 6:161	汉	TJ 290:9454	再次请释遣前使，被执。971年正月使南归，CB 11:241。
	[陈达]	967:2	深州	[V]	CB 8:190	?		[欲走契丹。]

续 表

序号	姓名或描述	时间	越境地点	类型	出处	民族	传	备注
169	数百宋军	约969:5	太原	NMR	CB 10:225—226			派军援援陷契丹者。
	[傅廷翰]	973:1	棣州	[V]	CB 14:297	?		欲谋叛北走契丹,被擒,斩于西市。]
170	宋俘	977:3		NM	LS 9:99			献援汉之役所获宋俘。
	[辛仲甫]	977:5	宋廷	[N]	CB 18:405	汉	SS 266:9178	契丹主顾欲留之;因其秉节不可夺,遣还。]
171	刘继文	979:5	河东	D	LS 9:101		见上	北汉军败,受猜疑,被责,忧惧而死。
172	卢俊	979:5	河东	D	LS 9:101	?		北汉军败,北奔辽。
173	宋俘	979:7	高梁	NM	LS 9:102			战争中被俘,耶律沙献俘。
174	宋俘	979:8	高梁?	NM	LS 9:102			战争中被俘,耶律沙与其他将领献俘。
175	敌人	980:10		NX	LS 9:103			被俘;被射鬼箭。
176	宋边70余村	983:2	南京	VC	LS 10:109			来附;诏抚存之。
177	自宋回1000余户	983:5	应州	VC	LS 10:110			南京留守耶律善补诏亡入宋者,诏令抚慰。
178	宋谍	983:11		N	LS 10:112			被俘;言宋除道五台山;与居停人并斩于市。

续表

序号	姓名或描述	时间	越境地点	类型	出处	民族	传	备注
179	俘虏	984:2	河东	NX	LS 10:113			韩德威袭河东，献所俘。
180	武将	986:3	固安	N	LS 11:120			宋军为耶律颇德、休哥所败，被俘。
181	俘虏	986:4	涿州地区？	NX	LS 11:122			战争中被俘；诏诸将校所俘获未上。
182	俘虏	986:4	固安	NX	LS 11:122			城破后被俘。
	[多罗]	986:4	蔚州等	[V]	CB 27:611	契丹？		辽官，曾附宋，欲归辽，被发觉。
	[耿绍忠]	986:4	蔚州等	[V]	CB 27:611	汉		辽南面官，先前附宋，欲归辽，被发觉。
	[所俘宋人]	986:5		[NC]	LS 11:122			被射鬼箭。
183	俘虏	986:5		NX	LS 11:122			休哥、筹宁、普宁奴宁进俘获。
	[降卒]	986:5		[DM]	LS 11:123			分赐麾从。
184	240 宋归命者	986:7		VC	LS 11:123			归命于辽，分赐从臣。
185	杨(继)业	986:7	朔州	N	LS 11:124	？		堕马被擒；拒发不食而死。
		986:8			CB 27:622			老于边事，CB 20:464。战争中被俘；忠烈，不食而亡。
186	俘虏	986:8		NM	LS 11:124			耶律斜轸献俘。

续表

序号	姓名或描述	时间	越境地点	类型	出处	民族	传	备注
	[宋卒]	986;11	边境	N	LS 11:125			被射鬼箭。]
187	宋谍2人	986;11		N	LS 11:126			排亚献所获宋谍二人，上赐衣物，令还。诏谕泰州。
188	土卒9人	986;11	望都	NM	LS 11:126			为双骨里擒。
189	宋军	986;12	望都	NM	LS 11:126			战争中被俘：(耶律)休哥遣人献俘。
190	宋辎重	986;12	望都	NM	LS 11:126			曷主引兵杀甚众，并楚其辎重。
191	贺令图	986;12	莫州乐寿	N	LS 11:126 / CB 27:625—626	汉	SS 463:13540	宋将。战争中被擒。
								贪功生事，陷于敌。
192	杨重进	986;12	莫州乐寿	N	LS 11:126 / CB 27:625—626	汉	SS 463:13541	宋将。战争中被擒。陷于敌；力战死之。《长编》言贺令图"俱陷于敌"，后云杨氏死于战斗中。杨氏本传言其"没于阵"，SS 463:13541。
193	间使	986;12	代州	N	CB 27:626			张其贤约潘美(宋)以并兵来会战。
194	守将及其城	986;12	杨团城	DX	LS 11:126			击杨重进，守将以城降。诏禁侵掠。
195	俘房	986;12	冯母镇	NX	LS 11:127			大纵俘掠。

续　表

序号	姓名或描述	时间	越境地点	类型	出处	民族	传	备注
196	老幼	987:1	文安(莫州)	NC	LS 12:129			遣人谕降,不听;尽杀丁壮。
197	村野子女	987:1	魏博之北	NC	CB 28:631			攻不能下者,纵火大掠。
198	宋谍	988:9		N	LS 12:131			被俘;耶律休哥遣详稳意德里献所获宋谍。
	[宋降军]	988:10		[DM]	LS 12:132			以其分置七指挥,号归圣军。
199	士?	988:11	长城口	NM	LS 12:132			将领委城遁逃,留下者不降,邀击之,部分被俘("士"是士民还是士卒,或两者兼有之,并不明确。参校#202。但那些被俘者被隶于燕军,则表明他们是士卒)。
200	士兵妻子	988:11	易州	NC	CB 29:658			留于城中,被俘。
201	将领	988:11	满城	DC	LS 12:132			辽攻满城,围之,军士遁走?谕其将领,乃率众降。
202	士卒 20 人	988:11	莫州	NM	LS 12:132			被俘;被献于朝廷,获赐衣带,隶于燕京。
203	降卒 200 余	988:11	西路	DM	LS 12:132			降于辽;寨者获赐褖衣。
204	宋谍	988:12		N	LS 12:132			耶律休哥献复详稳所获谍。
205	郭荣	989:1	鸡壁砦	VM	LS 12:133	?		率众来降,诏屯南京。

续 表

序号	姓名或描述	时间	越境地点	类型	出处	民族	传	备注
206	指挥使 5 人	989:1	遂城	N	LS 12:133			交战中被俘。
207	降人 800	989:1	易州	NC	LS 12:133			易州陷,送易州降人还隶本贯。
208	宋 17 进士及其家	989:3		VC	LS 12:134			宋归辽,命有司考其中第者,补国学官,余授主簿、尉。
209	降卒 700 余	989:5	满城	DM	LS 12:135			招降;献于朝廷,隶东京。
	[宋俘]	990:3		[NX]	LS 12:139			以宋俘实奚否冻。
	[宋降卒]	990:5		[DM]	LS 12:139			分隶诸军。
210	宋拌俘	990:9		NX	LS 12:140			李继迁献宋俘。
	[宋降卒 500]	991:1		[DM]	LS 12:141			置为宣力军。
	[宋官吏儒生抱器能者]	994:11	为诸部所俘	[NX]	LS 13:145			具以名闻。
	[卫德升等 6 人]	994:11		[N]	LS 13:145			官宋俘。
211	宋人	995:3	武清县附近	NCR	LS 13:146	?		武清县百余人宋境剽掠,命诛之,还其所获。
212	康昭裔	999:10	瀛洲	N	LS 14:154—155	?		宋将。交战中被俘。
213	宋顺	999:10	瀛洲	N	LS 14:154—155	?		宋将。交战中被俘。

续 表

序号	姓名或描述	时间	越境地点	类型	出处	民族	传	备注
214	周靖	1001	黑卢口	NR	CB 55:1211	?		为敌所俘，脱身归宋，擢升副招讨使。
215	李续	1002:2	代州	V	CB 51:1116	?		有罪，亡入契丹；捕其家属赴阙。
216	俘房	1002:4	南征	NX	LS 14:157			将校献俘。
217	王继忠	1003:4	望都	N[R]	LS 14:158	汉	见第 6 章	为那律奴瓜，萧挞凛等获。
			白城		CB 54:1190, 57:1268			陷于敌；派军救援，契丹授以官。
					SS 7:121			陷于敌；派军救援，请召还。
	[所求谍者]	1004:9	固安	[N]	LS 14:160			射鬼箭。]
218	王继恩	约 1004:9?	棣州	N	LS 109:1480	汉	LS 109:1480	自幼被俘；宦臣。
219	降兵	1004:10	祁州	DM	LS 14:160			赞降兵。
220	田逢吉	1004:11	魏府	N	LS 14:160	?		宋官吏，被俘，萧排押以献。
221	郭守荣	1004:11	魏府	N	LS 14:160	?		宋官吏，被俘，萧排押以献。
222	常显	1004:11	魏府	N	LS 14:160	?		宋官吏，被俘，萧排押以献。
223	刘绰	1004:11	魏府	N	LS 14:160	?		宋官吏，被俘，萧排押以献。
224	民众	1004:12	通利	NC	CB 58:1290	?		知军率城遁，契丹掠城中民众。
225	武白	1004:12?	通利	N	LS 82:1294	?	LS 82:1294	差知相州，被俘。

参考文献

史料

Beimeng suoyan 北梦琐言. Sun Guangxian 孙光宪（d. 968.）Shanghai：
Zhonghua shuju, 1960.

Cefu yuangui 册府元龟. Comp. Wang Qinruo 王钦若 et al., 1013.
Beijing：Zhonghua shuju, 1960.

Dongdu shi lüe 东都事略. Wang Cheng 王偁, 1186. Reproduction of
Shiyuan congshu edn. Taibei：Wenhai chubanshe, 1967.

Fengtian tongzhi 奉天通志. Reproduction of 1934 edn. Shenyang, 1983.

Jin shi 金史. Comp. Toghto 脱脱 et al., 1344. Beijing：Zhonghua
shuju, 1975.

Jiu Tang shu 旧唐书. Comp. Liu Xu 刘昫 et al., 945. Beijing：Zhonghua
shuju, 1975.

Jiu Wudai shi 旧五代史. Comp. Xue Juzheng 薛居正 et al., 974. Beijing：
Zhonghua shuju, 1976.

Liang shu 梁书. Yao Silian 姚思廉, 636. Beijing：Zhonghua shuju, 1973.

Liao dachen nianbiao 辽大臣年表. Wan Sitong 万斯同. Ershiwu shi bubian
二十五史补编. Kaiming shudian edn., 1937, 8045—8068.

Liao fangzhen nianbiao 辽方镇年表. Wu Tingxie 吴廷燮. Ershiwu shi
bubian 二十五史补编. Kaiming shudian edn., 1937, 8069—8093.

Liao shi 辽史. Comp. Toghto 脱脱, Ouyang Xuan 欧阳玄, et al., 1344.
Beijing：Zhonghua shuju, 1974.

Liao shi hua 辽诗话. Zhou Chun 周春, Qing. Tingqiu shengguan edn.

Liao shi jishi 辽诗纪事 *. Chen Yan 陈衍, Qing. Shanghai：Shangwu yinshuguan，1936.

Liao shi jishi benmo 辽史纪事本末，2 vols. Li Youtang 李有棠, Qing. Beijing：Zhonghua shuju，1983.

Liao shi shiyi 辽史拾遗. Li E 厉鹗，1743. Congshu jicheng chubian 丛书集成初编. Shanghai：Shangwu yinshuguan，1936.

Liao shi shiyi bu 辽史拾遗补. Yang Fuji 杨复吉，1794. Congshu jicheng chubian 丛书集成初编. Shanghai：Shangwu yinshuguan，1936.

Liao wen cui 辽文萃. Wang Renjun 王仁俊，Qing. Liaohai congshu 辽海丛书. Liao Shen shushe，1985，1777—1814.

Liao wen cun 辽文存. Miao Quansun 缪荃孙，Qing. Reproduction of 1893 edn. Taibei：Xuwen chubanshe，1967.

Liaodai wenxue kao 辽代文学考. Huang Renheng 黄任恒，Republic. Guangzhou：Juzhen yinwuju，1925.

Lidai dili zhi zhang tu 历代地理指掌图. Shui Anli 税安礼，12th century. Reproduction of a Song edn.，ed. Tan Qixiang 谭其骧. Shanghai：Shanghai guji chubanshe，1989.

Long ping ji 隆平集. Zeng Gong 曾巩，1142. Reproduction of 1701 edn. Songshi ziliao cuibian collection. Taibei：Wenhai chubanshe，1967.

Nan shi 南史. Li Yanshou 李延寿，659. Beijing：Zhonghua shuju，1975.

Qidan guo zhi 契丹国志. Ye Longli 叶隆礼，1247? Shanghai：Shanghai guji chubanshe，1985.

Quan Liao shi hua 全辽诗话. Comp. Jiang Zuyi 蒋祖怡 and Zhang Diyun * 张涤云. Changsha：Yuelu shushe，1992.

Quan Liao wen 全辽文. Ed. Chen Shu 陈述. Beijing：Zhonghua shuju，1982.

Quan Tang shi 全唐诗，Qing. Beijing：Zhonghua shuju，1960.

Quan Tang shi bubian 全唐诗补编. Comp. Chen Shangjun 陈尚君. Beijing：Zhonghua shuju，1992.

Quan Tang wen 全唐文，Qing. Qinding 钦定 reproduction of 1814 edn. Taibei，1965.

Quan Wudai shi 全五代诗. Comp. Li Tiaoyuan 李调元，Qing. Chengdu：

---

* 译者按，"辽诗纪事"，作者误作"辽史纪事"。

* 译者按，"Zhang Diyun"，作者误作"Zhang Tiaoyun"。

Bashu shushe, 1992.

Quan Wudai shi fubuyi 全五代诗附补遗. Comp. Li Tiaoyuan 李调元, Qing. Beijing：Zhonghua shuju, 1985.

Shengjing tongzhi 盛京通志. Ed. Zhongguo kexueyuan Beijing tianwentai. Beijing：Zhonghua shuju, 1985.

Song shi 宋史. Comp. Toghto 脱脱, Ouyang Xuan 欧阳玄, et al., 1345. Beijing：Zhonghua shuju, 1977.

Song shi xinbian 宋史新编. Ke Weiqi 柯维骐, preface dated 1555. Shanghai：Daguang shuju, 1936.

Taiping guangji 太平广记. Li Fang 李昉, 978. Taibei：Yiwen yinshuguan, 1970.

Tang hui yao 唐会要. Wang Pu 王溥, 961. Beijing：Zhonghua shuju, 1955.

Wudai hui yao 五代会要. Wang Pu 王溥, 963. Shanghai：Shanghai guji chubanshe, 1978.

Wudai shi bu 五代史补. Tao Yue 陶岳, 1012. Chanhua an congshu 忏花庵丛书.

Wudai shi quewen 五代史阙文. Wang Yucheng 王禹偁, 995. Chanhua an congshu 忏花庵丛书.

Xin Tang shu 新唐书. Ouyang Xiu 欧阳修, 1060. Beijing：Zhonghua shuju, 1975.

Xin Wudai shi 新五代史. Ouyang Xiu 欧阳修, 1077. Beijing：Zhonghua shuju, 1974.

Xu Zizhi tongjian 续资治通鉴. Bi Yuan 毕沅, Qing. Beijing：Guji chubanshe, 1957.

Xu zizhi tongjian changbian 续资治通鉴长编. Li Tao 李涛, 1183. Beijing：Zhonghua shuju, 1979.

Yan shi jiaxun 颜氏家训. Yan Zhitui 颜之推, Sui. Baizi quanshu, 1927.

Yuhu qinghua 玉壶清话. Wenying 文莹, 1078. Biji xiaoshuo daguan 笔记小说大观. Yangzhou：Jiangsu Guangling guji keyinshe, 1983.

Zizhi tongjian 资治通鉴. Sima Guang 司马光 et al., 1084. Beijing：Zhonghua shuju, 1956.

Zizhi tongjian kaoyi 资治通鉴考异. Sima Guang 司马光, 1084. Sibu congkan. Shanghai shangwu yinshuguan, 1929.

论著

Abulafia, David(戴维·阿卜拉菲亚), and Nora Berend(诺拉·贝兰德), eds. *Medieval frontiers : Concepts and practices*(《中世纪的边疆:观念与实践》). Aldershot: Ashgate, 2002.

Adami, Norbert R(诺伯特·阿达米). *Bibliography on Parhae (Bohai-Bokkai) : A medieval state in the Far East*(《渤海国论著目录:一个中古时期的远东古国》). Wiesbaden: Harrassowitz, 1994.

Anderson, Benedict(本尼迪克特·安德森). *Imagined communities : Reflections on the origin and spread of nationalism*(《想象的共同体:民族主义的起源与散布》). Revised edn. London: Verso, 1991.

Ang, Melvin Thlick-Len(梅尔文·斯里克-兰·安). "Sung-Liao diplomacy in eleventh-and twelfth-century China : A study of the social and political determinants of foreign policy"(《11—12 世纪中国的宋辽外交:决定对外政策的社会与政治因素研究》). Ph. D. diss., University of Pennsylvania, 1983.

Aoyama Sadao(青山定雄). *Tô Sô jidai no kôtsû to chishi chizu no kenkyû*(《唐宋时代の交通と地志地图の研究》). Tokyo: Yoshikawa, 1963.

——. "The newly risen bureaucrats in Fukien at the Five Dynasties-Sung period, with special reference to their genealogies."(《五代—宋时期福建的新兴官僚研究:以宗族为中心》)*Memoirs of the Research Department of the Toyo Bunko*(《东洋文库研究部欧文纪要》)21 (1962): 1—48.

Armstrong, John A. (J. A. 阿姆斯壮). *Nations before nationalism*(《民族主义以前的民族》). Chapel Hill: University of North Carolina Press, 1982.

Bacal, Azril(阿兹里尔·巴考尔). *Ethnicity in the social sciences : A view and review of the literature on ethnicity*(《社会科学的族性:族性研究文献回顾与述评》). Warwick: Centre for Research in Ethnic Relations, University of Warwick Press, 1991.

Barfield, Thomas J. (巴菲尔德). *The perilous frontier : Nomadic empires and China, 221 B.C. to A.D. 1757*(《危险的边疆:游牧帝国与中国》). Oxford: Blackwell, 1989.

Barth, Fredrik(弗雷德里克·巴斯), ed. *Ethnic groups and boundaries : The social organisation of cultural difference*(《族群与边界:文化差异

下的社会组织》). Bergen-Oslo：Universtetsforaget，1969.

——. "On the study of social change." (《社 会 变 革 研 究 》) *American Anthropologist*(《美国人类学家》) 69（1967）：661—669.

Bartlett，Robert(罗伯特·巴特利特)，and Angus MacKay(安格斯·麦凯)，eds. *Medieval frontier societies*(《中世纪的边疆社会》). Oxford：Oxford University Press，1989.

Batten，Bruce L.（布鲁斯·L. 巴腾）. *To the ends of Japan：Premodern frontiers，boundaries，and interactions*(《日落之前：日本前现代的边疆、边界与互动》). Honolulu：University of Hawai'i Press，2003.

Baud，Michiel(米基尔·鲍德)，and Willem van Schendel(威廉·范·申德尔). "Toward a comparative history of borderlands." (《边疆比较史学初探》)*Journal of World History*(《世界历史杂志》)8，no. 2 （1997）：221—242.

Bauer，Wolfgang(鲍吾刚). "The hidden hero：Creation and disintegration of the ideal of eremitism." (《隐匿的英雄——隐逸理想之创造与瓦解》)In *Individualism and holism：Studies in Confucian and Taoist values*(《个体与整体：儒道价值观研究》)，ed. Donald J. Munro(孟旦)，157—197. Ann Arbor：Center for Chinese Studies，University of Michigan，1985.

Bi Suojuan(毕索娟). "Shi suo jinjian de Liaoban shuji—'Meng qiu'" (《世所仅见的辽版书籍——〈蒙求〉》). *Wenwu*(《文物》) （1982：6）：20—28.

Biran，Michal(彭晓燕). "China，nomads and Islam：The Qara Khitai (Western Liao) dynasty 1124—1218"(《中国、游牧者与伊斯兰：西辽王朝(1124-1218)》). Ph. D. diss.，Hebrew University of Jerusalem，2000.

Bloch，Marc(马克·布洛赫). *Feudal society*(《封建社会》). Vol. 1：*The growth of ties of dependence*(《附庸制的形成》). Second edn. Trans. L. A. Manyon. London：Routledge and Kegan Paul，1962.

Bol，Peter K.（包弼德）. "Seeking common ground：Han literati under Jurchen rule"(《求同：女真统治下的汉族文人》). *HJAS*(《哈佛亚洲研究》)47，no. 2 （1987）：461—538.

——. *"This culture of ours"：Intellectual transitions in T'ang and Sung China* (《斯文：唐宋思想的转型》). Stanford：Stanford Univer sity Press，1992.

——. "Whither the emperor? Emperor Huizong，the New Policies，and the Tang-Song transition"(《天子的出路？——宋徽宗、新政与唐宋转型》). *Journal of Song-Yuan Studies*(《宋辽金元》) 31（2001）：103—134.

Brown, Melissa J. (鲍梅立), ed. *Negotiating ethnicities in China and Taiwan*(《中国大陆与台湾有关族性的讨论》). Berkeley: University of California Press, 1996.

Burrin, Philippe(菲利普·布林). *Living with defeat: France under the German occupation, 1940—1944*(《战败阴影之下的生活:纳粹德国占领时期的法国, 1940—1944》). Trans. Janet Lloyd(珍妮特·劳埃德). London: Arnold, 1996.

——. "Writing the history of military occupations"(《军事占领时期的历史书写》). Trans. David Lake(戴维·莱克). *In France at war: Vichy and the historians*(《战时法国:维希政权与史家》), eds. Sarah Fishman(莎拉·菲什曼)et al., 77—90. Oxford: Berg, 2000.

Cartier, Michel (贾永吉). "Barbarians through Chinese eyes: The emergence of an anthropological approach to ethnic differences"(《中国人眼中的蛮夷:对种族差异的人类学研究的出现》). *Comparative Civilisations Review*(《比较文明回顾》)6(1981): 1—14.

Castañer, José López de Coca(何塞·洛佩兹·德·科卡·卡斯塔尼亚). "Institutions on the Castilian-Granadan frontier 1369—1482"(《卡斯提尔—格拉纳达的边境制度(1369—1482)》). In *Medieval frontier societies*(《中世纪的边疆社会》), eds. Robert Bartlett(罗伯特·巴特利特)and Angus MacKay(安格斯·麦凯), 127—150. Oxford: Oxford University Press, 1989.

Cen Jiawu(岑家梧). "Liaodai Qidan he Hanzu ji qita minzu de jingji wenhua lianxi"(《辽代契丹和汉族及其他民族的经济文化联系》). *Minzu tuanjie*(《民族团结》)(1963: 12): 25—31.

Chaffee, John(贾志扬). *Branches of heaven: A history of the imperial clan of Sung China*(《天潢贵胄:宋代宗室史》). Cambridge, MA: Harvard University Press, 1999.

——. "The rise and regency of Empress Liu (969—1033)"(《刘后及其对宋代政治文化的影响》). *Journal of Song-Yuan Studies*(《宋辽金元》)31 (2001): 1—26.

Chai Degeng (柴德赓). *Shi ji juyao* 《史籍举要》. Beijing: Beijing chubanshe, 1982.

Chan, Charles Wing-hoi(陈荣开). "Confucius and political loyalism: The dilemma"(《孔子与政治忠诚:进退维谷》). *Monumenta Serica*(《华裔学志》)44 (1996): 25—99.

Chan Hok-lam(陈学霖). "Chinese official historiography at the Yüan court：The composition of the Liao, Chin, and Sung histories"(《元代官修史学：辽、金、宋三史的修撰》). In *China under Mongol rule*(《蒙古统治下的中国》), ed. John Langlois（蓝德彰）, 56—106. Princeton：Princeton University Press, 1981.

——. *Legitimation in imperial China：Discussions under the Jürchen-Chin dynasty（1115—1234)*(《帝制中国的合法性：以女真金朝为讨论的中心（1115—1234)》). Seattle：University of Washington Press, 1984.

Chan, Marie(詹玛丽). *Cen Shen*(《岑参》). Boston：Twayne, 1983.

Chan, Ming K(陈明銶). "The historiography of the *Tzu-chih T'ung-chien*：A survey"(《〈资治通鉴〉的史学》). *Monumenta Serica*(《华裔学志》) 31 (1974—1975)：1—38.

Chan, Wing-ming(陈永明). "The early-Qing discourse on loyalty"(《清初有关忠诚的讨论》). *East Asian History*(《东亚历史》) 19（2000)：27—52.

Chen Chi-yun(陈启云). "Orthodoxy as a mode of statecraft：The ancient concept of *cheng* "(《以正统为治国之道：古代诚的概念》). In *Orthodoxy in late imperial China*(《中华帝国晚期的正统》), ed. Liu Kwang-ching（刘广京）, 27—52. Berkeley：University of California Press, 1990.

Chen Jo-shui（陈弱水）. "Culture as identity during the T'ang-Sung transition：The Ch'ing-ho Ts'ui's and Po-ling Ts'ui's"(《唐宋变革之际的文化认同：以清河崔氏与博陵崔氏为中心》). *Asia Major*(《大亚洲》)9, no. 1/2 (1996)：103—138.

Ch'en, Paul H.（陈保罗）. "Disloyalty to the state in late Imperial China" (《中华帝国晚期的叛国》). In *State and law in East Asia：Festschrift Karl Bünger*(《东亚的国家和法律：卡尔·宾格尔纪念文集》), eds. Dieter Eikemeier（埃克梅） and Herbert Franke（傅海波）, 159—183. Wiesbaden：Harrassowitz, 1981.

Chen Shu(陈述). *Qidan shehui jingji shigao*(《契丹社会经济史稿》). Beijing：Shenghuo, Dushu, Xinzhi Sanlian shudian, 1963.

——. *Qidan zhengzhi shigao*（《契丹政治史稿》）. Beijing：Renmin chubanshe, 1986.

Cheng Guangyu(程光裕). "Shanyuan zhi meng yu tianshu"(《澶渊之盟与天书》). *Dalu zazhi*(《大陆杂志》) 22, no. 6 (1961)：11—13.

Ching, Julia(秦家懿). "Neo-Confucian utopian theory and political ethics"

（《新儒家的乌托邦理论和政治伦理》）. *Monumenta Serica*（《华裔学志》）30（1972—3）：1—56.

Chiu-Duke, Josephine（丘慧芬）. *To rebuild the empire：Lu Chih's Confucian pragmatist approach to the mid-T'ang predicament*（《重建帝国：陆贽——一个走向中唐衰落的儒家实用主义者》）. Albany：SUNY Press，2000.

Christian, David（戴维·克里斯蒂安）. *A history of Russia，Central Asia and Mongolia*（《俄罗斯、中亚和蒙古的历史》）. Vol. 1：*Inner Eurasia from prehistory to the Mongol empire*（《蒙古帝国前期的欧亚内陆》）. Oxford：Blackwell，1998.

Clark, Hugh R.（柯胡）. *Community，trade，and networks：Southern Fujian province from the third to the thirteenth century*（《社会、贸易及组织：3—13 世纪的闽南》）. Cambridge：Cambridge University Press，1991.

Clifford, James（詹姆斯·克利福德）. "Sites of crossing：Borders and diasporas in late 20th-century expressive culture"（《越境之地：20 世纪末边界与迁徙的文化表现》）. *Cultural Currents*（《文化思潮》）1（1993）：3—4.

Cohen, Paul（柯文）. *History in three keys：The Boxers as event，experience，and myth*（《历史三调：作为事件、经历和神话的义和团》）. New York：Columbia University Press，1997.

Confucius（孔子）. *The analects*（《论语》），*trans. D. C. Lau*（刘殿爵）. Harmondsworth：Penguin，1979.

Crossley, Pamela Kyle（柯娇燕）. *Orphan warriors：Three Manchu generations and the end of the Qing world*（《孤军：满人一家三代与清帝国的终结》）. Princeton：Princeton University Press，1990.

——. "The rulerships of China"（《中国的诸种统治》）. *AHR*（《美国历史评论》）97（1992），1468—1483.

——. "Thinking about ethnicity in early modern China"（《思考近代早期中国的族群性》）. *Late Imperial China*（《晚期中华帝国》）11，no. 1（1990）：1—35.

——. *A translucent mirror：History and identity in Qing imperial ideology*（《昧晦之鉴：清帝国理念中的历史与认同》）. Berkeley：University of California Press，1999.

Davies, Rees（里斯·戴维斯）. "Frontier arrangements in fragmented

societies：Ireland and Wales"（《分裂社会中的边界划分：爱尔兰和威尔士》）. In *Medieval frontier societies*（《中世纪的边疆社会》），eds. Robert Bartlett（罗伯特·巴特利特）and Angus MacKay（安格斯·麦凯），77—101. Oxford：Oxford University Press，1989.

Davis, Richard L.（戴仁柱）. "Historiography as politics in Yang Wei-chen's 'Polemic on legitimate succession'"（《杨维桢"正统论"中——以政治为导向的历史编纂》）. *T'oung Pao*（《通报》）69, no. 1—3（1983），33—72.

——. *Wind against the mountain：The crisis of politics and culture in thirteenth-century China*（《山下有风：13 世纪中国政治与文化危机》）. Cambridge, MA：Council on East Asian Studies, Harvard Unversity Press，1996.

De Rachewiltz, Igor（罗依果）. "Personnel and personalities in north China in the early Mongol period"（《蒙古早期的北中国人》）. *JESHO*（《东方经济与社会史杂志》）9（1966）：88—144.

Di Cosmo, Nicola（狄宇宙）. *Ancient China and its enemies：The rise of nomadic power in East Asian history*（《古代中国与其强邻：东亚历史上游牧力量的兴起》）. Cambridge：Cambridge Un iversity Press，2002.

Dirlik, Arif（阿里夫·德里克）. "Postmodernism and Chinese history"（《后现代主义和中国历史》）. *Boundary*（《边界》）228, no. 3（2001）：19— 60.

Duara, Prasenjit（杜赞奇）. *Rescuing history from the nation：Questioning narratives of modern China*（《从民族国家拯救历史：民族主义话语与中国现代史研究》）. Chicago：University of Chicago Press，1995.

Dudbridge, Glen（杜德桥）. "Yü-ch'ih Chiung at Anyang：An eighth-century cult and its myths"（《尉迟迥在安阳：一个 8 世纪的宗教仪式及其神话传说》）. *Asia Major*（《大亚洲》）3rd ser. 3, no. 1（1990）：27—49.

Dunnell, Ruth（邓如萍）. *The Great State of White and High：Buddhism and state formation in eleventh-century Xia*（《白高大夏国》）. Honolulu：University of Hawai'i Press，1996.

——. "The Hsi Hsia"（《西夏》）. In *Cambridge history of China* . Vol. 6：*Alien regimes and borderstates，907—1368*（《剑桥中国辽西夏金元史：907—1368》），eds. Denis Twitchett（杜希德）and Herbert Franke（傅海波），154—180. New York：Cambridge University Press，1994.

Eberhard, Wolfram（艾伯华）. *Conquerors and rulers：Social forces in medieval China*（《征服者与统治者：中古中国的社会势力》）. Second edn. Leiden：Brill，1965.

——. "Remarks on the bureaucracy in north China during the tenth century"（《10 世纪中国北方官僚之探讨》）. *Oriens*（《东方》）4（1951）：280—299.

Ebrey，Patricia（伊沛霞）. *The aristocratic families of early imperial China：A case study of the Po-ling Ts'ui family*（《早期中华帝国的贵族家庭——博陵崔氏个案研究》）. Cambridge：Cambridge University Press，1978.

Elliott，Mark（欧立德）. *The Manchu way：The eight banners and ethnic identity in late imperial China*（《满洲之道：八旗制度与清代的民族认同》）. Stanford：Stanford University Press，2001.

Elvin，Mark（伊懋可）. *The pattern of the Chinese past*（《中国历史之范式》）. Stanford：Stanford University Press，1963.

Feng Jiasheng（冯家昇）. *Liao shi yuanliu kao yu Liao shi chuxiao*（《辽史源流考与辽史初校》）. Beijing：Harvard-Yanjing Institute，1933.

Ferenczy，Mary（范凌思）. "'Chinese historiographers' views on barbarian-Chinese relations（14—16th centuries）"《"中国史家"眼中的华夷关系（14—16 世纪）》. *Acta Orientalia*（《东方学报》）21，no. 3（1968）：353—362.

Fincher，John（傅因彻）. "China as race，culture and nation：Notes on Fang Hsiao-ju's discussion of dynastic legitimacy"（《中国的种族、文化与民族：方孝孺的朝代正统论》）. In *Transition and permanence：Chinese history and culture . A festschrift in honour of Dr . Hsiao Kung-ch'üan*（《通变：中国历史与文化——萧公权纪念文集》），eds. D. C. Buxbaum（包恒）and F. W. Mote（牟复礼），59—69. Hong Kong：Cathay Press，1972.

Fisher，Thomas Stephen（费席尔）. "Accommodation and loyalism：The life of Lü Liu-liang（1629—1683）"（《顺从与效忠：吕留良的生平（1629—1683）》）. *Papers on Far Eastern History*（《远东史研究集刊》）15（1977）：97—104；16（1977）：107— 145；18（1978）：1—42.

Fishman Sarah（莎拉·菲什曼），Laura Lee Downs（劳拉·李·唐斯），Ioannis Sinanoglou（约安尼斯·西纳诺格罗），Leonard V. Smith（伦纳德·史密斯），and Robert Zaretsky（罗伯特·扎列茨基），eds. *France at war：Vichy and the historians*（《战时法国：维希政权与史家》），*trans. David Lake*（戴维·莱克）. Oxford：Berg，2000.

Fiskesjö，Magnus（马思中）. "On the 'raw' and 'cooked' barbarians of imperial China"(《中华帝国的"生"番与"熟"番》). *Inner Asia*(《内亚研究》)1, no. 2 (1999)：139—168.

Franke, Herbert(傅海波). "The forest peoples of Manchuria：Kitans and Jurchens"(《东北地区的森林民族：契丹与女真》). In *Cambridge history of Inner Asia*(《剑桥内亚史》), ed. Denis Sinor(丹尼斯·塞诺), 400—423. London：Cambridge University Press, 1990.

——. "Fremdherrschaften in China und ihr Einfluss auf die staatlichen Institutionen (10—14 Jahrhundert)"(《中国的外来统治及其影响(10—14世纪)》). *Anzeiger der phil. -hist. Klasse der Österreischen Akademie der Wissenschaften*(《奥地利科学院哲学与历史学部通讯》)122，no. 3 (1985)：47—67.

——. "Historiography under Mongol rule：The role of history in acculturation"(《蒙古统治下的中国史学：民族涵化中史学的作用》). *Mongolia Studies*(《蒙古学研究》)1 (1974)：15—26.

——. "The role of the state as a structural element in polyethnic societies"(《多种族社会中国家作为一种结构成分的作用》). In *Foundations and limits of state power in China*(《国家权力在中国的作用和限制》), ed. Stuart Schram(施拉姆), 87—112. London：SOAS, 1987.

——. "Some remarks on the interpretation of Chinese dynastic histories"(《对中国王朝兴衰解释的一些评价》). *Oriens*(《东方》) 3 (1950)：113—122.

Fu Lehuan(傅乐焕). *Liao shi congkao*(《辽史丛考》). Beijing：Zhonghua shuju, 1984.

Fu, Poshek(傅葆石). *Passivity, resistance, and collaboration：Intellectual choices in occupied Shanghai, 1937—1945*(《消极、抗日与通敌：沦陷时期上海的思想抉择, 1937—1945》). Stanford：Stanford University Press, 1993.

Ge Quan(葛荃). *Zheng de zhi*(《政德志》). Shanghai：Renmin chubanshe, 1998.

Geary, Patrick(帕特里克·盖里). *The myth of nations：The medieval origins of Europe*(《国家神话：欧洲的中世纪来源》). Princeton：Princeton University Press, 2002.

Gellner, Ernest(厄内斯特·盖尔纳). *Nations and nationalism*(《民族与民族主义》). Oxford：Blackwell, 1983.

Gladney, Dru(杜磊). *Dislocating China：Muslims, minorities, and other subaltern subjects*(《脱位中国》). London：Hurst，2004.

——. *Ethnic identity in China*：*The making of a Muslim minority nationality*(《中国的族群认同：一个穆斯林少数民族的缔造》). Fort Worth：Harcourt Brace，1998.

Graff，David(葛德威). "Meritorious cannibal：Chang Hsün's defense of Sui-yang (757) and the exaltation of loyalty in an age of rebellion"(《有功的食人者：张巡死守睢阳(757)与叛乱时期的尚忠精神》). *Asia Major*(《大亚洲》)3rd ser. 8，no. 1 (1995)：1—17.

Grodzins，Morton(莫顿·格罗津斯). *The loyal and the disloyal*：*Social boundaries of patriotism and treason*(《忠诚与背叛：爱国与叛国的社会边界》). Chicago：University of Chicago Press，1956.

Gu Jiguang(谷霁光). "Fanlun Tangmo Wudai de sijun he qinjun, yier"(《泛论唐末五代的私兵和亲军、义儿》). *Lishi yanjiu*(《历史研究》)(1984：2)：21—34.

Guan Yaxin(关亚新). "Liao Jin wenhua bijiao yanjiu"(《辽金文化比较研究》). *Heilongjiang minzu congkan*(《黑龙江民族丛刊》)(2002：1)：86—90.

Guibernau，Montserrat(盖伯纳). and John Hutchinson(约翰·哈钦森)，eds. *Special issue—History and national destiny*：*Ethnosymbolism and its critics*(《历史与国家的命运：象征主义及其批判》专刊)，*Nations and Nationalism*(《民族与民族主义》)10，no. 1/2 (2004).

Guy，R. Kent(盖博坚). "Who were the Manchus? A review essay"(《谁是满人：综合书评》). *JAS*(《亚洲研究》)61 (2002)：151—164.

Haeger，John Winthrop(海格). "1126—27：Political crisis and the integrity of culture"(《政治危机与文化融合》). In *Crisis and prosperity in Sung China*(《宋代中国的兴衰》)，ed. John Winthrop Haeger(海格)，143—162. Tucson：University of Arizona Press，1975.

——. "Between north and south：The Lake Rebellion in Hunan 1130—1135"(《北南之间：洞庭湖钟相、杨么起义(1130—1135)》). *JAS*(《亚洲研究》)(1969)：469—488.

Han Guanghui(韩光辉). "Liaodai Zhongguo beifang renk ou de qianyi ji qi shehui yingxiang"(《辽代中国北方人口的迁移及其社会影响》). *Bei fang wenwu*(《北方文物》)(1989：2)：72—80.

Han Guopan(韩国磐). *Sui Tang Wudai shi lunji*(《隋唐五代史论集》). Beijing：Sanlian shudian，1979.

Hansen，Valerie(韩森). *The open empire：A history of China to 1600*(《开放的帝国：1600 年前的中国历史》). New York：Norton，2000.

Hardy，Grant（侯格睿）. "Can an ancient Chinese history contribute to modern Western theory? The multiple narratives of Ssu-ma Ch'ien"(《古代中国史家能对现代西方理论有所贡献吗？——论司马迁的多重叙事》). *History and Theory*(《历史与理论》)33，no. 1 (1994)：20—38.

Harrell，Stevan(郝瑞)，ed. *Cultural encounters on China's ethnic frontiers*(《中国种族边裔地区的文化遭遇》). Seattle：University of Washington Press，1995.

Hartwell，Robert M（郝若贝）. "Demographic，political and social transformations of China，750—1550"(《中国的人口、政治和社会变迁，750—1550》). *HJAS*(《哈佛亚洲研究》)42 (1982)：365—442.

Hay，John(海约翰)，ed. *Boundaries in China*(《中国的边界》). London：Reaktion，1995.

He Tianming(何天明). "Shanyuan yihe yu Wang Jizhong"(《澶渊议和与王继忠》). *Neimenggu shehui kexue*(《内蒙古社会科学》)23，no. 3 (2002)：46—48.

——. "Shilun Liaochao jieguan Yan-Yun diqu"(《试论辽朝接管燕云地区》). *Liao Jin Qidan Nüzhen shi yanjiu dongtai*(《辽金契丹女真史研究动态》)(1986：2)：14—18.

Henricks，Robert G(韩禄伯). "The hero pattern and the life of Confucius"(《英雄模式与孔子传记》). *Journal of Chinese studies*(《中国文化研究所学报》)1，no. 3 (1984)：241—260.

Hervouet，Yves(吴德明)，ed. *A Sung bibliography*(《宋代书录》). Hong Kong：Chinese University of Hong Kong Press，1978.

Hino Kaizaburô（日野开三郎）. "Godai Binkoku no taichûgen chôko to bôeki"(《五代闽国の对中原朝贡と贸易》). *Shien*(《史渊》)26 (1941)：1—50；27 (1942)：1—41.

——. "Godai chinshô ko"(《五代镇将考》). *Tôyô gakuhô*(《东洋学报》)25 (1938)：54—85.

——. "Tôdai Hanchin no bakko to chinsô"(《唐代藩镇の跋扈と镇将》) pt. 1—4. *Tôyô gakuhô*(《东洋学报》)26 (1939)：503—539；27 (1940)：1—62，153—212，311—350.

Hiyazuki Miyakawa(宫川尚志). "An outline of the Naitô hypothesis and its effects on Japanese studies of China"(《概述内藤假说及其对日本中国研

究的影响》). *Far Eastern Quarterly*（《远东季刊》）14，no. 4（1955）：533—552.

Ho Koon-piu(何冠彪). "'Should we die as martyrs to the Ming cause?' Scholar-officials' views on martyrdom during the Ming-Qing transition"（《为明殉道？——明清之际士人的殉道精神》). *Oriens Extremus*（《远东学报》）37，no. 2（1994）：123—151.

Holcombe，Charles（何肯）. "Re-imagining China：The Chinese identity crisis at the start of the Southern Dynasties period"（《想象中的中国：南朝初年的中国认同危机》). *Journal of the American Oriental Society*（《美国东方学会会刊》）115，no. 1（1995）：1—14.

Hu-sterk，Florence(胡若诗). "Entre fascination et repulsion：Regards des poetes des Tang sur les 'barbares'"（《好恶之间：唐代诗人的"夷狄"观》). *Monumenta Serica*（《华裔学志》）48（2000）：19—38.

Jagchid，Sechin(札奇斯钦)，and Van Jay Symons(凡杰·西蒙斯). *Peace, war and trade along the Great Wall*（《长城沿边的和平、战争与贸易：两千年来游牧人群与中国之互动》). Bloomington：Indiana University Press，1989.

Jay，Jennifer W(谢慧贤). *A change in dynasties：Loyalism in thirteenth century China*（《王朝之变：13世纪中国的忠义问题》). Bellingham，WA：Center for East Asian Studies，Western Washington University Press，1991.

——. "Memoirs and official accounts：The historiography of the Song loyalists"（《记忆与官方的史学：宋代效忠者的编史工作》). *HJAS*（《哈佛亚洲研究》）50（1990）：589—612.

Jiang Fucong(蒋复璁). "Shanyuan zhi meng de yanjiu"（《澶渊之盟的研究》). *Song shi yanjiu ji*（《宋史研究集》），vol. 2，eds. Qian Mu(钱穆) et al.，157—198. Taibei：n. p.，1978.

——. "Song Zhenzong yu Shanyuan zhi meng"（《宋真宗与澶渊之盟》). *Dalu zazhi*（《大陆杂志》）22，no. 8（1961）：26—30；22，no. 9（1961）：27—37；22，no. 10（1961）：32—36.

Jiménez，Manuel(曼努埃尔·希门尼斯). "Frontier and settlement in the kingdom of Castile（1085—1350）"（《卡斯提尔王国的边疆与殖民》）. In *Medieval frontier societies*（《中世纪的边疆社会》），eds. Robert Bartlett(罗伯特·巴特利特)and Angus MacKay(安格斯·麦凯)，49—76. Oxford：Oxford University Press，1989.

298

Jin Yufu(金毓黻). "Song qian zhi Qidan"(《宋前之契丹》). In *Song Liao Jin shi* (《宋辽金史》), 20—29. Repr. Hong Kong: Longmen, 1966 [1946].

——. "Song yu Liao zhi guanxi"(《宋与辽之关系》). In *Song Liao Jin shi* (《宋辽金史》), 30—38. Repr. Hong Kong: Longmen, 1966 [1946].

Johnson, David G(姜士彬). "The last years of a great clan: The Li family of Chao-chün in late T'ang and early Sung"(《望族的最后岁月》). *HJAS* (《哈佛亚洲研究》)37 (1977): 5—102.

——. *The medieval Chinese oligarchy*(《中古中国的寡头政治》). Boulder: Westview, 1977.

Kang, Le(康乐). "An empire for a city: Cultural reforms of the Hsiao-wen emperor (AD 471—499)"(《一个皇帝一座城: 孝文帝文化改革(471—499)》). Ph. D. diss., Yale University Press, 1983.

Kedward, H. R.(H. R. 凯德沃). *Occupied France: Collaboration and resistance, 1940—1944*(《沦陷时期的法国: 通敌与抵抗, 1940—1944》). Oxford: Blackwell, 1985.

Labadie, John(约翰·拉巴迪). "Rulers and soldiers: Perception and management of the military in Northern Sung China 960—ca. 1060"(《天子与士兵: 北宋的军事管理与掌控, 960—1060》). Ph. D. diss., University of Washington, 1981.

Lamouroux, Christian(蓝克利). "Geography and politics: The Song-Liao border dispute of 1074/75"(《政治与地理论辩: 1074—1075 年的宋辽边界谈判》). In *China and her neighbours: Borders, visions of the other, foreign policy 10th to 19th century*(《中国及其邻邦: 10—19 世纪的边界、他者视野以及对外政策》), eds. Sabine Dabringhaus(达素彬)and Roderich Ptak(谭克), 1—28. Wiesbaden: Harrassowitz, 1997.

Langlois, John D(蓝德彰). "Chinese culturalism and the Yüan analogy: Seventeenth century perspectives"(《中国的文化主义和根据元代所做的类推: 17 世纪的概观》). *HJAS*(《哈佛亚洲研究》)40 (1980), 355—398.

Lattimore, Owen(拉铁摩尔). *Inner Asian frontiers of China*(《中国的亚洲内陆边疆》). New York: Capitol Publishing/ American Geographical Society, 1951.

——. "Origins of the Great Wall of China: A frontier concept in theory and practice"(《中国长城的起源: 边疆观念的理论与实践》). *Geographical Review*(《地理评论》)27, no. 4 (1937). Repr. in *Studies in frontier* history：*Collected papers 1928—58*（《边疆史研究：1928—1958 年论文选集》），97—118. London：Oxford University Press，1962.

———. *Studies in frontier history*：*Collected papers 1928—58*（《边疆史研究：1928—1958 年论文选集》）. London：Oxford University Press，1962.

Lau Nap-yin(柳立言). "Waging war for peace? The peace accord between the Song and the Liao in AD 1005"（《以战求和？——1005 年宋辽之间的和议》）. In *Warfare in Chinese history*（《中国历史上的战争》），ed. Hans van de Ven(方德万)，180—221. Leiden：Brill，2000.

Legge, James(理雅各). *The Chinese classics*（《中国经典》）. Vol. 1：*The four books*（《四书》）. Third edn. Hong Kong：Hong Kong University Press，1960.

Leong, Sow-theng(梁肇庭). *Migration and ethnicity in Chinese history*：*Hakkas, Pengmin, and their neighbors*（《中国历史上的移民与族群性：客家人、棚民及其邻居》），ed. Tim Wright(韦立德). Stanford：Stanford University Press，1997.

Leung, Irene(梁爱菱). "Conflicts of loyalty in twelfth- century China：The multiple narratives of Cai Wenji"（《12 世纪中国有关忠的冲突：以蔡文姬的多重叙述为例》）. Paper presented at the Association for Asian Studies Annual Meeting，Chicago，1997.

Leyser, K. J. (K. J. 雷瑟). *Rule and conflict in an early medieval society*（《中世纪社会早期的统治与冲突》）. Oxford：Blackwell，1979.

Li Guizhi(李桂芝). "Qidan guizu dahui gouchen"（《契丹贵族大会钩沉》）. *Lishi yanjiu*（《历史研究》）(1999：6)：68—88.

Li Xihou(李锡厚). "Shilun Liaodai Yutian Han shi jiazu de lishi diwei"（《试论辽代玉田韩氏家族的历史地位》）. In *Song Liao Jin shi luncong*（《宋辽金史论丛》），vol. 1，251—266. Beijing：Zhonghua shuju，1985.

Liang Shuqin(梁叔琴). "Cong chutu wenwu kan Liaodai Qidanzu dui Hanzu wenhua de xishou he jicheng"（《从出土文物看辽代契丹族对汉族文化的吸收和继承》）. *Liao Jin Qidan Nüzhen shi yanjiu dongtai*（《辽金契丹女真史研究动态》）(1986：1)：40—43.

Lin Liping(林立平). "Tang Song shiqi shangren shehui diwei de yanbian"（《唐宋时期商人社会地位的演变》）. *Lishi yanjiu*（《历史研究》）(1989：1)：129—143.

Lin Ronggui(林荣贵). "Bei Song yu Liao de bianjiang jinglue"（《北宋与辽的边疆经略》）. *Zhongguo bianjiang shi di yanjiu*（《中国边疆史地研

究》)10，no. 1（2000）：24—46.

——, and Chen Liankai（陈连开）. "Wudai Shiguo shiqi Qidan, Shatuo, Hanzu de
zhengzhi, jingji he wenhua jiaoliu"（《五代十国时期契丹、沙陀、汉族的政治、经济和文化交流》). In *Liao Jin shi lunji*（《辽金史论集》），vol. 3，ed. Chen Shu（陈述），155—186. Beijing：Shumu wenxian chubanshe, 1987.

Lin Ruihan（林瑞翰）. "Wudai haochi, baonüe, yiyang zhi fengqi, shang, xia：Wudai zhengzhi, shehui, jingji, wenhua yanjiu zhi san"（《五代豪侈、暴虐、义养之风气（五代政治、社会、经济、文化研究之三）》），pts. 1 and 2. *Dalu zazhi*（《大陆杂志》）30（1965），no. 3：70—75；no. 4：117—122.

——. "Wudai junchen zhi yidan er zhengfeng duo tandu：Wudai zheng zhi, shehui, jingji, wenhua yanjiu zhi er"（《五代君臣之义淡而政风多贪黩（五代政治、社会、经济、文化研究之二）》). *Dalu zazhi*《大陆杂志》29，no. 10/11（1964）：377—384.

Linck, Gudula（林可）. "Visions of the border in Chinese frontier poetry"（《中国边塞诗中的边界观》）. In *China and her neighbours：Borders, visions of the other, foreign policy 10th to 19th century*（《中国及其邻邦：10—19 世纪的边界、他者视野与对外政策》），eds. Sabine Dabringhaus（达素彬）and Roderich Ptak（谭克），99—117. Wiesbaden：Harrassowitz, 1997.

Liu, James T. C（刘子健）. *China turning inward：Intellectual-political changes in the early twelfth century*（《中国转向内在：两宋之际的文化转向》）. Cambridge, MA：Harvard University Press, 1988.

——. *Ou-yang Hsiu：An eleventh-century neo-Confucianist*（《欧阳修：11 世纪的新儒家》）. Stanford：Stanford University Press, 1967.

——. "Polo and cultural change：From T'ang to Sung China"（《马球与文化的变迁：从唐到宋》）. *HJAS*（《哈佛亚洲研究》）45（1985）：203—224.

——. "Yüeh Fei（1103—41）and China's heritage of loyalty"（《岳飞和中国忠的文化传统》）. *JAS*（《亚洲研究》）31（1972）：291—297.

Liu Pujiang（刘浦江）. "Shuo 'hanren'：Liao Jin shidai minzu ronghe de yige cemian"（《说"汉人"——辽金时代民族融合的一个侧面》）. *Minzu yanjiu*（《民族研究》）（1998：6）：57—65.

Liu Zehua（刘泽华）. *Zhongguo de wangquanzhuyi*（《中国的王权主义》）. Shanghai：Renmin chubanshe, 2000.

Lorge, Peter(龙沛). "The great ditch of China and the Song-Liao border"
(《中国的壕沟与宋辽边界》). In *Battle fronts real and imagined: War,
border, and identity in the Chinese Middle Period*(《真实的战场与想象
的战场：中古中国的战争、边界与认同》), ed. Don Wyatt(韦栋).
Basingstoke: Palgrave, forthcoming.

——. "War and the creation of the Northern Song"(《战争与北宋的建
立》). Ph. D. diss., University of Pennsylvania, 1996.

Lü Simian(吕思勉). *Sui Tang Wudai shi*(《隋唐五代史》). 2 vols. Beijing:
Zhonghua shuju, 1959. Repr. Shanghai: Shangh ai guji chubanshe,
1984.

Lu Yusong(路育松). "Shilun Song Taizu shiqi de zhongjieguan jianshe"
(《试论宋太祖时期的忠节观建设》). *Zhongzhou xuekan*(《中州学刊》)
(2001:6): 101—105.

Luo Jizu(罗继祖). "Du'Liaodai Geng shi san muzhi kaoshi'"(《读〈辽代耿
氏三墓志考释〉》). *Shenyang shifan xueyuan xuebao*(《沈阳师范学院学
报》)(1979:1/ 2): 91—92.

MacKay, Angus(安格斯·麦凯). "Religion, culture and ideology on the
late medieval Castilian-Granadan frontier"(《中世纪晚期卡斯提尔—格拉
纳达边境的宗教、文化与观念》). In *Medieval frontier societies*(《中世纪
的边疆社会》), eds. Robert Bartlett(罗伯特·巴特利特) and Angus
MacKay(安格斯·麦凯), 217—244. Oxford: Oxford University
Press, 1989.

Maclean, Simon(西蒙·麦克莱恩). *Kingship and politics in the late ninth
century: Charles the Fat and the end of the Carolingian empire*(《9 世纪
晚期的王权与政治：胖子查理与卡洛林王朝的灭亡》). Cambridge:
Cambridge University Press, 2003.

Mao Hanguang(毛汉光). "Tangmo Wudai zhengzhi shehui zhi yanjiu:
Weibo erbai nian shilun"(《唐末五代政治社会之研究：魏博二百年史
论》). *Zhongyang yanjiu-yuan lishi yuyan yanjiusuo jikan*(《中央研究
院历史语言研究所集刊》)50, no. 2 (1979): 301—360.

Marsh, Susan(韩素珊). "Chou Fo-hai: The making of a collaborator"(《周
佛海：一个通敌者的形成》). In *The Chinese and the Japanese*(《中国人与
日本人》), ed. Akira Iriye(入江昭). Princeton: Princeton University
Press, 1980.

Mayo, Lewis(刘一). "Birds and the hand of power: A political geography of avian life in the Gansu corridor，ninth to tenth centuries"(《飞禽与权力的攫取：9—10 世纪河西走廊的鸟类生灵所反映的政治地理学》). *East Asian History*(《东亚史》)24 (2002)：1—66.

McMorran，Ian(麦穆伦)．"A note on loyalty in the Ming-Qing transition"(《明清鼎革之际忠君考》)．In *Mélanges de sinologie offerts à Monsieur Jacques Gernet*(《谢和耐先生汉学研究纪念文集》)，*Études chinoises*(《中国研究》) 13，no. 1/2)，47—64. Paris：Association Française d'études Chinoises，1994.

McMullen，David L.（麦大维）．"The cult of Ch'i T'ai-kung and T'ang attitudes to the military"(《齐太公崇拜与唐代对武的态度》)，*T'ang Studies*(《唐研究》)7 (1989)：59—103.

——．"Historical and literary theory in the mid-eighth century"(《8 世纪中期的史学与文学理论》)．In *Perspectives on the T'ang*(《唐代概观》)，ed. Denis Twitchett（杜希德），307—342. New Haven：Yale University Press，1973.

——．"Views of the state in Du You and Liu Zongyuan"(《杜佑与柳宗元的国家观》)．In *Foundations and limits of state power in China*(《中国国家权力的基础与范围》)，ed. Stuart Schram（施拉姆），59—86. London：SOAS，1987.

Meng Guangyao(孟广耀)．"Shilun Liaodai Hanzu rushi de 'huayi zhi bian' guannian"(《试论辽代汉族儒士的"华夷之辨"观念》)．*Beifang wenwu*(《北方文物》)(1990：4)：62—69.

Menggu Tuoli(孟古托力＊)．"Liaochao Hanzu rushi qunti de xingcheng ji lishi diwei bianxi"(《辽朝汉族儒士群体的形成及历史地位辨析》)．*Xueshu yu tansuo*(《学术与探索》)(1991：4)：131—137. Repr. *Song Liao Jin Yuan shi*(《宋辽金元史》) (1991：5)：40—46.

Miao Po(苗泼)．"Lun Liao xi Tang zhi"(《论辽袭唐制》)．*Zhaowuda Mengzu shizhuan xue-bao：Sheke ban*(《昭乌达蒙族师专学报：社科版》)(1988：2)：41—50. Repr. *Song Liao Jin Yuan shi*(《宋辽金元史》)(1988：4)：43—52.

——，and Cao Xianzheng（曹显征）．"Cong Gaoliang he zhi zhan dao Shanyuan zhi meng—Liao Song zhanhe shixi"(《从高梁河之战到澶渊之盟——辽宋战和试析》)．Songzhou xuekan(《松州学刊》)(1987：4/5)：

＊ 译者按，"孟古托力"，作者原误作"蒙古托力"。

155—158.

Mirsky, Jonathan(梅兆赞). "The life of Tuan Hsiu-shih (718—783) based on translations of his biographies in the T'ang histories"(《唐书段秀实传（718—783）》). *Journal of the China Society*(《中国社会杂志》) 1 (1961): 46—65.

——. "Rebellion in Ho-pei: The successful rising of the T'ang provincial governors"(《河北的叛乱：唐代节度使的成功谋反》). Ph. D. diss., University of Pennsylvania, 1967.

Mitter, Rana（拉纳·米特）. *The Manchurian myth: Nationalism, resistance, and collaboration in modern China*(《东北神话：现代中国的民族主义、抵抗与通敌》). London: University of California Press, 2000.

Miyazaki Ichisada(宫崎市定). "Godai gunbatsu no keitô"(《五代军阀の系统》). *Ajiashi kenkyû*(《アジア史研究》)1 (1962): 439—445.

Moloughney, Brian（倪来恩）. "Derivation, intertexuality and authority: Narrative and the problem of historical coherence"(《衍生、互文与权威：历史一致性问题及其叙述》). *East Asian History*(《东亚史》)23 (2002): 129—148.

Moore, Oliver(莫欧礼). *Rituals of recruitment in Tang China: Reading an annual programme in the Collected statements by Wang Dingbao (870—940)*(《唐代科举之仪：读王定保〈唐摭言〉(870—940)》). Leiden: Brill, 2005.

Moore, R. I.（R. I. 穆尔）. *The first European revolution, c. 970—1215*(《第一次欧洲革命，约970—1215年》). Oxford: Blackwell, 2000.

Mostern, Ruth(马瑞诗). "Cartography on the Song frontier: Making and using maps in the Song-Xia conflict, evidence from *Changbian* and *Song huiyao*"(《宋代边疆地图的绘制：宋夏战争中地图的绘制与使用——以〈长编〉与〈宋会要〉为中心》). In *Zhongguo keji dianji yanjiu: Di 3 jie Zhongguo keji dianji guoji huiyi lunwenji*(《中国科技典籍研究—第三届中国科技典籍国际会议论文集》). Zhengzhou: Daxiang chubanshe, forthcoming.

——. "'Dividing the realm in order to govern': Spatial organization and state power in the Tang-Song transition"(《"分土而治"：唐宋变革之际的空间架构与国家权力》). In *Perspectives on the Five Dynasties and Ten Kingdoms*(《五代十国概观》), ed. Peter Lorge(龙沛). Hong Kong: Chinese University of Hong Kong Press, in preparation.

Mote，Frederick M.（牟复礼）."Confucian eremitism in the Yuan period"
（《元代儒家的隐逸》）. In *The Confucian persuasion*（《儒家信念》），ed.
Arthur F. Wright（芮沃寿），202—240. Stanford：Stanford University
Press，1960.

——. *Imperial China*，*900—1800*（《中华帝国，900—1800》）. Cambridge，
MA：Harvard University Press，1999.

Needham，Joseph（李约瑟），with Wang Ling（王铃）. *Science and
civilisation in China*，Vol. 3：*Mathematics and the sciences of the
heavens and the earth*（《中国科学技术史》第3卷：数学卷）. Cambridge：
Cambridge University Press，1970.

Ng-Quinn，Michael（迈克尔·恩－奎因）."National identity in premodern
China：Formation and role enactment"（《前现代中国的民族认同：形成和
作用实施》）. In *China's quest for national identity*（《中国探索民族认
同》），eds. Lowell Dittmer（罗德明）and Samuel S. Kim（金淳基），32—
61. Ithaca：Cornell University Press，1993.

Nie Chongqi（聂崇岐）."Song Liao jiaoping kao"（《宋辽交聘考》）. *Yanjing
xuebao*（《燕京学报》）27（1940）：1—51.

Nienhauser，William H.，Jr（倪豪士）. *The Indiana companion to
traditional Chinese literature*（《印第安纳大学传统中文手册》）.
Bloomington：Indiana University Press，1986.

Ning Ke（宁可），and Jiang Fuye（蒋福亚）."Zhongguo lishishang de
huangquan he zhongjun guannian"（《中国历史上的皇权和忠君观念》）.
Lishi yanjiu（《历史研究》）（1994：2）：79—95.

Ôsawa Masaaki（大泽正昭）. *Tô Sô henkakuki nôgyô shakai shi kenkyû*（《唐
宋变革期农业社会史研究》）. Tokyo：Kyûko，1996.

Otagi Hajime（爱宕元）."Tômatsu Godai ki ni okeru jôkaku no taikibôka：
Kachû，Kanan no baai"（《唐末五代期における城郭の大规模化：华中，华
南の场合》）. *Tôyôshi kenkyû*（《东洋史研究》）51，no. 1（1992）：29—70.

Otagi Matsuo（爱宕松男）."Ryô Kin So sanshi no he nsan to hokuzoku ocho
no tachiba"（《辽金宋三史の编纂と北族王朝の立场》）. *Bunka*（《文化》）
15，no. 4（1951）：22—50.

Ouyang Xiu（欧阳修）. *Historical records of the Five Dynasties*［《新五代
史》（英译本）］，trans. Richard L. Davis（戴仁柱）. NewYork：Columbia
University Press，2004.

Paxton，Robert（罗伯特·帕克斯顿）. *Vichy France：Old guard and New*

Order，*1940—1944*(《维希法国：老卫队和新秩序，1940—1944》). New York：Columbia，1972.

Pearce，Scott(裴士凯). "Who，and what，was Hou Jing?"(《谁为侯景与何为侯景》). *Early Medieval China*(《中国中古研究》)6（2000）：49— 73.

Peterson，Charles A（彼得森）. "The autonomy of the northeastern provinces in the period following the An Lu-shan rebellion"(《安禄山叛乱后的东北藩镇割据》). Ph. D. diss.，University of Washington，1966.

——. "Court and province in mid and late T'ang"(《中唐和晚唐的宫廷和地方》). In *Cambridge History of China* . Vol. 3: *Sui and T'ang China 589—906* ,(《剑桥中国隋唐史》)pt. 1，ed. Denis Twitchett(崔瑞德)，464—560. New York：Cambridge University Press，1979.

——. "P'u-ku Huai-en and the T'ang court：The limits of loyalty"(《仆固怀恩与唐廷：忠的边界》). *Monumenta Serica*(《华裔学志》)29（1970—1971）：423—455.

Pines，Yuri(尤锐). "Beasts or humans：Pre-imperial origins of ［the］Sino-barbarian dichotomy"(《是禽兽还是人：先秦时代的华夷之辨》). In *Mongols，Turks and others*(《蒙古人、突厥人及他者：欧亚游牧者与外部世界》)，eds. Reuven Amitai(鲁文·阿米塔伊) and Michal Biran(彭晓燕)，59—102. Leiden：Brill，2004.

——. "Friends or foes：Changing concepts of ruler-minister relations and the notion of loyalty in pre-imperial China"(《忠奸之间：先秦君臣关系及忠君观念的演变》). *Monumenta Serica*(《华裔学志》)50（2002）：35—74.

Pohl，Walter(沃尔特·波尔)，Ian Wood(伊恩·伍德)，and Helmut Reimitz(赫尔穆特·赖米蒂兹)，eds. *The transformation of frontiers：From late antiquity to the Carolingians*(《边疆的变迁：以加洛林王朝后期的历史遗物为中心》). Leiden：Brill，2001.

Power，D. J.(D. J.鲍威)，and Naomi Standen(史怀梅)，eds. *Frontiers in question：Eurasian borderlands，700—1700*(《8—18 世纪欧亚边疆问题》). Basingstoke：Macmillan，1999.

Pulleyblank，E. G(蒲立本). "The An Lu-shan rebellion and the origins of chronic militarism in late T'ang China"(《安禄山之乱及唐后期长期存在的尚武精神的根源》). In *Essays on T'ang society*(《唐代社会论文集》)，eds. John Perry(约翰·佩里)and Bardwell Smith(巴德韦尔·史密斯)，33—60. Leiden：Brill，1976.

——. "Neo-Confucianism and neo-Legalism in T'ang intellectual life，755—

805"(《唐代士人生活中的新儒家思想与新法家思想,755—805》). In *The Confucian persuasion*(《儒家信念》), ed. Arthur F. Wright(芮沃寿), 77—114. Stanford: Stanford University Press,1960.

Qi Xin(齐心). "'Liaodai hanchen shixi biao' bu zheng—lüelun Liao Jin You-Yan diqu Han Yanhui zu shixi"(《〈辽代汉臣世系表〉补正:略论辽金幽燕地区韩延徽族世系》). *Shoudu bowuguan congkan*(《首都博物馆丛刊》)(1982:1): 18—22.

Qiu Shusen(邱树森). "Tuotuo he Liao Jin Song san shi"(《脱脱和辽金宋三史》). *Yuanshi ji beifang minzu shi yanjiu jikan*(《元史及北方民族史研究集刊》)7 (1983): 10—21.

Rawski, Evelyn(罗友枝). *The last emperors: A social history of Qing imperial institutions*(《最后的皇族:清代宫廷社会史》). Berkeley: University of California Press,1998.

Reckel,Johannes(约翰内斯·雷克尔). *Bohai: Gesichte und Kultur eines mandschurisch-koreanisches Königreiches der Tang-Zeit*(《渤海:一个唐代东北及朝鲜半岛地方政权的历史与文化》). Wiesbaden: Harrassowitz, 1995.

Ren Aijun(任爱君). "Qidan Liaochao wenhua zongti zhenghe shuo"(《契丹辽朝文化总体整合说》). *Beifang minzu wenhua*(《北方民族文化》)(1991): 37—56. Repr. Song Liao Jin Yuan shi《宋辽金元史》(1991:6): 61—80.

——. "Qidan silou yuanliu shuo"(《契丹四楼源说》). *Lishi yanjiu*(《历史研究》)(1996:6):35—49.

Ren Chongyue(任崇岳). "Lun Liaodai Qidanzu dui Hanzu wenhua de xishou he jicheng"(《论辽代契丹族对汉族文化的吸收和继承》). *Zhongzhou xuekan*(《中州学刊》)(1983:3): 95—99, 88.

——. "Lüelun Liaochao yu Wudai de guanxi"(《略论辽朝与五代的关系》). *Shehui kexue jikan*(《社会科学辑刊》)(1984:4): 109—115.

Rex, J.(J. 雷克斯), and D. Mason(D. 梅森), eds. *Theories of race and ethnic relations* .(《种族与族群关系理论》) Cambridge: Cambridge University Press, 1986.

Reynolds, Susan(苏珊·雷诺兹). *Fiefs and vassals: The medieval evidence reinterpreted*(《封地与封臣:中世纪史实重释》). Oxford: Oxford University Press, 1994.

Rhoads, Edward(路康乐). *Manchus and Han: Ethnic relations and*

political power in late Qing and early Republican China，1861—1928
(《满与汉:清末民初的族群关系与政治权力，1861 —1928》). Seattle:
University of Washington Press，2000.

Rossabi，Morris(莫里斯·罗沙比)，ed. *China among equals*：*The Middle
Kingdom and its neighbors*，*10th to 14th centuries*(《中国棋逢对手:10—
14 世纪中国与邻国的关系》). Berkeley: University of California
Press，1983.

Sahlins，Peter(彼得·萨林斯). *Boundaries*：*The making of France and
Spain in the Pyrenees*(《边界:以比利牛斯山为界的法国与西班牙的形
成》). Berkeley: University of California Press，1989.

Satake Yasuhiko(佐竹靖彦). *Tô Sô henkaku no chi-ikiteki kenkyû*(《唐宋变
革の地域の研究》). Kyoto: Dôhôsha，1990.

Schneider，Axel (施耐德). "Reconciling history with the nation?
Historicity，national particularity，and the question of universals"(《调和
历史与民族? ——历史性、民族个别性以及普遍性问题》).
Historiography East and West(《东西历史》)1，no. 1 (2003): 120—136.

Schneider，Laurence A. (劳伦斯·A. 施奈德). *The madman of Ch'u*：*The
Chinese myth of loyalty and dissent*(《楚国的狂人:中国的忠义与异
议》). Berkeley: University of California Press，1980.

Schottenhammer，Angela(萧婷). "Local politico-economic particulars of the
Quanzhou region during the tenth century"(《10 世纪泉州地区的政治经
济状况》). *Journal of Sung-Yüan Studies*(《宋辽金元》) 29 (1999):
1—42.

Schwarz-Schilling，Christian(克里斯蒂安·施瓦茨-席林). *Der Friede von
Shan Yüan（1005 n. Chr.）*(《澶渊之盟（1005 年）》). Wiesbaden:
Harrassowitz，1959.

Sen，Sudipta. (宿迪塔·森)"The new frontiers of Manchu China and the
historiography of Asian empires: A review essay"(《研究综述:满洲统治
下的中国的新边疆和关于亚洲王朝的历史研究》). *JAS*(《亚洲研究》)
61，no. 1 (2002): 165—177.

Shiba Yoshinobu (斯波义信). "Sung foreign trade: Its scope and
organisation"(《宋代的海外贸易:范围及组织》). In *China among equals*：
The Middle Kingdom and its neighbors，*10th to 14th centuries*(《中国棋
逢对手:10—14 世纪中国与邻国的关系》)，ed. Morris Rossabi(莫里斯·
罗沙比)，89—115. Berkeley: University of California Press，1983.

Shimada Masao(岛田正郎). "The characteristic of Northern Region Liao bureaucracy and the significance of the hereditary official system"(《辽朝北面官的特色与世官制的意义》). *Memoirs of the Research Department of the Tôyô Bunko*(《东洋文库研究部欧文纪要》)41 (1983)：33—62.

——. *Ryôdai shakaishi kenkyû*(《辽代社会研究》). Kyoto：Sanwa Shobô, 1952.

Shu Fen（舒焚）. *Liao shi gao*(《辽史稿》). Hubei：Hubei renmin chubanshe, 1984.

Simms, Katherine(凯瑟琳·西姆斯). "Bards and barons：The Anglo-Irish aristocracy and the native culture"(《游吟诗人与男爵：盎格鲁—爱尔兰的混血贵族和本土文化》). In *Medieval frontier societies*(《中世纪的边疆社会》), eds. Robert Bartlett(罗伯特·巴特利特)and Angus MacKay(安格斯·麦凯), 177—198. Oxford：Oxford University Press, 1989.

Sinor, Denis(丹尼斯·塞诺). "Interpreters in medieval Inner Asia"(《中世纪内亚的译语人》). *Asian and African Studies*(《亚非研究》)16, no. 3 (1982)：293—320. Repr. in *Studies in medieval Inner Asia*(《中古时期内陆亚洲的研究》). London：Variorum, 1997, XV.

——. "The Kitan and Kara Khitay"(《契丹与哈喇契丹》). In *History of civilizations of Central Asia*. Vol. IV：*The age of achievement*：*AD 750 to the end of the fifteenth century*, pt. 1：*The historical and economic setting*(《中亚文明史》第1卷), eds. M. S. Asimov(M. S. 阿西莫夫) and C. E. Bosworth(C. E. 博斯沃思), 227—242. Delhi：UNESCO, 1997.

Skaff, Jonathan Karam(斯加夫). "Barbarians at the gates? The Tang frontier military and the An Lushan rebellion"(《御戎于外？——唐代边疆的军队与安禄山之乱》). *War and Society*(《战争与社会》)18, no. 2 (2000)：23—35.

——. "Straddling steppe and sown：Tang China's relations with the nomads of Inner Asia (640—756)"(《草原与田园之间：唐代中国与内亚游牧民族的关系(640—756)》). Ph. D. diss., University of Michigan, 1998.

——. "Survival in the frontier zone：Comparative perspectives on identity and political allegiance in China's Inner Asian borderlands during the Sui-Tang dynastic transition (617—630)"(《边疆地区的生存：隋唐之际中国内亚边疆地区的认同与政治忠诚比较》). *Journal of World History*(《世

界史杂志》)15（2004）：117—154.

Smith，Anthony D.（安东尼·D. 史密斯）. *The ethnic origins of nations*
（《民族的族群起源》）. Oxford：Blackwell，1986.

Smith，Paul J.（史乐民），and Richard von Glahn（万志英），eds. *The Song-
Yuan-Ming transition in Chinese history*（《中国历史上的宋元明过渡》）.
Cambridge，MA：Harvard University East Asia Center，2003.

So，Billy K. L.（苏基朗）. "Negotiating Chinese identity in Five Dynasties
narratives：From the Old history to the New history"（《五代史论述中的
华夷之辨：由〈旧五代史〉至〈新五代史〉》）. In *Power and identity in the
Chinese world order：Festschriften in honour of Professor Wang
Gungwu*（《中华世界秩序中的权力与身份：王赓武教授古稀纪念论文
集》），ed. Billy So et al.（苏基朗等），223—238. Hong Kong：Hong Kong
University Press，2003.

Somers，Robert M.（苏若博）. "The end of the T'ang"（《唐朝之灭亡》）. In
Cambridge history of China. Vol. 3：*Suiand T'ang China 589 906*
（《剑桥中国隋唐史》），pt. 1, ed. Denis Twitchett（杜希德），682—789.
Cambridge：Cambridge University Press，1979.

Song Dejin（宋德金）. "Liao Jin wenhua bijiao yanjiu"（《辽金文化比较研
究》）. *Beifang luncong*（《北方论丛》）（2001：1）：43—49.

——. "Qidan hanhua lisu shulüe"（《契丹汉化礼俗述略》）. *Liao Jin shi
lunji*（《辽金史论集》），vol. 1, ed. Chen Shu（陈述），129—139.
Shanghai：Shanghai guji chubanshe，1987.

Soucek，Svat（斯瓦特·苏塞克）. *A history of Inner Asia*（《内亚史》）.
Cambridge：Cambridge University Press，2000.

Speed，Julie（朱莉·斯皮德）（Magrath and Co.）"Nationality law"（《国籍
法》）（March 2005）. http://www. legal500. com/devs/uk/im/ukim_004.
htm. 9 June 2005.

Standen，Naomi（史怀梅）. "The Five Dynasties"（《五代》）. In *Cambridge
history of China. Vol. 5a：Five Dynasties and Sung*（《剑桥中国五代宋
史》），eds. Denis Twitchett（杜希德）and Paul Smith（史乐民）（Cambridge：
Cambridge University Press，forthcoming）.

——. "From region of frontiers to frontier region：The political uses of
ethnic identity in tenth-century north China"（《从边疆地带到边疆区域：10
世纪中国北部的族群认同在政治上的应用》）. In *Selected papers of the
10th biannual conference，European Association for Chinese Studies*（《第

10 届欧洲汉学大会半年年会论文选集》），ed. Lucie Borotová. Prague：Charles University Press，1996.

——. "Frontier crossings from north China to Liao，c. 900—1005"（《由中原北部到辽的越境之举，约 900—1005》）. Ph. D. thesis，University of Durham，1994.

——. "Raiding and frontier society in the Five Dynasties"（《五代时期的劫掠与边疆社会》）. In *Political frontiers，ethnic boundaries，and human geographies in Chinese history*（《中国历史上的政治边疆、族群边界以及人文地理》），eds. Nicola Di Cosmo（狄宇宙）and Don J. Wyatt（韦栋），160—191. London：RoutledgeCurzon，2003.

——. "(Re)constructing the frontiers of tenth-century north China"（《10 世纪中国北部边疆的重构》）. In *Frontiers in question：Eurasian borderlands，700—1700*（《8—18 世纪欧亚边疆问题》），eds. D. J. Power(D. J. 鲍威)and Naomi Standen（史怀梅），57—59.（Basingstoke：Macmillan，1999）.

——. "The trials of the An Lushan collaborators：Loyalty and identity in theory and practice"（《对安禄山同伙的审判：理论与实践中的忠诚与认同》）. Paper presented at the Association for Asian Studies Annual Meeting，Chicago，1997.

——. "What nomads want：Raids，invasions，and the Liao conquest of 947"（《游牧者的需求：劫掠、入侵与 947 年辽的征服行动》）. In *Mongols，Turks and others：Eurasian nomads and the outside world*（《蒙古人、突厥人及他者：欧亚游牧者与外部世界》），eds. Reuven Amitai（鲁文·阿米塔伊）and Michal Biran（彭晓燕），127—174. Leiden：Brill，2004.

——. "Who wants to be an emperor? Zhao Dejun，Youzhou and the Liao"（《谁欲为帝？——赵德钧、幽州与辽》）. In *Perspectives on the Five Dynasties and Ten Kingdoms*（《五代十国概观》），ed. Peter Lorge（龙沛）. Hong Kong：Chinese University of Hong Kong Press，in preparation.

Steinhardt，Nancy Shatzman（夏南悉）. *Liao architecture*（《辽朝的建筑》）. Honolulu：University of Hawai'i Press，1997.

Struve，Lynn（司徒琳）. "Ambivalence and action：Some frustrated scholars of the K'ang-his period"（《康熙时期几位郁郁不得志的学者：其矛盾心理与所作所为》）. In *From Ming to Ch'ing：Conquest，region，and continuity in seventeenth-century China*（《从明到清：17 世纪中国的征服、

地方史与连续性》), eds. Jonathan D. Spence(史景迁)and John E. Wills, Jr. (卫思韩), 321—365. NewHaven: Yale University Press, 1979.

Su Tianjun(苏天钧). "Hou Tang Beiping wang Zhao Dejun"(《后唐北平王赵德钧》). *Beijing shiyuan*(《北京史苑》)1 (n. d.): 166—178.

Sudô Yoshiyuki(周藤吉之). "Godai setsudoshi no shihai taisei"(《五代节度使の支配体制》)* . *Shigaku zasshi*(《史学杂志》)61 (1952): 289—329, 521—539. Repr. *Sôdai keizaishi kenkyû*(《宋代经济研究》), 573—654. Tokyo: Tokyo University Press, 1962.

Sun Jinji(孙进己). *Dongbei minzu yuanliu*(《东北民族源流》). Harbin: Heilongjiang renmin chubanshe, 1989.

Sweets, John F. (约翰·F. 斯威茨). *Choices in Vichy France: The French under Nazi occupation*(《维希政府的选择:纳粹占领下的法国》). Oxford: Oxford University Press, 1986.

Swope, Kenneth M. (石康). "All men are not brothers: Ethnic identity and dynastic loyalty in the Ningxia mutiny of 1592"(《四海之内并非皆兄弟:1592 年宁夏兵变的民族认同和王朝忠诚》). *Late Imperial China*(《帝制晚期中国》)24, no. 1 (2003): 79—130.

Tan Qixiang(谭其骧)et al. , eds. *Zhongguo lishi ditu ji 5 — Sui, Tang, Wudai Shiguo shiqi*(《中国历史地图集 5——隋唐五代十国时期》). Shanghai: Ditu chubanshe, 1982.

—— et al. , eds. *Zhongguo lishi ditu ji 6 — Song, Liao, Jin shiqi*(《中国历史地图集 6——宋辽金时期》). Shanghai: Ditu chubanshe, 1982.

Tang Tongtian(唐统天). "Han Zhigu ru Liao nianling shangque"(《韩知古入辽年龄商榷》). *Liao Jin Qidan Nüzhen shi yanjiu dongtai*(《辽金契丹女真史研究动态》)(1986:2): 11—13.

Tao Jing-shen(陶晋生). "Barbarians or northerners: Northern Sung images of the Khitans"(《蛮人或北人:北宋人心目中的契丹人》). In *China among equals: The Middle Kingdom and its neighbors, 10th to 14th centuries*(《中国棋逢对手:10—14 世纪中国与邻国的关系》), ed. Morris Rossabi(莫里斯·罗沙比), 66—86. Berkeley: University of California Press, 1983.

——. *Two Sons of heaven: Studies in Sung-Liao relations*(《天有二日:宋

---

* 译者按,"五代节度使の支配体制",作者误作"五代节度使の支配极制"。

辽关系研究》). Tucson：University of Arizona Press，1988.

Tao Jinsheng(陶晋生)(Tao Jing-shen). *Song Liao guanxi shi yanjiu*(《宋辽关系史研究》). Taibei：Lianjing，1984.

Tao Maobing(陶懋炳). *Wudai shi lüe*(《五代史略》). Beijing：Renmin chubanshe，1985.

Teng Ssu-yü(邓嗣禹). *Family instructions for the Yen clan：Yen-shih chia-hsün by Yen Chih-t'ui，an annotated translation with introduction* (《颜之推的〈颜氏家训〉》). Leiden：Brill，1968.

Thompson, Richard H. (理查德·H. 汤姆森). *Theories of ethnicity：A critical appraisal*(《族性理论：一个批判性的评鉴》). Westport，CT：Greenwood，1989.

Thongchai Winichakul(通猜·威尼差恭). *Siam mapped：A history of the geo-body of a nation*(《图绘暹罗：一部国家地缘机体的历史》). Honolulu：University of Hawai'i Press，1994.

Tillman, Hoyt Cleveland(田浩). "The development of tension between virtue and achievement in early Confucianism：Attitudes towards Kuan Chung and hegemon (pa) as conceptual symbols"(《早期儒学中德与利之间的紧张关系与变化：以对管仲及其霸业的态度为例》). *Philosophy East and West*(《东西哲学》)31, no. 1 (1981)：17—28.

——. "Proto-nationalism in twelfth-century China？ The case of Ch'en Liang"(《陈亮与中国的爱国主义：兼谈朱熹的普遍哲学》). *HJAS*(《哈佛亚洲研究》)39 (1979)：403—428.

Tonkin, Elizabeth(伊丽莎白·汤金)，Maryon McDonald(马里恩·麦克唐纳)，and Malcolm Chapman(马尔科姆·查普曼). *History and ethnicity*(《历史与族性》). London：Routledge，1989.

Trauzettel, Rolf(陶德文). "Sung patriotism as a first step toward Chinese nationalism"(《宋代爱国主义：迈向中国民族主义的第一步》). In *Crisis and prosperity in Sung China*(《宋代中国的兴衰》), ed. John Winthrop Haege(海格)，199—213. Tucson：University of Arizona Press，1975.

Tuan, Yi-fu(段义孚). *Space and place：The perspective of experience* (《经验透视中的空间与地方》). Minneapolis：University of Minnesota Press，1977.

Turner, Frederick Jackson (弗雷德里克·杰克逊·特纳). "The significance of the frontier in American history"(《边疆在美国历史上的意义》). In *The frontier in American History*(《美国历史上的边疆》)，1—

38. New York：Henry Holt，1920.

Twitchett，Denis（杜希德）. *Financial administration under the T'ang dynasty*（《唐代财政》）. Second edn. Cambridge：Cambridge University Press，1970.

——. "Merchant，trade and government in late T'ang"（《晚唐的商人、贸易与政府》）. *Asia Major*（《大亚洲》）14，no. 1（1968）：63—95.

——. "Provincial autonomy and central finance in late T'ang"（《唐末藩镇与中央财政》）. *Asia Major*（《大亚洲》）11（1965）：211—232.

——. "Varied patterns of provincial autonomy in the T'ang dynasty"（《唐代藩镇势力的各种类型》）. In *Essays on T'ang society：The interplay of social，political and economic forces*（《唐代社会论文集》），eds. John Curtis Perry（约翰·柯蒂斯·佩里）and Bardwell L. Smith（巴德韦尔·L. 史密斯），90—109. Leiden：Brill，1976.

——. *The writing of official history under the T'ang*（《唐代的官修史书》）. Cambridge：Cambridge University Press，1992.

——，and Herbert Franke（傅海波），eds. *Cambridge history of China*. Vol. 6：*Alien regimes and border states，907—1368*（《剑桥中国辽西夏金元史》）. New York：Cambridge University Press，1994.

——，and Paul Smith（史乐民），eds. *Cambridge history of China*. Vol. 5a：*Five Dynasties and Sung*（《剑桥中国五代宋史》）. Cambridge：Cambridge University Press，forthcoming.

——，and Klaus-Peter Tietze（克劳斯－彼得·蒂兹）. "The Liao"（《辽》）. In *Cambridge history of China* . Vol. 6：*Alien regimes and border states，907—1368*（《剑桥中国辽西夏金元史》），eds. Herbert Franke（傅海波）and Denis Twitchett（杜希德），43—153. New York：Camb ridge University Press，1994.

Wakeman，Frederic，Jr.（魏斐德）*The great enterprise：The Manchu reconstruction of imperial order in seventeenth-century China*（《洪业——清朝开国史》），2 vols. Berkeley：University of California Press，1985.

——. "Localism and loyalism during the Ch'i ng conquest of Kiangnan：The tragedy of Chiang-yin"（《地方主义与清征服江南时期的效忠思想：江阴的悲剧》）. In *Conflict and control in late imperial China*（《中华帝国晚期的冲突与控制》），eds. Frederic Wakeman，Jr.（魏斐德）and Carolyn Grant（卡罗林·格兰特），43—85. Berkeley：University of California Press，1975.

——. "Romantics，stoics，and martyrs in seventeenth-century China"(《17世纪的浪漫派、节义派与殉道派 》). *JAS*(《亚洲研究》)43（1984）：631—666.

Waldron，Arthur(林蔚). *The Great Wall of China：From history to myth*(《长城：从历史到迷思》). Cambridge：Cambridge University Press，1990.

Wallman，Sandra(桑德拉·沃尔曼). "Ethnicity and the boundary process in context"(《语境中的族性与分界过程》). In *Theories of race and ethnic relations*(《种族与族群关系理论》), eds. J. Rex(J. 雷克斯) and D. Mason Rex（D. 梅森·雷克斯）：226—241. Cambridge：Cambridge University Press，1986.

Wang Chengguo(王成国). "Lun Liaochao de er Han"(《论辽朝的二韩》). *Dongbei defang shi yanjiu*(《东北地方史研究》)(1985：4)：88—91，84.

——. "Lun Tangdai Qidan"(《论唐代契丹》). *Shehui kexue zhanxian*(《社会科学战线》),(2004：2)：163—167.

Wang，Chen-main(王成勉). *The life and career of Hung Ch'e ng ch'ou（1593—1665）：Public service in a time of dynastic change*(《洪承畴的一生——易代之际的经世者》). Ann Arbor：Association for Asian Studies，1999.

Wang Gungwu(王赓武). "The Chiu Wu-tai shih and history-writing during the Five Dynasties"(《〈旧五代史〉与五代时期历史撰写》). *Asia Major*(《大亚洲》)6，no. 1（1958）：1—22.

——. "Feng Tao：An essay on Confucian loyalty"(《冯道——论儒家的忠君思想》). In *Confucian personalities*(《儒家人格》), eds. Arthur Wright（芮沃寿）and Denis Twitchett(杜希德)，123—145. Stanford：Stanford University Press，1962.

——. "The rhetoric of a lesser empire：Early Sung relations with its neighbors"(《小帝国的辞令：宋初与邻邦的关系》). In *China among equals：The Middle Kingdom and its neighbors，10th to 14th centuries*(《中国棋逢对手：10—14 世纪中国与邻国的关系》), ed. Morris Rossabi(莫里斯·罗沙比)，47—65. Berkeley：University of California Press，1983.

——. *The structure of power in North China during the Five Dynasties* *

---

* 译者按, *The structure of power in North China during the Five Dynasties* ,作者原作 *The structure of power in the Five Dynasties* 。

（《五代时期北方中国的权力结构》）. Kuala Lumpur：University of Malaya Press，1963.

Wang Lei(王雷). "The definition of 'nation' and the formation of the Han nationality"（《民族定义与汉民族的形成》）. *Social sciences in China* [《中国社会科学》(英文版)]2 (1983)：167—188.

Wang Mingsun(王明荪). "Lüe lun Liaodai de hanren jituan"（《略论辽代的汉人集团》）. *Bianzheng yanjiusuo nianbao*（《边政研究所年报》）11 (1980)：229—269.

Wang Minxin(王民信). "Liao Song Shanyuan mengyue dijie de beijing"（《辽宋澶渊盟约缔结的背景》），parts 1—3. *Shumu jikan*（《书目季刊》）9 (1975—1976)，no. 2, 35—49;no. 3, 45—56; no. 4, 53—64.

——. "Shanyuan de meng zhi jiantao"（《澶渊缔盟的检讨》*）. *Shihuo yuekan*（《食货月刊》）n. s. 5, no. 3 (1975), 97—108.

Wang Shanjun(王善军). "Liaochao hengzhang xin kao"（《辽朝横帐新考》）. *Lishi yanjiu*（《历史研究》）(2003：2)：175—179.

Wang Yikang(王义康). "Hou Tang jian guocheng zhong diyu Qidan nan jin zhengce tanwei"（《后唐建国过程中抵御契丹南进政策探微》）. *Jinzhou shifan xueyuan xuebao：zhexue shehui kexue ban*（《锦州师范学院学报(哲学社会科学版)》）22, no. 4 (2000)：87—90.

Wilhelm, Helmut(卫德明). "From myth to myth：The case of Yüeh Fei's biography"（《从神话到神话：以岳飞传为例》）. In *Confucian personalities*（《儒家人格》），eds. Arthur Wright（芮沃寿）and Denis Twitchett（杜希德），146—161. Stanford：Stanford University Press，1962.

Wittfogel, Karl A.（魏特夫），and Feng Chia-sheng(冯家昇). *History of Chinese society：Liao（907—1125）*（《中国社会史：辽（907—1125）》）. Philadelphia：American Philosophical Society，1949.

Worthy, Edmund H. , Jr.（埃德蒙·H. 沃西·Jr.）"Diplomacy for survival：Domestic and foreign relations of Wu-Yüeh，907—978"（《以外交求生存：吴越的对内对外关系，907—978》）. In *China among equals：The Middle Kingdom and its neighbors，10th to 14th centuries*（《中国棋逢对手：10—14世纪中国与邻国的关系》），ed. Morris Rossabi(莫里斯·罗沙比)，17—44. Berkeley：University of California Press，1983.

---

* 译者按，"澶渊缔盟的检讨"，作者误作"澶渊的盟之检讨"。

——. "The founding of Sung China，950—1000：Integrative changes in military and political institutions"（《宋代立国：军事与政治制度的变化（950—1000）》）. Ph. D. diss., Princeton University，1976.

Wright，Arthur F(芮沃寿). "Values，roles and personalities"（《价值、角色与个性》）. In *Confucian personalities*（《儒家人格》），eds. Arthur Wright（芮沃寿）and Denis Twitchett（杜希德），3—23. Stanford：Stanford University Press，1962.

Wright，David C.（赖大卫）. *From war to diplomatic parity in eleventh-century China：Sung's foreign relations with Kitan Liao*（《从战争到平等外交：11 世纪中国宋朝与辽契丹之间的外交关系》）. Leiden：Brill，2005.

——. "Parity，pedigree，and peace：Routine Sung diplomatic missives to the Liao"（《平等、血缘与和平：宋辽交聘》）. *Journal of Sung Yüan Studies*（《宋辽金元》）26（1996）：55—85.

——. "The Sung-Kitan war of A. D. 1004—1005 and the Treaty of Shan-yüan"（《公元 1004—1005 年宋辽战争与澶渊之盟》）. *Journal of Asian History*（《亚洲历史》）32，no. 1（1998）：3—48.

Wyatt，Don J(韦栋). "The invention of the Northern Song"（《创造"北"宋》）. In *Political frontiers，ethnic boundaries，and human geographies in Chinese history*（《中国历史上的政治边疆、族群边界以及人文地理》），eds. Nicola Di Cosmo（狄宇宙）and Don J. Wyatt（韦栋），220—244. London：RoutledgeCurzon，2003.

Xing Yitian(邢义田). "Qidan yu Wudai zhengquan gengdie zhi guanxi"（《契丹与五代政权更迭之关系》）. *Shihuo yuekan*（《食货月刊》）1，no. 6（1971）：296—307.

Yan Yuqi(阎玉启). "Lüe lun Liaochao de Hanzu guanli he shiren"（《略论辽朝的汉族官吏和士人》）. *Shixue pinglin*（《史学评林》）（1982：1）：25—30.

Yang Bojun(杨伯峻). *Chunqiu Zuozhuan zhu*（《春秋左传注》）. Beijing：Zhonghua shuju，1981.

Yang，Lien-sheng（杨联陞）. "A 'posthumous letter' from the Chin emperor to the Khitan emperor in 942"（《公元 942 年晋帝致契丹皇帝的一封遗书》）. *HJAS*（《哈佛亚洲研究》）10（1947）：418—428.

Yang Ruowei(杨若薇). *Qidan wangchao zhengzhi junshi zhidu yanjiu*（《契丹王朝政治军事制度研究》）. Beijing：Zhongguo shehui kexue chubanshe，1991.

Yang Shusen（杨树森）. *Liao shi jianbian*（《辽史简编》）. Shenyang：Liaoning renmin chubanshe，1984.

Yang Zhijiu（杨志玖）. "Shi shiji Qidan shehui fazhan de yige lunkuo：bing fulun Hu Shi pai kaojuxue dui lishi yanjiu de weihaixing"[《十世纪契丹社会发展的一个轮廓（并附论胡适派考据学对历史研究的危害性）》]. *Nankai daxue xuebao*（《南开大学学报》）（1956：1）. Repr. Qidan shi lun zhu huibian（《契丹史论著汇编》）A，vol. 2，ed. Sun Jinji（孙进己），Wang Xin（王欣），Yu Baolin（于宝林），Sun Hai（孙海），1222—1229. [Shenyang]：Beifang shi di ziliao bianweihui，1988.

Yao Congwu（姚从吾）. "Abaoji yu Hou Tang shichen Yao Kun huijian tanhua jilu"（《阿保机与后唐使臣姚坤会见谈话集录》）. *Wenshizhe xuebao*（《文使哲学报》）5（1953）：91—112. Repr. with revisions in Yao Congwu（姚从吾），*Dongbei shi luncong*（《东北史论丛》），vol. 1，217—247. Taibei：Zhengzhong，1959. Repr. *in Qidan shi lun zhu huibian*（《契丹史论著汇编》）A，vol. 1，eds. Sun Jinji（孙进己），Wang Xin（王欣），Yu Baolin（于宝林），Sun Hai（孙海），315—337. [Shenyang]：Beifang shi di ziliao bianweihui，1988.

——. "Liao Song jian de 'Shanyuan mengyue' 1004"（《辽宋间的"澶渊盟约"1004》）. *Yao Congwu xiansheng quanji*（《姚从吾先生全集》），vol. 2，ed. Tao Jinsheng，24—42. Taibei：Zhengzhong，1972.

——. "Qidan hanhua de fenxi"（《契丹汉化的分析》）. *Dalu zazhi*（《大陆杂志》）4，no. 4（1952）. Repr. *Qidan shi lun zhu huibian*（《契丹史论著汇编》）A，vol. 1，ed. Sun Jinji（孙进己），Wang Xin（王欣），Yu Baolin（于宝林），Sun Hai（孙海），507—522. [Shenyang]：Beifang shi di ziliao bianweihui，1988.

Yao Yingting（姚瀛艇）. "Lun Tang Song zhiji de 'tianming' yu 'fan tianming' sixiang"（《论唐宋之际的天命与反天命思想》）. In *Song shi yanjiu lunwenji*（《宋史研究论文集》），eds. Deng Guangming（邓广铭），Li Jiaju（郦家驹），et al.，370—384. [Zhengzhou]：Henan renmin chubanshe，1984.

Yee, Cordell D. K.（余定国）. "Chinese maps in political culture"（《政治文化中的中国地图》）. In *History of cartography*. Vol. 2，Book 2：*Cartography in the traditional East and Southeast Asian societies*（《世界地图学史》卷 2 第 2 册《传统东亚和东南亚的地图学史》），eds. J. B.

Harley(J. B. 哈利) and David Woodward(戴维·伍德沃德)，71—95.
Chicago：Chicago University Press，1994.

——. "Reinterpreting traditional Chinese geographical maps."(《传统中国
地理地图的重新解释》) In *History of cartography* . Vol. 2，Book 2：
Cartography in the traditional East and Southeast Asian societies(《世界
地图学史》卷 2 第 2 册《传统东亚和东南亚的地图学史》)，eds. J. B.
Harley(J. B. 哈利) and David Woodward(戴维·伍德沃德)，35—70.
Chicago：Chicago University Press，1994.

Yin Keming(尹克明). "Qidan hanhua lüekao"(《契丹汉化略考》). *Yugong
banyuekan*(《禹贡半月刊》) 6，no. 3/4. Repr. in *Qidan shi lun zhu
huibian*(《契丹史论著汇编》)A，vol. 1，eds. Sun Jinji(孙进己)，Wang
Xin（王欣），Yu Baolin（于宝林），Sun Hai（孙海），493—506.
[Shenyang]：Beifang shi di ziliao bianweihui，1988.

Yu Jiaxi(余嘉锡). *Siku tiyao bianzheng*(《四库提要辨证》)，4 vols.
Beijing：Zhonghua shuju，1980.

Yu, Pauline(余宝琳). *The poetry of Wang Wei：New translations and
commentary*(《王维诗集：新译及评论》). Bloomington：Indiana University
Press，1980.

Zang Rong(臧嵘). "Lun Wudai chuqi de Bian-Jin zhengheng"(《论五代初期
的汴晋争衡》). *Shixue yuekan*(《史学月刊》)(1984：3)：34—40.

Zhang Guoqing(张国庆). "Liaodai Yan-Yun diqu fojiao wenhua tanlun"
(《辽代燕云地区佛教文化谈论》). *Minzu yanjiu*(《民族研究》)(2001：2)：
68—77.

Zhou Jun(周军). "Xu Xuan qiren yu Songchu 'erchen'"(《徐铉其人与宋初
"贰臣"》). *Lishi yanjiu*(《历史研究》)(1989：4)：120—132.

Zhu Zifang(朱子方). "Dui 'Liaodai Geng shi san muzhi kaoshi' de yidian
buchong—jian da Luo Jizu tongzhi"(《对"辽代耿氏三墓志考释"的一点补
充—兼答罗继祖同志》). *Shenyang shifan xueyuan xuebao*(《沈阳师范学
院学报》)(1979：1/2)：93—95.

——. "Liaodai Geng shi san muzhi kaoshi"(《辽代耿氏三墓志考释》).
Liaoning di yi shifan xueyuan xuebao(《辽宁第一师范学院学报》)
(1978：3)：42—63.

——，and Xu Ji(徐基). "Liao Geng shi muzhi kaolüe"(《辽耿氏墓志考
略》). *Kaoguxue jikan*(《考古学集刊》)3 (1983)：196—204.

索 引 *

阿保机,69—77,109；韩延徽教化
　契丹,110；李存勖,71—74；李克
　用,69,72；朱温,69,72

归顺,33,52.参见隐逸

开牙建府,109,111,133；忠的归
　属,64,68—69；联盟,103；政治
　分裂,42,58,60；实用主义,52,
　108；忠的意义,2,46,65,69,
　74,77,91,96,149；支持主人,
　56,71,110.参见选择；忠
　(loyalty)

忠的改变,2,23,71,72,74,81,
　86,89,92,94,97,111,117,
　125—126,129,152；易主导致
　大乱,61；易主意义的变化,145；
　劝说易主,153；忠的道德问题,
　11,49,54,60,117,128,
　145—146,162,169；改变忠的
　借口,54—55,62,91,165；易主
　司空见惯,3,10—11,46,108,
　117,120,145；司马光对于改变
　忠诚的看法,60；宋代对于改变

忠诚的看法,58,91,99；宋代史
　家对于改变忠诚的看法,62；忠
　的改变与疆界,23—24,92；不愿
　改变效忠对象,79,88,92,99；
　战国时代的易主行为,46.参见
　选择；越境；忠(loyalty)

联盟,74—75,86,103；联盟越境
　的含义,97；忠诚,103；联盟越境
　的含义,67；辽晋联盟,77—81,
　126；辽—北汉联盟,86.参见越
　境；自愿越境.参见选择

安重荣,81

安禄山,1—2,24；忠,53—56,57

《四夷附录》,176—177

假定.参见对概念范畴的辨析

权力,77,88,89,97；最正统的政
　权,76,84,86,91,94,96；挑战
　权力,48,57,76,79,81,84,
　86,126,144,155；忠,76,
　125—126；誓约限定权力,25；权
　力与领土分割开来,20,24—25.
　参见越境

---

*　本索引所标为原英文版页码,又因部分索引英文原文非正文原文,故索引中文释
　　义与正文部分略有不同。

译后记

　　译稿虽已付梓，心中的石头却永难落地，因为怠惰与胆怯使我再无机会请恩师刘浦江先生为自己把关。译文缘起于浦江先生，可先生却未能读到哪怕一字半句。

　　五年前，我追随先生攻读博士学位，先生为我定下"契丹与五代十国政治关系史"的题目，使我有缘读到并决定翻译史怀梅教授的《忠贞不贰？——辽代的越境之举》(*Unbounded Loyalty: Frontier Crossing in Liao China*)一书。

　　三年前，也就是在我毕业两年后，译文初稿才在我的怠惰与拖沓中完成。由于我的胆小与怯懦，深恐达不到先生的学术期许，总想改到万全，因而仅在通话与邮件中告知先生译稿初成，待改至满意再请先生斧正。

　　一年前，先生突患恶疾，入院化疗，我已不忍将译稿呈给先生。

　　两月前，先生离世。在重庆垫江为先生守灵时，我不断自责，未能让先生看到学生的文稿，未能再有幸聆听先生的教诲。

　　然而，我又是有幸的。有幸在翻译此书的过程中，得到了许许多多人的帮助。感谢北京大学历史学系赵冬梅先生为我联系出版事宜，是她在邮件中一句"你也真肯干，没有联系出版社，竟然就译完了"坚定了我的初心。感谢清华大学刘东先生、江苏人民出版社王保顶先生与张惠玲女士为本书的出版所耗费的诸多心血,特别是张惠玲女士,她一再容忍我对译稿反复无常的修改而造成的拖沓,只用一句"这就是我们的工作"便化解了我深深的不安与愧疚。

感谢中央民族大学历史文化学院李桂芝先生在译文过程中给予我方向性的指导。感谢作者史怀梅教授提出的修改意见与建议。感谢"社会·地域与族群:古史诸面相"工作坊李鸿宾、彭勇、雷虹霁、崔丽娜、蒋爱花等诸位师友提出的宝贵意见。感谢中央民族大学世界民族研究中心袁剑兄的赐教。感谢我的同门康鹏师兄、林鹄师兄、陈晓伟师弟、邱靖嘉师弟为我精进译文所做的努力。感谢我的硕士同窗哈佛大学博士文欣指出并修改失当之处。感谢我的学生张博、石元青与张珊珊,他们承担了整理、校读等诸多细碎驳杂的工作。在翻译过程中,我最想感谢的就是我的好友郭伟全兄,他不厌其烦地一次又一次审读修改我的文稿,一次又一次夜半三更被拉回电脑前,只是因为我执拗地坚持仍有斟酌之处。就在此刻,伟全兄那句调侃式的鞭策——"不是英文欠佳,是中文尚待提高"——仍言犹在耳。

感谢哈佛大学东亚语言与文明系教授包弼德先生的访学邀请,使我能在过去的一年里远离纷扰潜心研究、专心改稿。感谢中央民族大学历史文化学院诸位师长为我争取与译文相关的"10至11世纪华北地区的边界、族性与忠诚——辽代的越境之举"校自主科研项目,从而暂时减轻了我的经济压力,使我能够心无旁骛地对译稿进行最后的修订。

最后要感谢的是我的家人。我来自皖北的一座小城,父母是小城中的普通百姓。他们分不清契丹与女真,他们不知道阿保机与阿骨打,他们搞不明白儿子所从事的研究工作。但他们坚定地站在我的背后，不计回报，默默付出。我亏欠他们的太多，自知无以为报，惟以这本小册子回馈他们于万一。

幸赖师友相助，诸多错讹之处才得以纠正，但我仍要文责自负。因为我知道舛误依然颇多，所以衷心地希望诸位方家不惜赐教。

曹　流

2015 年 3 月 25 日夜于京郊篱笆房

再版后记

　　浦江先生有一习惯,凡已发表论著,后续觉察研究瑕疵或发现学界新进成果皆落笔卡片以备修订。言传身教下,我们坚守如一。拙译枣梨八年来,虽不知修订本何时付梓,但每有所获或师友赐教,我皆贴条标识。感谢康海源、张欣二位老师让我等来了修订再版的机会,使我能够全身心地纠缪改误。

　　改误之际,彻底治好了我的普信。八年前,译著甫一镂版,我笃定做不到"信、达、雅"之"雅",但自信可以做到忠实原文之"信"。虽说同样做不到"达",但也已极力避免西式翻译,努力向"达"靠拢。幸而,我从未将如此普信之辞当众说出,现在想来仍心有余悸。

　　诚然,先前自查自纠与师友指正已让我略有心理准备。不过那些贴条多是吸收原书所引论著新译译名或炼词改讹的标识。全面系统修订后,我惊恐地发现确有不少误解原文、句式西化等"信""达"问题。幸赖姚江、姜可人、李木石、李季娴、田野、钱逸凡六位学友,在癸卯新春夙夜不懈为我纠谬勘错,修订本才得以向"信"与"达"更进一步,只是难以为报,惟道一声谢谢。在此,需要特别感谢李浩楠兄阅读初版时点点滴滴的指正,以及张达志兄对译名人名的及时赐教。

　　"校译犹如扫落叶，旋扫旋生；四十知三十九非，有误即改。"只是希望此番修订能减少下一次的纠谬，让责编张欣女士不再像这次那么劳神费心。

曹　流

2023 年 3 月 1 日于京郊篱笆房

"海外中国研究丛书"书目